Wahrheit und Geschichte

T V Z

Abhandlungen zur Theologie des Alten und Neuen Testaments

Band 102

Wahrheit und Geschichte

Exegetische und hermeneutische Studien zu einer dialektischen Konstellation

Herausgegeben von
Eva Ebel und Samuel Vollenweider

T V Z

Theologischer Verlag Zürich

Publiziert mit freundlicher Unterstützung der Emil-Brunner-Stiftung
in Verbindung mit der Evangelisch-reformierten Landeskirche
des Kantons Zürich

Umschlaggestaltung
Simone Ackermann, Zürich

Druck
AZ Druck und Datentechnik, Kempten

ISBN 978-3-290-17578-8

Inhaltsverzeichnis

Einleitung

Wahrheit und Geschichte stehen sich von Haus aus misstrauisch gegenüber, zumindest im alten Griechenland und in der von dort ihren Ausgang nehmenden abendländischen Kulturgeschichte. Bereits an Herodot, dem «Vater der Geschichtsschreibung», haben sich die Geister geschieden. Für die Aufklärung klafft zwischen ewigen Vernunftwahrheiten und dem, was kontingente Geschichtsverläufe an «Tatsachen» hervorbringen, der sprichwörtliche garstige breite Graben. Traumatisiert von den weitreichenden Experimenten des 19. und 20. Jahrhunderts, die Geschichte zur Schöpferin der Wahrheit zu machen, ist die späte Moderne zur nüchternen Diastase von Wahrheit und Geschichte zurückgekehrt. Die politischen Utopien haben aber bekanntlich ihre geschichtstheologischen Vorläufer. Der christliche Glaube behauptet seit seinen Ursprüngen, die Wahrheit sei in einem individuellen menschlichen Lebenslauf Geschichte geworden. Der Basistext, der von der Berührung von Wahrheit und Geschichte Zeugnis ablegt, findet sich im Prolog des Johannesevangeliums (Joh 1,14):

> «Und das Wort, der Logos, wurde Fleisch und wohnte unter uns, und wir schauten seine Herrlichkeit, eine Herrlichkeit, wie sie ein Einziggeborener vom Vater hat, voller Gnade und Wahrheit.»

Achtet man auf den quellensprachlichen Befund, fällt eine bedeutsame Inversion auf: Das Vierte Evangelium spricht nicht davon, dass eine überzeitliche, ewige Wahrheit hier auf Erden nach den «Ihren», nach ihren Verehrern sucht, um sich schließlich in einem Menschen zu inkarnieren (anstatt sich enttäuscht wieder in die obere Welt zu verfügen). Gerade umgekehrt: «Wahrheit» so gut wie «Gnade» kommen als Wirkung und Frucht der Fleischwerdung zur Sprache; sie versprühen Funken von jenem «Glanz», den der «Einziggeborene vom Vater» auf die Erde bringt. Wahrheit wäre so als Ertrag einer Geschichte, die vom Einziggeborenen des Vaters handelt, anzusprechen. Vergleichbar wäre diese Perspektive mit jenem alten Dichterwort, das die Alētheia zur Tochter der Zeit, des Kronos, macht.[1] Die Wahrheit, die der Einziggeborene in die Welt

---

1 Gellius, Noctes Atticae 12,11:7; Plutarch, quaest. Rom. 11/12: 266e/f. Gellius selber schlägt die Brücke zu den Sentenzen des Typs *«Die Zeit bringt die Wahrheit ans Licht»* (z. B. Menand., sent. 13; vgl. 639; 839; Sen., de ira 2,22:2), der bis auf Sophokles zurückgeht (frg. 832: «Alles enthüllt

bringt, wäre so gesehen eine Tochter des *Kairos*. Der Prolog bestätigt in seinem Schlussteil diese Sichtweise (Joh 1,17):

> «Denn das Gesetz wurde durch Mose gegeben, die Gnade und die Wahrheit ist durch Jesus Christus geworden.»

Der Vers stellt nicht nur den Ereignischarakter von Gnade und Wahrheit heraus, indiziert durch den Aorist *egéneto*, sondern platziert beide in einer fundamentalen Kontroverse. Gnade und Wahrheit stehen dem «Gesetz» und «Mose» gegenüber, zumindest im Modus der Überbietung. In einer scharfen Kontroverse verheißt Jesus, der Gottessohn, den Seinen, dass die in ihm lebende Wahrheit ihrerseits Geschichte machen wird. Sie ist der Ursprung von Geschichten der Befreiung (Joh 8,31f.):

> «Wenn ihr in meinem Wort bleibt, seid ihr wahrhaftig meine Jünger, und ihr werdet die Wahrheit erkennen, und die Wahrheit wird euch frei machen.»

Um Wahrheit wird im Raum der Geschichte gerungen und gekämpft. Selbst der Vertreter der Weltmacht, Pontius Pilatus, zeugt gerade durch sein Desinteresse von der spannungsvollen Wechselwirkung zwischen Wahrheit und Geschichte, wenn er die Frage stellt, mit der er sich in das kulturelle Gedächtnis des Abendlands eingeschrieben hat (Joh 18,38):

> «Was ist Wahrheit?»

Das Evangelium lässt sich lesen als eine Antwort auf diese Frage. Die Antwort nimmt dabei die Gestalt eines Zeugnisses, d. h. einer Assertion, an, die dem Lieblingsjünger angesichts des Todes Jesu in den Mund gelegt wird (Joh 19,35):

> «Und der das gesehen hat, hat es bezeugt, und sein Zeugnis ist wahr, und er weiß, dass er Wahres sagt, damit auch ihr zum Glauben kommt.»

Das Evangelium schließt mit einer Responsion auf dieses Zeugnis, in die einzustimmen es seine Leserschaft einlädt (Joh 21,24):

> «Wir wissen, dass sein Zeugnis wahr ist.»

Es sind die Frage des Pilatus und das Zeugnis des Lieblingsjüngers, von denen sich der vorliegende Band bewegen lässt. Er geht auf ein Symposion anlässlich der Emeritierung des Zürcher Neutestamentlers *Jean Zumstein* zurück (Zürich, 4./5. Dezember 2009) und versucht, die Tragweite jener singulären episodi-

---

die Zeit und bringt es ans Licht»; vgl. 280) und in Mk 4,22 parr. variiert wird: «Denn es gibt nichts Verborgenes, das nicht offenbar werden, und nichts Geheimes, das nicht an den Tag kommen soll.» Dazu A. OTTO, Die Sprichwörter und sprichwörtlichen Redensarten der Römer, Leipzig ^{2}1890, 343.

schen Berührung von Wahrheit und Geschichte, die mit dem Namen von Jesus Christus verbunden ist, zu ermessen. Die exegetischen, hermeneutischen und geschichtsphilosophischen Aufsätze loten das komplexe Verhältnis von Wahrheit und Geschichte – von «historischer Wahrheit» und «wahren Geschichten» (frei nach Lukian) – aus und setzen sich besonders mit den erkenntnistheoretischen Fragen der neueren Geschichtsforschung auseinander.

Der Beitrag von *Jens Schröter* arbeitet im Blick auf die neuzeitliche Jesusforschung heraus, wie sich der christliche Wahrheitsanspruch, der bei aller Perspektivierung und Relativierung auf *eine* universale Wahrheit bezogen bleibt, zum neuzeitlichen Prinzip der Konstruktivität aller geschichtlichen Erkenntnis verhält. Im Bekenntnis zu Jesus treffen Wahrheit und Geschichte aufeinander, was die altkirchliche Christologie als unterschiedene Einheit von göttlicher und menschlicher Natur auszudifferenzieren unternommen hat. Schröter zeigt, wie sich die Wahrheitsfrage unter den Bedingungen der Neuzeit transformiert, und erinnert daran, dass «die neutestamentlichen Quellen über das Wirken und Geschick Jesu verlässliche Zeugnisse sind, deren Wahrheitsanspruch darin besteht, dass sie mehr über die Person Jesu sagen, als sich auf der Grundlage historischen Wissens darüber sagen lässt» (32).

Jean Zumstein, der Jubilar, nimmt seinen Ausgangspunkt bei der eigenartigen Sonderstellung der johanneischen Jesuserzählung. Das Johannesevangelium gibt sich gerade in seinen markanten Differenzen zu den synoptischen Evangelien deutlich als Konstrukt zu erkennen, das in erheblichem Ausmaß mit Fiktionen arbeitet. Da Fiktionalität als unhintergehbares Moment jeder Geschichtsschreibung anzusprechen ist, zeigt der johanneische Plot die Deutungsarbeit, die ein angemessenes Verständnis des Lebens Jesu fordert. «Die Wahrheit des Zeugnisses liegt nicht in der genauen Wiedergabe der vergangenen Ereignisse begründet, sondern wird in der glaubenden Interpretation der Person des Offenbarers zugänglich.» (53f.)

Claire Clivaz führt ihre Leserinnen und Leser in den Grenzbereich von Fiktion und Realität. Gelungene Geschichtsschreibung arbeitet mit Emotionen – weshalb sie lange zur schönen Literatur zählte – und erlaubt sich so eine konsequent undisziplinierte Verfahrensweise. Unter Rückgriff auf Lukians Spiegelgleichnis (hist. conscr. 51) präsentiert die Autorin Historiographie als Produktion von «verzerrenden Spiegeln» (*distorting mirrors*, C. Ginzburg) und legt diese Lektüre auch neutestamentlichen Texten zugrunde, exemplarisch gezeigt am ungläubigen Staunen der von Freude erfüllten Jünger am Ostertag (Lk 24,41) und an Jesu Aufwühlung angesichts der Trauer um Lazarus (Joh 11,33). Der Schluss öffnet ein Fenster, das «über die Spiegelmetaphern hinaus» führt, nämlich zur Herausforderung, die die digitalen Fenster und Bildschirme für das hermeneutische Geschäft bedeuten.

Mit *Knut Backhaus* begeben wir uns in die Debatte um neuzeitliches und antikes Wahrheitsverständnis. Letzteres orientiert sich programmatisch nicht an der Referenztreue (die auch der Neuzeit nicht erschwinglich ist), sondern verfolgt ein literarisches Ziel. Kraft eines «Fiktionalitätsvertrags» zwischen Autor und Leserschaft arbeitet Historiographie wie die bildende Kunst; ihre Ordnungsleistung erreicht sie nicht durch Rekonstruktion, sondern durch Reimagination. Im Werk des «Malers» Lukas mit seinem bereits im Proömium angemeldeten Ordnungsanspruch (Lk 1,1–4) kommen zusätzlich die Momente der religiösen Geschichtsschreibung ins Spiel. Lukas «hat der christlichen Erinnerungskultur jene Meistererzählung geboten, derer sie in ihrer Sattelzeit bedurfte, um sich in der Geschichte zurechtzufinden» (108).

In Anlehnung an Kierkegaards «Philosophische Brocken» verfolgt der Systematische Theologe *Pierre Bühler* die dialektischen Wechselwirkungen zwischen Wahrheit und Geschichte. Was geschieht dann, wenn Wahrheit Geschichte wird, und was umgekehrt, wenn Geschichte Wahrheit wird? Im Gegenüber zum positivistischen und idealistischen Geschichtsverständnis wird in Anlehnung an Paul Ricœur eine dritte Option favorisiert, die entscheidend mit kreativer Erinnerungsarbeit zu tun hat: Der Autor plädiert für eine «situationsbezogene Fiktionalisierung der Geschichte», die sich auf das biblische Zeugnis und dem ihm eigenen Wahrheitsanspruch stützt. Umgekehrt wird Wahrheit nur so Geschichte, als sie sich in den Lebensvollzügen bewahrheitet und bewährt. Daraus ergeben sich Konsequenzen für den Dialog zwischen Exegese und Systematischer Theologie; beide sind gut beraten, je auf ihre Weise ihrer Verankerung in der menschlichen Geschichtlichkeit gerecht zu werden.

Mit Darwin als Historiker beschäftigt sich *Philipp Sarasin*, seinerseits ein Historiker. Er nimmt seinen Ausgangspunkt bei Darwins Prototheorie, skizziert im Notizbuch «I think», und wendet sich dann der klassischen Darstellung von 1859, «Origin of Species», zu. Das Geschichtsdenken Darwins zeigt ein scharfes Profil: Da ist weder begründender Ursprung noch angesteuertes Ziel, weder Fortschritt noch Sinn; «Wahrheit» lässt sich genealogisch dekonstruieren. Trotzdem wird der Mensch als kulturschaffendes und kulturgetragenes Lebewesen gewürdigt – anders als in manchen «darwinistischen» Fortschreibungen. Dies zeigt sich nicht zuletzt im historiographisch geleisteten Anspruch auf «eine zumindest partielle historische Wahrheit», die der in labilem Zustand befindlichen «Sandbank, auf der wir selbst stehen», umspült von «kulturellem Wasser» (131), ein Stück weit abgerungen wird. In seinem Votum zum Beitrag von Sarasin formuliert *Hans Weder* grundlegende Fragen zum Stellenwert des Postulats einer unverfügbaren Wahrheit – auch und gerade dort, wo diese negiert wird – und zur Kategorie des Ursprungs. Theologie selber wird bestimmt nicht als Produzentin von Wissen, die das Wissen ersetzt, sondern als «ein nachdenklicher Umgang mit dem Wissen – auch dem historischen» (137). Am Beispiel des Liebesgebots Jesu zeigt der Autor, dass man über Darwins Genealogie des Gewissens (und damit der menschlichen Kultur überhaupt) hinausgehen muss – und zwar genau in der Fluchtrichtung einer grundlegenden Einsicht Darwins, «nämlich dass es in der Entwicklung der Nachdenklichkeit durchaus Diskontinuitäten gibt».

Konrad Haldimann setzt sich analytisch mit der Tragweite eines «engen Wahrheitsbegriffs» auseinander, hier v. a. im Gespräch mit Jens Schröter. Das von der Wahrheitsfrage bewegte Verstehen kann nicht beim Dual von objektiv-historischer und subjektiv-lebenspraktischer bzw. sinnstiftender Wahrheit stehen bleiben. Der Autor gibt im Anschluss an Rudolf Bultmann zu bedenken: «Der Historiker muss sich selbst, seine Person und Lebenswelt, mit ins Spiel bringen, wenn er die Geschichte nicht nur im Sinn der Ereignis- oder Strukturgeschichte, sondern auch als Geschichte der Selbstinterpretation des Menschen verstehen will.» (145) In seinem Versuch, die beiden Ansätze von Schröter und Bultmann zu verschränken, entwirft Haldimann eine «Perspektive, in der objektivierende und subjektorientierte historische Aussagen auf einer logisch-semantischen Ebene miteinander in Beziehung gesetzt werden können» (152).

Der abschliessende Beitrag von *Hans-Ulrich Rüegger* greift auf Václav Havels «Versuch, in der Wahrheit zu leben», zurück. Als Paradigmen einer Wahrheit, die nicht (nur) in dem besteht, was der Fall ist, sondern die dem Subjekt einen Lebensraum eröffnet, fungieren die Antigone des Sophokles, Sokrates in Platons Apologie und der Jesus des Markusevangeliums – drei Figuren, die in den Tod gehen und gerade so zeigen, was es heißt, in der Wahrheit zu leben. Wahrheit wird dabei bestimmt als «existenzielle, die einen Menschen so in seinem Leben trifft», dass sie «von ihm ergriffen und gelebt werden kann» (166). Sie kann in Gestalt einer überpersönlichen, transzendent oder konventionell verbürgten Wahrheit, aber auch als persönliche Wahrheit erscheinen – das Subjekt ist immer im Spiel, und an ihm liegt es, auf das Angebot, in der Wahrheit zu leben, zu antworten.

19. August 2012
Samuel Vollenweider

Historische (Re-)Konstruktion und theologische Wahrheit

Die Frage nach dem historischen Jesus im Kontext neuzeitlicher Wahrheitsbegründungen des christlichen Glaubens[1]

Jens Schröter, Berlin

1. Annäherung an das Thema «Wahrheit und Geschichte»

1.1 «Wahrheit» und «Geschichte» in christlicher Perspektive

Mit «Wahrheit» und «Geschichte» stehen zwei Begriffe über diesem Symposium, deren jeweiliges Verständnis und deren Zusammenhang untereinander nicht einfach auf der Hand liegen. Vielmehr ist zunächst zu klären, was unter «Wahrheit» und «Geschichte» genau verstanden werden soll, wenn über ein wie auch immer geartetes Verhältnis zwischen beiden Begriffen und dem damit jeweils Bezeichneten reflektiert wird. Die Notwendigkeit einer solchen Klärung ergibt sich bereits daraus, dass umgangssprachlich unter «Wahrheit» die empirische Nachprüfbarkeit von Behauptungen verstanden wird. Damit ist jedoch allenfalls ein Aspekt der Wahrheitsdiskussion erfasst, der sich aus philosophischer[2] wie theologischer[3] Perspektive als problematische Verkürzung der Rede

---

1 Meiner Mitarbeiterin Ines Luthe danke ich herzlich für die Korrektur des Manuskripts.

2 Eine gute Zusammenstellung neuerer Ansätze findet sich in: Wahrheitstheorien. Eine Auswahl aus den Diskussionen über Wahrheit im 20. Jahrhundert, hg. und eingeleitet von *G. Skirbekk*, Frankfurt 1977. Vgl. auch die Darstellung von *K. Gloy*, Wahrheitstheorien. Eine Einführung, Tübingen/Basel 2004.

3 Vgl. *W. Härle*, Das christliche Verständnis der Wahrheit, in: ders./R. Preul (Hg.), Wahrheit, MJTh 21, Leipzig 2009, 61–89. Härle geht zu Recht von der «Einheitlichkeit des mit ‹Wahrheit› bezeichneten Sachverhalts» aus (62) und ordnet das christliche Verständnis in diesen Horizont ein. Dieses ist nach Härle durch «das Erschlossensein der Wirklichkeit für das Erkennen des Menschen, das im Wirken Gottes gründet», gekennzeichnet (74). Das schließt das Fragmentarische menschlicher Erkenntnis der Wirklichkeit keineswegs aus, sondern dezidiert ein, was

von Wahrheit erweist.[4] Das hat dann auch Implikationen für die Diskussion über den historischen Jesus, worauf zurückzukommen ist.

In analoger Weise stellt sich – zumal angesichts der aktuellen Diskussion in der Geschichtswissenschaft[5] – die Frage, wie sich der Singular «die Geschichte» zu der Vielzahl der *Geschichten* verhält, die damit erfasst werden sollen.[6] Auf welcher Grundlage beruht ein zwischen den Einzelgeschichten hergestellter Zusammenhang, wer verantwortet ihn – und könnte eine solche Metaperspektive oder «master story»[7] Anspruch auf «historische Wahrheit» erheben? Was aber wäre dabei unter «historischer Wahrheit» – einem Ausdruck, der die beiden Begriffe dieses Symposiums auf elegante Weise miteinander verbände – genau zu verstehen?

Die Bedeutung dieser Fragen für die christliche Theologie liegt auf der Hand. Sie ergibt sich bereits daraus, dass der christliche Glaube mit seinen Aussagen über Gott als Schöpfer und Herrn der Welt, sein Handeln *in* dieser Welt sowie den Menschen als Geschöpf Gottes einen auf Offenbarung gründenden Wahrheitsanspruch verbindet.[8] Diese Überzeugungen stehen in der Sicht des christlichen Glaubens demnach unabhängig von wechselnden historischen Konstellationen und miteinander konkurrierenden philosophischen oder religiösen Wahrheitsansprüchen in Geltung. Christlicher Theologie als Reflexion über den christlichen Glauben kommt deshalb die Aufgabe zu, diesen Wahrheitsanspruch angesichts der je geltenden Erkenntnisbedingungen zu begründen und im öffentlichen Diskurs zu plausibilisieren. Als besonders brisant im Blick auf den philosophischen Wahrheitsdiskurs erweist sich dabei die Frage, wie sich ein biblisch fundiertes, theologisch reflektiertes christliches Wahrheits-

---

zugleich deutlich macht, dass christliches Verständnis von Wahrheit weder auf Autorität noch auf Verifizierbarkeit von Tatsachen, sondern auf Gewissheit gründet. Vgl. dazu auch unten Abschnitt 1.2.

4 Vgl. auch den Überblick von *L. B. Puntel/K. Müller/J. Werbick/K. Hilpert*, Art. Wahrheit, LThK 10 (2001), 926–939. Zur neueren Diskussion aus theologischer Perspektive vgl. *H.-J. Schwerin*, Die Religionen und die christliche Wahrheit, Neustadt a.d. Aisch 2009.

5 Verwiesen sei auf *K. E. Müller/J. Rüsen* (Hg.), Historische Sinnbildung. Problemstellungen, Zeitkonzepte, Wahrnehmungshorizonte, Darstellungsstrategien, Reinbek 1997, sowie *P. Ricœur*, Gedächtnis, Geschichte, Vergessen, Übergänge 50, Paderborn 2004.

6 Vgl. *R. Koselleck*, Geschichte, Historie V. Die Herausbildung des modernen Geschichtsbegriffs, in: O. Brunner/W. Conze/R. Koselleck (Hg.), Geschichtliche Grundbegriffe. Historisches Lexikon zur politisch-sozialen Sprache in Deutschland, Bd. 2, Stuttgart 2004, 593–717: 647–678.

7 Zur Kritik der Vorstellung einer *master story* (oder *meta narrative*) vgl. *J.-F. Lyotard*, La condition postmoderne: rapport sur le savoir, Paris 1979, sowie *H. Putnam*, Vernunft, Wahrheit und Geschichte, Frankfurt 1990.

8 Vgl. *E. Herms*, Wahrheit – Offenbarung – Vernunft, in: ders., Phänomene des Glaubens. Beiträge zur Fundamentaltheologie, Tübingen 2006, 96–115.

verständnis zur Perspektivität und Fragmentarität menschlicher Erkenntnisfähigkeit verhält.[9]

Die biblischen Texte zeigen, dass dieser Wahrheitsanspruch in geschichtlichen Erfahrungen gründet: Die Schriften Alten wie Neuen Testaments erzählen davon, dass Gott einzelne Menschen oder ein Volk erwählt und ein besonderes Verhältnis mit ihnen begründet hat – angefangen von der Erwählung Abrahams über diejenige des Volkes Israel, seiner Könige und Propheten bis hin zur Akklamation Jesu Christi als seines geliebten Sohnes,[10] der Erwählung der an ihn Glaubenden sowie des Christenverfolgers Paulus zum Verkünder des Evangeliums unter den Heiden. Zu dieser geschichtlichen Verankerung biblischer Rede von Gott gehört schließlich das Zeugnis von der durch Gott gelenkten Ausbreitung des Christuszeugnisses, von dem die Apostelgeschichte berichtet.[11] Das biblische Zeugnis von Gott und Jesus Christus begründet demnach eine spezifisch christliche Sicht auf die Geschichte als einen von Gott gelenkten Geschehenszusammenhang, der von ihm selbst in Gang gesetzt wurde und in ihm auch sein Ziel findet.[12]

Vorausgesetzt ist dabei die universale Ausrichtung des biblischen Gottesglaubens. Das monotheistische Bekenntnis zum Gott Israels als dem Herrn auch

---

9 Zur Thematik der Perspektivität der Wahrheit vgl. *I. U. Dalferth/P. Stoellger*, Perspektive und Wahrheit. Einleitende Hinweise auf eine klärungsbedürftige Problemgeschichte, in: dies. (Hg.), Wahrheit in Perspektiven. Probleme einer offenen Konstellation, RPT 14, Tübingen 2004, 1–28. Sie weisen zu Recht auf die Perspektivität jeder Wahrheitskonstruktion, auch jeder theologischen, hin. Daraus folgt für sie «die Destruktion einer ort- und zeitlosen Metaperspektive» (23). Das ist erkenntnistheoretisch zweifellos zutreffend, setzt allerdings den Anspruch auf die Wirklichkeit als ganze, der für den Diskurs über Wahrheit konstitutiv ist, nicht außer Kraft.

10 Die Akklamation bzw. Einsetzung Jesu Christi zum Sohn Gottes, etwa in der Tauferzählung Mk 1,9–11 oder in der vorpaulinischen Formel Röm 1,3f., liegt dabei auf einer anderen Ebene als die Erwählung anderer Menschen oder des Volkes Israel. Das wird daran deutlich, dass Jesus im Markusevangelium mit göttlicher Autorität ausgestattet wird (vgl. etwa Mk 2,5–7: die Vollmacht zur Sündenvergebung) bzw. durch die Auferweckung von den Toten zum Sohn Gottes eingesetzt wird (so Röm 1,4). Ein Ausbau dieser christologischen Sicht begegnet in den Aussagen über die Sendung Jesu Christi als des Sohnes Gottes in die Welt (vgl. etwa Gal 4,4; Röm 8,3; Joh 3,16), die seine Präexistenz voraussetzen, sowie in den expliziten Präexistenztexten, die von der Teilhabe Jesu an Wesen und Autorität Gottes sprechen (Joh 1,1–4; Phil 2,6; Kol 1,15–18a; Hebr 1,3). Das Handeln Gottes durch Jesus Christus im Raum irdisch erfahrbarer Geschichte wird damit als Form seines Wirkens beschrieben, die seine Nähe in einzigartiger, exklusiver Weise vermittelt.

11 Vgl. *J. Schröter*, Lukas als Historiograph. Das lukanische Doppelwerk und die Entdeckung der christlichen Heilsgeschichte, in: ders., Von Jesus zum Neuen Testament. Studien zur urchristlichen Theologiegeschichte und zur Entstehung des neutestamentlichen Kanons, WUNT 204, Tübingen 2007, 223–246.

12 Zu einer christlich begründeten Sicht auf Geschichte und Geschichtsschreibung vgl. *E. Herms*, Theologische Geschichtsschreibung, in: ders., Phänomene des Glaubens (s. Anm. 8), 408–431.

über die anderen Völker, als dem einzigen Gott, Schöpfer des Himmels und der Erde, steht bekanntlich nicht am Anfang des israelitischen Gottesglaubens, sondern hat sich erst in der Exilszeit durchgesetzt.[13] Mit dieser Entwicklung ist die Grundlage für einen auf die ganze Welt und alle Menschen bezogenen Gottesglauben gelegt, der dann zu universalistischen Konzeptionen frühjüdischer Theologie führt und den Ausgangspunkt dafür bildet, dass die Christusbotschaft an Juden wie Heiden gleichermaßen ausgerichtet wird.[14] Dem korrespondiert die universale Zeitvorstellung, die mit der Erschaffung der Welt einsetzt und in die Aufrichtung der universalen Herrschaft Gottes am Ende der Zeit mündet. Letzteres kann dabei in jüdischen und christlichen Texten auf unterschiedliche Weise geschildert werden: als universale Anerkennung des Gottes Israels durch alle anderen Völker, als Ausbreitung der Christusbotschaft bis ans Ende der Erde oder als Szenario einer kosmischen Katastrophe in apokalyptischen Texten.[15] Gemeinsam ist diesen Schilderungen, dass sie die geschichtlichen Ereignisse auf ein von Gott festgesetztes und herbeigeführtes Ziel zulaufen sehen. Diese Universalität des israelitisch-jüdischen und christlichen Gottesglaubens ist eine notwendige Bedingung dafür, von «Wahrheit» und «Geschichte» zu sprechen, weil eine sinnvolle Verwendung dieser Begriffe voraussetzt, dass es nur *eine* Wahrheit gibt, der man sich auf verschiedenen Wegen annähern kann, und der Singular «die Geschichte» in analoger Weise impliziert, dass sich die einzelnen geschichtlichen Ereignisse als Bestandteile eines übergreifenden Geschehenszusammenhanges auffassen lassen.

Des Weiteren lässt sich das biblische Verständnis von Wahrheit und Geschichte anhand der einschlägigen Termini konkretisieren. Dabei ist zunächst zu konstatieren, dass der hebräische Begriff אמת in der LXX mit den Übersetzungsäquivalenten ἀλήθεια, πίστις und δικαιοσύνη wiedergegeben wird. Daraus

13 Zum israelitischen Gottesglauben im Rahmen der antiken Religionen vgl. *R. G. Kratz/ H. Spiekermann* (Hg.), Götterbilder – Gottesbilder – Weltbilder. Polytheismus und Monotheismus in der Welt der Antike, 2 Bände, FAT 17/18, Tübingen ²2009. Vgl. auch *M. Oeming/ K. Schmid* (Hg.), Der eine Gott und die Götter. Polytheismus und Monotheismus im antiken Israel, AThANT 82, Zürich 2003; *L. Bormann* (Hg.), Schöpfung, Monotheismus und fremde Religionen: Studien zu Inklusion und Exklusion in den biblischen Schöpfungsvorstellungen, BThS 95, Neukirchen-Vluyn 2008.

14 Vgl. *G. Holtz*, Damit Gott sei alles in allem. Studien zum paulinischen und frühjüdischen Universalismus, BZNW 149, Berlin/New York 2007.

15 Zu den Endzeiterwartungen in der jüdischen apokalyptischen Literatur vgl. *J. J. Collins*, The Apocalyptic Imagination. An Introduction to Jewish Apocalyptic Literature, Grand Rapids, Mich./Cambridge, U.K., ²1998; ders., Apocalypticism in the Dead Sea Scrolls, London 1997. Zum Urchristentum vgl. *N. Wendebourg*, Der Tag des Herrn. Zur Gerichtserwartung im Neuen Testament auf ihrem alttestamentlichen und frühjüdischen Hintergrund, WMANT 96, Neukirchen-Vluyn 2003.

ist allerdings nicht auf einen Gegensatz zwischen einem hebräischen und einem griechischen Verständnis von Wahrheit zu schließen – etwa dergestalt, dass zwischen einem an Verlässlichkeit und Treue orientierten hebräischen und einem an Satz- oder Tatsachenwahrheit ausgerichteten griechischen Verständnis zu unterscheiden wäre.[16] Eine genauere Prüfung der Verwendung des Begriffs אמת hat vielmehr ergeben, dass die Übereinstimmung von Tatsachen und Aussagen ein substantieller Aspekt seiner Bedeutung ist. So hat Diethelm Michel in einem einschlägigen Aufsatz aus dem Jahr 1968[17] gezeigt, dass die überwiegende Mehrzahl der Belege für אמת die Richtigkeit einer Aussage bzw. eines Wortes bezeichnet. Allerdings zeigt sich darin ein spezifisch biblisches Verständnis von «Wahrheit», dass damit erfahrene Heilstaten, göttliche Gebote, Verheißungen oder auch Strafandrohungen bezeichnet werden können, die unverbrüchlich feststehen.[18]

Blicken wir exemplarisch auf einige neutestamentliche Verwendungen von ἀλήθεια.[19] Diese begegnen nicht zufällig in besonderer Häufung in der johanneischen und paulinischen bzw. deuteropaulinischen Literatur, wo Inhalt und Bedeutung des Christusgeschehens auch durch Abstraktbegriffe ausgesagt werden können. Dabei zeigt sich, dass der mit ἀλήθεια bezeichnete Inhalt zum einen an die Offenbarung Gottes in Jesus Christus bzw. an das Evangelium gebunden ist, zum anderen in enger Verbindung zu Begriffen wie χάρις, δικαιοσύνη oder auch εὐαγγέλιον steht. So begegnet etwa in Gal 2,5.14 die Verbindung ἀλήθεια τοῦ εὐαγγελίου zur Bezeichnung der für Beschnittene wie Unbeschnittene in gleicher Weise geltenden Heilsbotschaft des Evangeliums. In der Wendung φανέρωσις τῆς ἀληθείας in 2Kor 4,2 kommt in analoger Weise zum Ausdruck, dass die Verkündigung des Evangeliums zur Erkenntnis Gottes durch die Offenbarung Jesu Christi führt und damit schändlicher Heimlichkeit und Unaufrichtigkeit entgegensteht. In Eph 1,13 wird der λόγος τῆς ἀληθείας näher bestimmt als τὸ εὐαγγέλιον τῆς σωτηρίας ὑμῶν. An späterer Stelle wird dies dahingehend spezifiziert, dass der neue Mensch, den die Glaubenden anziehen sollen, auf δικαιοσύνη, ὁσιότης καὶ ἀλήθεια gegründet ist (4,24). Im Johannesevangelium wird der Begriff unmittelbar auf Jesus bezogen und durch

16 So etwa *R. Bultmann*, Untersuchungen zum Johannesevangelium, in: ders., Exegetica. Aufsätze zur Erforschung des Neuen Testaments, hg. von E. Dinkler, Tübingen 1967, 124–197; ders., Art. ἀλήθεια. C. Der griechische und hellenistische Sprachgebrauch. D. Der urchristliche Sprachgebrauch von ἀλήθεια, ThWNT I (1933), 239–248.

17 Vgl. *D. Michel*, 'ÄMÄT. Untersuchung über Wahrheit im Hebräischen, in: ABG 12 (1968), 30–57.

18 Vgl. *Michel*, 'ÄMÄT (s. Anm. 17), 41–55.

19 Vgl. dazu die einschlägige Untersuchung von *C. Landmesser*, Wahrheit als Grundbegriff neutestamentlicher Wissenschaft, WUNT 113, Tübingen 1999, bes. 207–253.

die Verbindung χάρις καὶ ἀλήθεια in Joh 1,14.17 sowie in der Selbstbezeichnung Jesu als ἡ ὁδὸς καὶ ἡ ἀλήθεια καὶ ἡ ζωή in Joh 14,6 näher bestimmt. In der Offb können in analoger Weise Jesus Christus und Gott sowie deren Wege, Urteile und Worte als ἀληθινός bezeichnet werden.[20]

Wie diese Beispiele zeigen, wird in den neutestamentlichen Texten ein spezifisches Verständnis von «Wahrheit» ausgebildet. Dieses gründet in der Überzeugung von der Offenbarung Gottes in Jesus Christus, die zugleich in Kontinuität zu den Schriften Israels steht. Da diese Ereignisse als «wahr» bezeichnet werden, kann auch jedes menschliche Reden, das sie bezeugt, als «wahres Zeugnis» gelten. Wahrheit ist demzufolge ein Erschließungshandeln Gottes, durch das er den Menschen den an die Gemeinschaft Jesu Christi gebundenen Weg zum Heil weist.

Dass dieser Wahrheitsanspruch in Konkurrenz zu anderen religiösen und philosophischen Wahrheitsansprüchen tritt, war bereits in biblischer und frühchristlicher Zeit bewusst. Es lässt sich an der Polemik gegen die anderen Völker und ihre Götter in prophetischen Texten des Alten Testaments[21] ebenso ablesen wie an der neutestamentlichen Kritik am früheren Lebenswandel der Heiden und dem Lob für ihre Abwendung von den toten «Götzen» zu dem einzigen wahren und lebendigen Gott und dem einen Herrn Jesus Christus.[22] Aus dem biblisch begründeten Wahrheitsanspruch ergibt sich im antiken Christentum dann sehr bald die Notwendigkeit, ihn gegenüber einem philosophischen Wahrheitsverständnis zu verteidigen und zu plausibilisieren. Das geschieht in dem Moment, in dem sich das Christentum auf die Ebene der philosophischen Auseinandersetzung begibt und in der Rezeption vor allem mittelplatonischer Philosophie eigene Modelle von Weltentstehung sowie Herkunft und Ziel des Menschen entwickelt. Konkret zu nennen wäre hier etwa die Logos-Christologie Justins, der zufolge es aufgrund des der Menschheit eingepflanzten Logoskeimes bereits vor Christus möglich war, der göttlichen Ordnung entsprechend zu leben.[23] Zu nennen wäre des Weiteren der positive Bezug auf die Philosophie der Griechen als Vorbereiterin der wahren Erkenntnis in Christus bei Clemens von Alexandria und Origenes.[24] Mit diesen Hinweisen auf einen beginnenden Dialog zwischen christlicher und philosophischer Wahrheit ist der

---

20 Offb 3,7.14; 6,10; 15,3; 16,7; 19,2.9; 21,5; 22,6.

21 Vgl. etwa Jes 40,19f.; 41,21–29; 46,1–7.

22 1Thess 1,9f.; Gal 4,8f.

23 2Apol. 8,1–3; 10,8.

24 Clemens Al., Strom. I 28,3; 80,6; 94,1–7 u. ö.; Origenes, Cels. 1,4; 3,40. In diesen Kontext gehört auch die Rede vom Christentum als der «wahren» oder «heilsamen und sicheren Philosophie», die seit den Apologeten begegnet. Vgl. Justin, 2Apol. 13,2–6; Dial, 8,1; Clemens Al., Strom. I 18,4; 20,1; Euseb, Praep. 14,3,5.

größere Rahmen angedeutet, in dem sich auch die Diskussion über Wahrheit und Geschichte im Blick auf den historischen Jesus bewegt, der wir uns nunmehr zuwenden.

1.2 Christliches Verständnis von «Wahrheit» im philosophischen Diskurs

Aus dem Gesagten folgt, dass christliches Wahrheitsverständnis mit der Voraussetzung in den philosophischen Diskurs eintritt, dass von Wahrheit nur in Bezug auf Gott und sein Erschließungshandeln in der Welt gesprochen werden kann.[25] Vollständige Erkenntnis der Wahrheit ist demnach nur als Einsicht möglich, dass die Wirklichkeit als ganze von Gott bestimmt wird, den sich im Bereich fragmentarischer, falsifizierbarer Erkenntnis bewegenden Menschen dagegen nur partiell zugänglich ist. Wahrheit wäre demnach in theologischer Perspektive nicht lediglich als Wissen über bestimmte Sachverhalte, also als *Tatsachenwahrheit*, zu bestimmen, sondern als eine auch unter den Bedingungen einer nur mit falliblem Erkenntnisvermögen zugänglichen Wirklichkeit vorhandene *Gewissheit* über Herkunft, Sinn und Ziel der Welt und des Menschen. Christliches Wahrheitsverständnis ist demnach dadurch charakterisiert, dass es mehr über die Wirklichkeit sagt, als sich mit den Mitteln menschlicher Erkenntnis über diese Wirklichkeit sagen lässt.[26] Der universale Anspruch christlicher Rede von der Wahrheit ist demnach darin begründet, dass die Selbsterschließung Gottes Antizipationen auf das Ganze der Wirklichkeit ermöglicht, auch wenn dieses dem menschlichen Erkenntnisvermögen nur partiell zugänglich ist.

Ausgehend von diesem Wahrheitsverständnis lässt sich der Ort christlicher Rede von der Wahrheit im Diskurs mit anderen Zugängen zum Wahrheitsproblem konkretisieren. Unter den gängigen Wahrheitstheorien[27] spielt dabei die sogenannte Korrespondenztheorie eine zentrale Rolle. Diese oft mit Aristoteles in Verbindung gebrachte,[28] explizit aber erst bei Thomas von Aquin in seiner berühmten Formulierung *veritas est adaequatio rei et intellectus* bzw. *intellectus adaequatur rei* nachweisbare Theorie[29] besagt, dass Wahrheit in der Übereinstimmung von Tatsachen (*res*) und menschlichem Verstand (*intellectus*) besteht. Diese Theorie, der auf den ersten Blick eine unmittelbare Evidenz zuzukommen

---

25 Vgl. *Härle*, Verständnis (s. Anm. 3), 80.

26 Vgl. in diesem Sinn auch *E. Jüngel*, Art. Wahrheit: IV. Fundamentaltheologisch, RGG^4 8 (2005), 1251f.

27 Vgl. neben *Gloy*, Wahrheitstheorien (s. Anm. 2), auch die umfangreiche Studie von *A. Kreiner*, Ende der Wahrheit? Zum Wahrheitsverständnis in Philosophie und Theologie, Freiburg u. a. 1992.

28 Arist., Metaphysik 1011b.

29 STh I, q 16 a 2 bzw. q 21 a 2.

scheint und die darum auch in einem vorwissenschaftlichen Verständnis von Wahrheit oftmals undiskutiert vorausgesetzt wird, ist beim näheren Hinsehen jedoch nicht unproblematisch. Eine grundlegende Frage, die nicht zuletzt für das hier zu verhandelnde Thema von Bedeutung ist, lautet, was genau dabei unter Korrespondenz bzw. *adaequatio* verstanden werden soll. Da es keine von dem jeweiligen Träger des *intellectus* unabhängige Urteilsinstanz gibt, die über die Übereinstimmung eines Urteils mit der außersprachlichen Wirklichkeit entscheiden könnte, bleibt die Behauptung einer solchen Korrespondenz letztlich strittig.

Andere Theorien wie die Kohärenztheorie und die Redundanztheorie der Wahrheit sowie die pragmatisch ausgerichtete Konsens- oder Diskurstheorie lassen sich als Modelle verstehen, die Korrespondenztheorie erkenntnis- bzw. diskurstheoretisch zu differenzieren.[30] Im Blick auf die hier verfolgte Fragestellung ist dabei zu notieren, dass die Geschichtlichkeit der Wahrheit in allen diesen Theorien nur eine untergeordnete Rolle spielt. Zentral sind dagegen die Fragen der Erkennbarkeit der Wirklichkeit, des Verhältnisses verschiedener Wahrheitsansprüche zueinander oder des Verständnisses von Wahrheit überhaupt. Die Verbindung von Wahrheit und Geschichte erweist sich damit als eine spezifisch neuzeitliche Variation des Wahrheitsproblems. Damit komme ich zu meinem nächsten Abschnitt.

1.3 «Wahrheit» und «Geschichte» als neuzeitliche Variation des Wahrheitsproblems

Das spezifische Problem der Verbindung von Wahrheit und Geschichte besteht darin, dass die Geschichtlichkeit der Wahrheit bzw. Wahrheitserkenntnis zu ihrem Verständnis als einer zeitlosen, unabhängig von je geltenden Erkenntnisbedingungen geltenden Größe in Konkurrenz steht und im Extremfall die Rede von Wahrheit sogar *ad absurdum* führen könnte, da sich jede Wahrheitsbehauptung mit Verweis auf ihre geschichtliche Bedingtheit relativieren und damit zugleich in ihrem Anspruch bestreiten ließe. Damit ist der Kern des Problems, wie sich das Verhältnis von Wahrheit und Geschichte darstellen lässt, benannt.[31]

Dass diese Frage erst vergleichsweise spät in den Blick trat, liegt darin begründet, dass sich erst in der Neuzeit ein Verständnis von Geschichte herausbildete, das mit einem Anspruch auf Wahrheit auftritt und sich deshalb auch in den Wahrheitsdiskurs einbringen lässt. Dagegen werden etwa bei Lukian, der im zweiten Jahrhundert eine Abhandlung darüber verfasst, wie Geschichte zu

---

30 Vgl. dazu *J. Rohls*, Korrespondenz, Konsens und Kohärenz, in: Dalferth/Stoellger, Wahrheit (s. Anm. 9), 29–51.

31 Vgl. den Exkurs bei *Gloy*, Wahrheitstheorien (s. Anm. 2), 46–59.

schreiben sei,[32] die Begriffe «Wahrheit» und «Geschichte» (ἀλήθεια bzw. ἱστορία) nicht in einem qualifizierten philosophischen, sondern in einem vorwissenschaftlichen Sinn verwendet: Aufgabe des Geschichtsschreibers sei es, so Lukian, die Dinge so zu beschreiben, wie sie tatsächlich geschehen sind.[33] Diese umgangssprachliche Verwendung von «Wahrheit» hindert Lukian allerdings nicht daran, es zugleich als Aufgabe des Geschichtsschreibers zu bezeichnen, dem vergangenen Geschehen durch seine Darstellung eine bestimmte Form zu verleihen, es also sprachlich und kompositorisch zu gestalten und die Ereignisse so darzustellen, wie sie sich ihm darstellen.[34] «Wahrheit», ἀλήθεια, bezeichnet hier also die Tatsächlichkeit des Geschehenen im Unterschied zum frei Erfundenen der Dichtung. Eine Reflexion des Verhältnisses von Wahrheit und Geschichte findet sich dabei nicht, wohl aber das Bewusstsein dafür, dass es zu den Aufgaben des Geschichtsschreibers gehört, dem vergangenen Geschehen durch seine Darstellung eine bestimmte Form zu verleihen. In der Gegenwart bildet dagegen das neuzeitliche Verständnis von Geschichte denjenigen Kontext, innerhalb dessen auch das christliche Wahrheitsverständnis zu plausibilisieren ist. Konkret ergibt sich die Frage, inwiefern sich aus geschichtlichen Aussagen wahrheitsfähige Aussagen herleiten lassen.

Die Virulenz des Themas «Wahrheit und Geschichte» rührt dabei daher, dass Geschichte nunmehr als übergreifender Geschehenszusammenhang verstanden wird, dem eine übergeschichtliche Idee zugrunde liegt und der auf ein bestimmtes Ziel zuläuft. In Antike und Mittelalter wurde dagegen mit ἱστορία bzw. *historia* das Erkunden von Gegebenheiten sowie deren Darstellung, aber auch die Summe der in einem entsprechenden Werk versammelten Ereignisse beschrieben. So bezeichnet ἱστορία bei Herodot die Erkundungen, die nunmehr zur Darstellung gebracht werden. Charakteristisch ist dabei ausweislich des Proömiums seines Geschichtswerks die ausdrückliche Konzentration auf «das unter Menschen Geschehene» (τὰ γενόμενα ἐξ ἀνθρώπων) in Abgrenzung von den Göttermythen sowie damit verbunden das Bestreben, die Ursachen und Triebkräfte zu erkunden, die zu bestimmten Konstellationen geführt haben.[35] So will Herodot erklären, warum es zur kriegerischen Auseinandersetzung der Griechen mit den Persern gekommen ist; Thukydides möchte Ursachen und Verlauf des Peloponnesischen Krieges darlegen; Polybios ordnet die Ereignisse

32 Lukian, Πῶς δεῖ Ἱστορίαν συγγράφειν (Quomodo historia conscribenda sit). Luciani Opera. Recognivit Brevique Adnotatione Critica Instruxit M.D. MacLeod. Tomus III: Libelli 44–68, Oxford 1980, 287–319. Deutsche Übersetzung von H. Homeyer, Wie man Geschichte schreiben soll, München 1965.

33 Lukian, hist. 39–41.

34 Lukian, hist. 51.

35 Vgl. *Meier*, Geschichte, Historie II. Antike (vgl. Anm. 6), 595–610.

so an, dass sie auf den Aufstieg Roms zur Weltmacht zulaufen. Es lassen sich also Prinzipien der Auswahl und Darstellung historischer Ereignisse erkennen; griechisch-römische Historiker können aber auch einfach Fortsetzungsgeschichten verfassen, die dort anknüpfen, wo ein Vorgänger geendet hat, und so weit reichen, wie sie während ihrer Lebenszeit gelangen konnten.[36]

Vor diesem Hintergrund verwundert es nicht, dass die ἱστορία von Aristoteles als ein Unternehmen betrachtet wurde, das in seinem philosophischen Anspruch und seinem sachlichen Gehalt hinter der Dichtung zurücksteht. Die Konzentration auf einzelne Geschehnisse (τὰ γενόμενα) bedeutet, dass in der ἱστορία keine allgemeingültigen Dinge zur Sprache kommen.[37]

Die im späten 18. Jahrhundert entstehende Auffassung von Geschichte unterscheidet sich hiervon zunächst durch die Vorstellung eines von einer übergeschichtlichen Idee oder einem Weltgeist bestimmten Geschehenszusammenhangs, also einer Universalgeschichte. Klassisch formuliert wird dies von Friedrich Schiller in seiner Jenaer Antrittsvorlesung von 1789 «Was heißt und zu welchem Ende studiert man Universalgeschichte?»[38] Der hier von Schiller entwickelte Begriff der «Universalgeschichte» meint gerade nicht nur die Ansammlung von Bruchstücken aus der Geschichte, also nicht einfach «Weltgeschichte». Vielmehr sei die Herstellung der Verbindung zwischen diesen Einzelereignissen, die ihnen erst einen übergreifenden Sinn gebe, die entscheidende Aufgabe. Diese sei nur von einem philosophischen Kopf zu leisten, der sich darin von einem «Brodgelehrten» unterscheidet. Die Bindung des Begriffs «Universalgeschichte» an überweltliche Ideen oder an einen in den Ereignissen wirkenden Weltgeist führt dabei zu einer engen Verbindung von Geschichte und Philosophie, die es so zuvor nicht gegeben hatte. Diese Verbindung wird dann im 19. Jahrhundert, prominent von Georg Wilhelm Friedrich Hegel, zu einer Geschichtsphilosophie ausgebaut, die in der Geschichte die Selbstentfaltung des Weltgeistes sieht.[39]

---

36 Dies ist etwa der Fall bei der Römischen Geschichte des älteren Plinius, bei Xenophon, der an Thukydides anschließt, oder auch bei Tacitus, der mit den «Annalen» seine eigenen «Historien» rückwärts fortsetzt.

37 Arist., Poet. 9,1451a: τούτῳ διαφέρει (sc.: ὁ ἱστορικὸς καὶ ὁ ποιητὴς) τῷ τὸν μὲν τὰ γενόμενα λέγειν, τὸν δὲ οἷα ἂν γένοιτο. διὸ καὶ φιλοσοφώτερον καὶ σπουδαιότερον ποίησις ἱστορίας ἐστίν.

38 *F. Schiller*, Was heißt und zu welchem Ende studiert man Universalgeschichte? Die akademische Antrittsrede von 1789. Mit einem Geleitwort des Rektors der Friedrich-Schiller-Universität Jena, hg. von V. Wahl, Jena 1996.

39 *G. W. F. Hegel*, Vorlesungen über die Philosophie der Weltgeschichte, in: ders., Vorlesungen. Ausgewählte Nachschriften und Manuskripte, Bd. 12: Vorlesungen über die Philosophie der Weltgeschichte (Nachschrift von Karl Gustav Julius von Griesheim), hg. von K. Brehmer, Hamburg 1996.

Neben diesem universalgeschichtlichen Zugang entsteht in der Neuzeit das Bewusstsein für die Perspektivität jeder Geschichtsdarstellung, die daher rührt, dass die Erforschung und Darstellung von Geschichte vom Standpunkt des jeweiligen Historikers aus erfolgt. Dies führt in der Konsequenz zu einer Relativierung historischer Wahrheit, da, wie es etwa bei Johann Gustav Droysen heißt, «historische Wahrheit [...] nur relativ die Wahrheit (ist); es ist die Wahrheit, wie sie der Erzähler sieht, es ist die Wahrheit von *seinem* Standpunkt, seiner Einsicht, seiner Bildungsstufe aus; in einer verwandelten Zeit wird sie, kann sie anderen anders erscheinen»[40]. Das Problem von Wahrheit und Geschichte lautet dann: Wie kann angesichts der perspektivischen, vom Historiker oder der Historikerin hergestellten und verantworteten historischen Rekonstruktion ein geschichtlich begründeter Wahrheitsanspruch erhoben werden?

In der neueren geschichtswissenschaftlichen Diskussion hat sich diese Frage durch die erkenntnistheoretische Problematik zugespitzt, inwiefern Ereignisse der Vergangenheit, die bereits in den Quellen, die sie überliefern, durch Auswahl, Versprachlichung und Deutung interpretierend weitergegeben und vom Historiker oder der Historikerin aus diesen Quellen in mitunter großem zeitlichen Abstand wiederum interpretiert werden, überhaupt zugänglich sind.[41] Bereits Droysen formulierte: «Das Ergebnis der Kritik ist nicht ‹die eigentliche historische Tatsache›, sondern, daß das Material bereit gemacht ist, eine verhältnismäßig sichere und korrekte Auffassung zu ermöglichen.»[42] Der damit zum Ausdruck gebrachte Charakter historischer Forschung ist in der neueren geschichtshermeneutischen Diskussion dahingehend präzisiert worden, dass sich Entwürfe der Vergangenheit stets zwischen Konstruktion und Rekonstruktion bewegen und den Charakter an die Quellen gebundener Erzählungen tragen, die die Vergangenheit im Licht der jeweiligen Gegenwart zum Sprechen bringen.[43] Erforschung der Vergangenheit bedeutet demnach, die oftmals nur in zufällig und fragmentarisch erhaltenen, durch vielfältige Überlieferungsprozesse modifizierten Quellen aus der Perspektive einer kulturell, sozial und religiös anders gearteten Wirklichkeit mit historischer Einbildungskraft zu einem Bild der Vergangenheit zusammenzusetzen. Dabei vertrauen wir darauf, dass die Quellen, auf die wir uns dabei stützen, repräsentativ sind, uns nicht in die Irre führen und die Verbindungen, die wir zwischen ihnen herstellen, nicht durch neue Quellen falsifiziert oder durch plausiblere Darstellungen überholt werden.

---

40 *J. G. Droysen*, Historik. Historisch-kritische Ausgabe von P. Leyh, Stuttgart 1977, 230f.

41 Vgl. etwa *H.-J. Goertz*, Unsichere Geschichte. Zur Theorie historischer Referentialität, Stuttgart 2001.

42 *Droysen*, Historik (s. Anm. 40), 431.

43 Vgl. etwa *P. Ricœur*, Zeit und Erzählung, Band I: Zeit und historische Erzählung, Übergänge 18/I, München 1988.

Ist es dann aber überhaupt die Vergangenheit, die wir in der historischen Darstellung beschreiben, oder schauen wir, wenn wir ein Bild davon entwerfen, wie die Vergangenheit gewesen sein könnte, uns dabei nur selber an?

Für die Frage nach dem historischen Jesus ist diese Diskussion schon darum von Bedeutung, weil es sich dabei um dasjenige Ereignis schlechthin handelt, an dem sich der Wahrheitsanspruch des christlichen Glaubens bewähren muss. Nirgendwo treffen «Wahrheit» und «Geschichte» unmittelbarer aufeinander als im Bekenntnis zu Jesus Christus als demjenigen, der gleichermaßen göttlicher wie menschlicher Natur ist. Wie dies unter den Bedingungen neuzeitlichen Geschichtsverständnisses eingelöst werden kann, soll im nächsten Teil näher betrachtet werden.

2. «Wahrheit und Geschichte» als Problem der neuzeitlichen Jesusforschung

Die Frage nach dem historischen Jesus basiert auf dem neuzeitlichen Verständnis von Geschichte als einer auf kritischer Quellenanalyse gründenden Rekonstruktion der Vergangenheit.[44] Sie setzt voraus, dass sich das auf der Grundlage der historisch-kritisch arbeitenden Vernunft rekonstruierte Wirken und Geschick Jesu von seiner Darstellung in den Evangelien unterscheiden lässt. Daraus resultiert die Frage, ob ein solches historisch-kritisch entworfenes Jesusbild einen höheren Grad an Plausibilität und Verbindlichkeit besitzt als diejenigen Bilder, die die Evangelien von Jesus zeichnen. Die entgegengesetzte Lösung lautete, dass die historisch-kritische Forschung ihre Grenze am Bekenntnis des christlichen Glaubens findet, das nicht dem Maßstab der historisch-kritischen Forschung unterliegt, sondern, gerade umgekehrt, der kritischen Vernunft seinerseits Grenzen setzt. Denkbar wäre schließlich auch, dass historisch-kritische Jesusbilder neben denjenigen der christlichen Dogmatik stünden und diese auch nicht in Frage stellten. Diese Fragen, die die historische Jesusforschung seit ihren Anfängen umtreiben, sollen im Folgenden anhand einiger charakteristischer Positionen konturiert werden.

---

44 Dokumentationen von Beiträgen der historisch-kritischen Jesusforschung finden sich in folgenden Bänden: *M. Baumotte* (Hg.), Die Frage nach dem historischen Jesus. Texte aus drei Jahrhunderten, Gütersloh 1984; *H. Ristow/K. Matthiae* (Hg.), Der historische Jesus und der kerygmatische Christus. Beiträge zum Christusverständnis in Forschung und Verkündigung, Berlin ^{2}1961; *B. Chilton/C. Evans* (Hg.), Studying the Historical Jesus. Evaluations of the State of Current Research, NTTS 19, Leiden u. a. 1998; *J. Schröter/R. Brucker* (Hg.), Der historische Jesus. Tendenzen und Perspektiven der gegenwärtigen Forschung, BZNW 114, Berlin/New York 2002.

Der Beginn der historisch-kritischen Jesusforschung liegt bekanntlich im späten 18. Jahrhundert mit der auf der Aufklärungsphilosophie basierenden Anwendung der kritischen Vernunft auf die biblischen Texte. Der vom englischen Deismus beeinflusste Hermann Samuel Reimarus sah im freien Gebrauch der Vernunft ein Mittel, um in den biblischen Schriften zwischen Wahrheit und freier Erfindung zu unterscheiden. Die Lehre Jesu lasse sich von dem, was später über ihn erdichtet wurde, separieren, nur Erstere habe Anspruch auf Verbindlichkeit. Reimarus vertritt damit das aufklärerische Konzept einer der Vernunft gemäßen, natürlichen Religion, die keiner Offenbarung überirdischer Wahrheiten bedürfe. Allein wahr seien, so Reimarus, die sittliche Lehre Jesu und «das alte Systema der Apostel», er sei der weltliche Erlöser des israelitischen Volkes. Die Lehren von der Auferstehung und der Wiederkunft am jüngsten Tage seien dagegen erst aufgrund fehlgeschlagener Hoffnungen, die sich auf Jesus richteten, erdichtet worden.[45]

Reimarus vertritt damit eine Position, die das christliche Glaubenssystem der kritischen Vernunft unterordnet und daraus einen Maßstab für Wahrheit und Lüge bzw. Erfindung ableitet. «Wahrheit» ist, was der Vernunft zugänglich ist und deshalb von Erfindung und Irrtum abgegrenzt werden muss. Zugrunde liegt dem ein rationalistisch gefasster Wahrheitsbegriff, der zwischen der Lehre Jesu und dem durch die Apostel begründeten christlichen Glaubenssystem einen nicht aufzuklärenden Widerspruch feststellt.

Die Position des Reimarus begründete eine Richtung innerhalb der neuzeitlichen Jesusforschung, in der der «historische Jesus» von dem in den neutestamentlichen Texten bezeugten Sohn Gottes und geglaubten Christus kritisch abgesetzt wird. Eine Linie ist der von Reimarus selbst mitbegründete Rationalismus, der jegliche Berufung auf der Vernunft nicht zugängliche Offenbarungswahrheiten ablehnte und die glaubwürdige Jesusüberlieferung entsprechend darauf reduzierte, was der aufgeklärten Vernunft zugänglich ist.

In der gegenwärtigen Forschung begegnet eine solche Position in einer bestimmten Ausprägung der nordamerikanischen Jesusforschung, die bei der Entstehung der sogenannten «Third Quest» eine maßgebliche Rolle gespielt hat. Neben dem Bestseller «The Historical Jesus» von John Dominic Crossan ist das von Robert W. Funk und dem Jesus Seminar herausgegebene Buch «The Five Gospels» mit dem bezeichnenden Untertitel «What did Jesus really say?» hierfür ein sprechendes Beispiel.[46] In der Einleitung zu diesem Buch wird Reimarus mit dem dritten amerikanischen Präsidenten, Thomas Jefferson, verglichen, der in

---

45 *H. S. Reimarus*, Von dem Zwecke Jesu und seiner Jünger. Noch ein Fragment des Wolfenbüttelschen Ungenannten, hg. von G. E. Lessing, Berlin 1784, 18f.

46 *R. W. Funk/R. W. Hoover, and the Jesus Seminar*, The Five Gospels. What Did Jesus Really Say? The Search for the Authentic Words of Jesus, New York 1993.

der Widmung des Buches an Galileo Galilei, Jefferson und David Friedrich Strauß dafür gelobt wird, «scissor and paste to the gospels» gebracht zu haben.[47] Jefferson sah, ähnlich wie Reimarus, das Zentrum des Wirkens Jesu in seinen ethischen und moralischen Lehren und unterschied diese von den dogmatischen Lehren der Kirche.

Reflektieren wir diese Position vor dem Horizont des Themas dieses Symposiums, so ist deutlich, dass das Verständnis von «Wahrheit» und «Geschichte» bei einem solchen Ansatz letztlich ungeklärt bleibt. «Wahrheit» wird auf die Tatsächlichkeit von geschehenen Ereignissen reduziert, die von christlichen Bekenntnisaussagen als späteren «Erfindungen» kritisch abgesetzt werden. Der Wahrheitsanspruch des christlichen Glaubens soll dabei durch den unmittelbaren Rekurs auf den historischen Jesus und in kritischer Absetzung von urchristlichen und frühkirchlichen Bekenntnisaussagen begründet werden. Im Blick auf ein christliches Verständnis von Wahrheit, wie es oben skizziert wurde, bleibt dies darin unbefriedigend, dass sich ein auf dem Zeugnis von Jesus Christus gründender Zugang zu Gott und damit zum Ganzen der Wirklichkeit nicht auf den Erweis der Tatsächlichkeit einzelner Ereignisse im Leben Jesu reduzieren lässt.

Unberücksichtigt bleibt bei einem solchen Zugang auch, dass historische Urteile über Jesus stets von der Kenntnis und Beurteilung einzelner Quellen sowie von der Einschätzung etwa des Verhältnisses Jesu zum Judentum oder seiner Stellung zu sozialen Problemen seiner Zeit abhängig sind. Damit basiert ein solcher Zugang letztlich auf historischen Plausibilitätsurteilen, die durch neu entdeckte Quellen oder veränderte erkenntnistheoretische Voraussetzungen modifiziert werden können. Ohne einen Gesamtrahmen, innerhalb dessen die historischen Einzelurteile ihren Ort erhalten, bleibt dieser Ansatz deshalb unzureichend.

Eine andere Position im Blick auf das Verhältnis von historischem Jesus und Entstehung des Christentums stellt die Position Adolf von Harnacks dar. Harnack hält es prinzipiell für möglich, die Verkündigung Jesu in ihren wesentlichen Teilen zu rekonstruieren, wobei er der Spruchquelle des Matthäus und Lukas grundlegende Bedeutung beimisst.[48] In seinen im Wintersemester 1899/1900 an der Berliner Friedrich-Wilhelms-Universität für Hörer aller Fakultäten gehaltenen Vorlesungen über «Das Wesen des Christentums»[49] entwickelte er die Auffassung, das wahre Christentum sei nur im Rückgriff auf die Verkündi-

---

47 *Funk/Hoover/Jesus Seminar*, Five Gospels (s. Anm. 46), 2f.

48 Vgl. seine diesbezügliche Untersuchung: Beiträge zur Einleitung in das Neue Testament II: Sprüche und Reden Jesu. Die zweite Quelle des Matthäus und Lukas, Leipzig 1907.

49 *A. v. Harnack*, Das Wesen des Christentums. Herausgegeben und kommentiert von T. Rendtorff, Gütersloh 1999.

gung Jesu zu finden. Das von Jesus verkündigte Reich Gottes und sein Kommen, der «unendliche Wert der Menschenseele» sowie die bessere Gerechtigkeit und das Gebot der Liebe seien diejenigen Kreise, anhand derer sich seine Botschaft entfalten lasse. Das von Jesus verkündigte Evangelium sei als «*die Religion selbst*»[50] von allen anderen Religionen kategorial unterschieden und könne deshalb nicht in eine allgemeine Religionsgeschichte eingeordnet werden.

Mit diesem Entwurf möchte Harnack eine Antwort auf die vom Historismus des 19. Jahrhunderts aufgeworfene Frage nach dem im geschichtlichen Wandel seiner Ausdrucksformen bleibend Gültigen des Christentums geben. Er findet diese Antwort, analog zu Reimarus, indem er auf die Verkündigung Jesu zurückgeht und sie vom Apostolischen Glaubensbekenntnis unterscheidet. Dabei argumentiert Harnack freilich nicht von den Prämissen des Rationalismus her, sondern betrachtet etwa die Wunderberichte und die apokalyptische Eschatologie der Evangelien als zeitbedingte Ausdrucksformen des Glaubens an Jesus.[51]

Harnack nimmt damit eine eigene Position im Spannungsfeld von Geschichte und Wahrheit im Blick auf den christlichen Glauben ein. Er ist sich einerseits der Geschichtlichkeit aller Ausdrucksformen des christlichen Glaubens bewusst, die auch für die Predigt Jesu gelte. Dies macht er etwa an der Stellung Jesu zu sozialen oder politischen Fragen deutlich.[52] Zugleich reiche die Bedeutung Jesu als «*die persönliche Verwirklichung und die Kraft des Evangeliums*»[53] jedoch über die Einbindung in konkrete soziale und religiöse Beziehungen hinaus und gehe keineswegs im kirchlichen Dogma auf. Vielmehr sei es eine Verkehrung, dem Evangelium Jesu ein christologisches Bekenntnis vorzuordnen. Worauf es ankomme sei vielmehr, «nach seinem Evangelium zu leben»[54].

Harnack zufolge lässt sich demnach das Wesen des Christentums nur durch eine geschichtliche Betrachtung von Person und Verkündigung Jesu erfassen. Gegenüber dem rationalistischen Zugang erklärt er dabei nicht die aufgeklärte Vernunft zum alleinigen Maßstab, sondern arbeitet mit einem hermeneutischen Verstehensmodell. Zu fragen bleibt freilich, wie die Verkündigung Jesu, die nur in der Form deutender Erzählungen überliefert ist, jenseits der historischen Bedingtheit und prinzipiellen Vorläufigkeit einer historischen Rekonstruktion Geltung beanspruchen kann. Der von Harnack implizierte unmittelbare Zugang zu seiner Person, die sowohl vom Judentum seiner Zeit als auch vom christologischen Dogma der Kirche zu unterscheiden sei, postuliert dabei letzt-

50 *Harnack*, Wesen (s. Anm. 49), 96 (dort kursiv).
51 *Harnack*, Wesen (s. Anm. 49), 69–72.
52 *Harnack*, Wesen (s. Anm. 49), 115–118, 125–132.
53 *Harnack*, Wesen (s. Anm. 49), 156 (dort kursiv).
54 *Harnack*, Wesen (s. Anm. 49), 157.

lich eine aus sich selbst heraus evidente überzeitliche Bedeutung des von Jesus verkündigten Evangeliums. Damit wird jedoch die stets perspektivische Sicht auf die Verkündigung Jesu und die Zeugnisse, in denen sie überliefert ist, nur ungenügend berücksichtigt.

Ein weiterer hier zu nennender Ansatz findet sich in dem Jesusbuch des gegenwärtigen Papstes Benedikt XVI., Joseph Ratzinger.[55] Wie Harnack sieht er einen Zugang zum Zentrum des christlichen Glaubens im unmittelbaren Rückgriff auf Jesus und kann in einer dem bereits genannten Diktum Harnacks vergleichbaren Formulierung sagen, dass Jesus das Wort Gottes selbst ist, ja «dass er wirklich als Mensch Gott *war*»[56]. Anders als Harnack sieht Ratzinger allerdings keine Differenz zwischen einer historischen Rekonstruktion des Wirkens Jesu und den kirchlichen Lehrsätzen über ihn. Vielmehr projiziert er gerade umgekehrt die Lehrsätze der kirchlichen Dogmatik in das Leben Jesu hinein und sieht darin bereits diejenigen Inhalte zum Ausdruck kommen, die die christliche Bekenntnisbildung erst in längeren, oft kontroversen Deutungsprozessen gewonnen hat. Grundlage ist für Ratzinger dabei, dass er die biblischen Texte als göttlich inspirierte Schriften betrachtet, zu deren Interpretation die historisch-kritische Methode unzureichend sei. Das ist für Ratzinger deshalb so, weil er den der historisch-kritischen Methode zugrunde liegenden Vernunftbegriff, dem zufolge die Wahrheit des christlichen Glaubens angesichts der je geltenden Erkenntnisbedingungen zu verantworten ist, zurückweist und stattdessen auf die Verbindung von biblischem Gottesglauben und griechischer Philosophie rekurriert, wie sie sich in Antike und Mittelalter vollzogen hat. Das erlaubt es ihm, die Unterscheidung von historischem Jesus und geglaubtem Christus dadurch zu unterlaufen, dass er den Menschen Jesus selbst zu «Gott» erklärt und so dem altkirchlichen Bekenntnis der zwei Naturen Jesu Christi einen quasi ontologischen Status zuschreibt, der bereits für den irdischen «historischen» Jesus vorauszusetzen sei.

Diese Argumentation läuft darauf hinaus, das Verhältnis von Wahrheit und Geschichte im Blick auf den christlichen Glauben dadurch aufzulösen, dass der Person Jesu ein übergeschichtlicher Status zugeschrieben wird, der der historisch-kritischen Vernunft entzogen bleibt. Damit wird die neuzeitliche Dynamik des Verhältnisses von Wahrheit und Geschichte jedoch dadurch unterlaufen, dass die in einem kontingenten geschichtlichen Ereignis begründete Entstehung des christlichen Glaubens dem historischen Zugriff entzogen wird. Dies stellt letztlich einen Rückschritt hinter die Ausprägung sowohl des neuzeitlichen Vernunftbegriffs als auch des neuzeitlichen Verständnisses von Geschichte als

---

55 *J. Ratzinger/Benedikt XVI.*, Jesus von Nazareth. Erster Teil: Von der Taufe im Jordan bis zur Verklärung, Freiburg u. a. 2007.

56 *Ratzinger/Benedikt XVI.*, Jesus (s. Anm. 55), 21; vgl. 89.

ein vom Historiker vor den Quellen verantworteter Entwurf der Vergangenheit dar.

Eine letzte hier zu nennende Position ist diejenige, die unter Verweis auf das nachösterliche Bekenntnis den Bezug auf den historischen Jesus für angesichts der Quellen nicht realisierbar und zudem für theologisch entbehrlich hält. Diese Linie verbindet sich mit den Namen von David Friedrich Strauß, Martin Kähler und Rudolf Bultmann. Strauß unterschied in seiner Analyse der Evangelien zwischen der mythischen Deutung der Geschichte Jesu und der Relevanz dieser Einsicht für das hiervon unberührt bleibende christliche Dogma von der Einheit von Gott und Mensch in Jesus Christus.[57] Dieses werde durch die Tatsache, dass das Wirken Jesu durch die mythischen Deutungen der Evangelien faktisch überlagert sei, nicht berührt, könne aber darauf auch nicht gegründet werden.

Dass das Bekenntnis zu Christus nicht auf historisch zu verifizierenden Ereignissen des Wirkens Jesu gründe, war eine auch von Martin Kähler und Rudolf Bultmann vertretene Position. Kähler sah den entscheidenden Fehler der Jesusforschung darin, die Frage nach Jesus unabhängig vom Christuszeugnis des Neuen Testaments zu stellen und damit die Möglichkeit eines vom christlichen Bekenntnis unabhängigen Zugangs zur Person Jesu zu insinuieren.[58] Bultmann argumentierte in seinem für unsere Thematik einschlägigen Aufsatz «Das Verhältnis der urchristlichen Christusverkündigung zum historischen Jesus»[59], der historische Jesus und der Christus des urchristlichen Kerygmas könnten nicht in Kontinuität zueinander stehen, denn der Christus des Kerygmas sei keine historische Gestalt. Allerdings bestehe eine Kontinuität zwischen dem historischen Jesus und dem Kerygma, das ihn verkündigt. Dabei ist nach Bultmann faktisch festzustellen, dass Person und Wirken des historischen Jesus für die konkrete Gestalt des Kerygmas nur eine sehr untergeordnete Rolle spielen, weil sich dieses nicht an Ereignissen und Inhalten seines Wirkens orientiere, also nicht in einer inhaltlichen, sondern nur in einer sachlichen Kontinuität zu ihm stehe.

Mit dem zuletzt genannten Zugang wird wiederum eine eigene Position im Blick auf das Verhältnis von Wahrheit und Geschichte formuliert. Sie unterscheidet sich von denjenigen bei Reimarus und Harnack in der Überzeugung, historische Ereignisse könnten nicht unabhängig von der Interpretation, die sie in der Überlieferung erfahren haben, rekonstruiert und in ihrer Bedeutung erfasst werden. Für die Entstehung des christlichen Glaubens sei deshalb nicht

---

57 *D. F. Strauß*, Das Leben Jesu, kritisch bearbeitet, Tübingen 1835/36 (Nachdruck 1984).

58 *M. Kähler*, Der sogenannte historische Jesus und der geschichtliche, biblische Christus, Leipzig 1892; 2. erweiterte Auflage, neu hg. von E. Wolf, München 1956.

59 *R. Bultmann*, Das Verhältnis der urchristlichen Christusverkündigung zum historischen Jesus, in: ders., Exegetica, Aufsätze zur Erforschung des Neuen Testaments (s. Anm. 16), 445–469.

das historische Ereignis des Auftretens Jesu an sich von Bedeutung, sondern erst dessen Verständnis als eschatologisches Geschehen, das den Menschen vor die Entscheidung über Heil und Unheil stellt. Diese Position ist in der aktuellen Jesusforschung mit gewissen Modifikationen vor allem von James Dunn vertreten worden.[60] Dunn teilt die Auffassung, bei der Rekonstruktion des Wirkens Jesu sei von der Wirkung, die er bei seinen Nachfolgern hinterlassen habe, auszugehen, da dieser *impact* das in den Quellen noch Greifbare des Wirkens Jesu sei. Nur so sei es möglich, auf Inhalte des Wirkens und des Selbstverständnisses Jesu zurückzuschließen.

Dabei ist sich Dunn der Tatsache bewusst, dass auf diese Weise nicht die Vergangenheit selbst rekonstruiert wird.[61] Vielmehr sei Geschichtsschreibung ein Vorgang, bei dem *event, data, and fact* in ein komplexes Verhältnis zueinander träten: Das Ereignis selbst – der *event* – gehöre unwiederbringlich der Vergangenheit an; Historikern lägen die *data* – mit Droysen gesprochen: das historische Material – vor, die in der Gegenwart noch erhalten seien und von dem vergangenen Ereignis zeugten. Daraus rekonstruiere der Historiker die *facts*, die nicht mit den *data* zu identifizieren seien, sondern immer deren *Interpretation* darstellten. In der historischen Forschung sei deshalb die Einschätzung eines vergangenen Ereignisses als «wahrscheinlich» (*probable*) ein ausgesprochen positives Urteil.

Vor diesem Hintergrund ist dann auch der Titel «Jesus Remembered» zu verstehen, unter den Dunn seine Untersuchung stellt. Jesus sei nur als *erinnerter* zugänglich, bereits die frühesten Zeugnisse, die wir über ihn haben, stellten solche Erinnerungen dar, weshalb jede historische Rekonstruktion seines Wirkens und Geschicks auf diese verwiesen sei. Für den christlichen Glauben bedeute dies, dass er niemals auf eine sichere, «unverwundbare» historische Grundlage gestellt werden könne, sondern immer Fragen und damit auch Zweifeln ausgesetzt sei.

Mit dieser Position befindet sich Dunn hinsichtlich der geschichtsmethodologischen Prämissen deutlich näher bei Strauß, Kähler und Bultmann als bei Reimarus, Crossan oder Harnack. In der konkreten Durchführung unterscheidet er sich von den Erstgenannten allerdings darin, dass er die Möglichkeiten, Wirken und Geschick Jesu aus den Evangelien zu erheben, deutlich positiver einschätzt. An dieser Stelle wäre deshalb die Frage zu stellen, wie von dem «impact» Jesu, der sich in den Quellen niedergeschlagen hat, zu einer historischen Rekonstruktion seines Wirkens selbst zu gelangen ist. Dunn arbeitet dazu mit einem Modell von Traditionsübermittlung, das an dem Modell von

60 *J. D. G. Dunn*, Jesus Remembered, Christianity in the Making 1, Grand Rapids, Mich./Cambridge, U.K., 2003.

61 *Dunn*, Jesus (s. Anm. 60), 99–136.

Kenneth Bailey orientiert ist und von Dunn im Sinn einer «informed controlled tradition» auf die Jesusüberlieferung angewendet wird.[62] Offen bleibt allerdings, wie sich dies zur prinzipiellen Vorläufigkeit und Fehlbarkeit historischer Konstruktionen verhält, die Dunn ebenfalls herausstellt.

Damit komme ich zu einem Fazit, in dem die skizzierten Ansätze der Jesusforschung auf die Frage nach dem Verhältnis von Wahrheit und Geschichte bezogen werden sollen.

3. Fazit: Die neuzeitliche Jesusforschung und der christliche Wahrheitsanspruch

Ausgangspunkt der hier vorgestellten Überlegungen war eine Reflexion über die mit den Begriffen Wahrheit und Geschichte intendierte Deutung der Wirklichkeit. Festzuhalten war, dass bei einer Verwendung dieser Begriffe von dem mit ihnen verbundenen Anspruch auf universale Geltung auszugehen ist. Dies gilt ungeachtet der Tatsache, dass jeder Zugang zur Wahrheit und jeder Geschichtsentwurf notwendig perspektivischen Charakter besitzt. Ein christliches Verständnis von Wahrheit kann dementsprechend nur als Vorgriff auf die mit menschlicher Erkenntnisfähigkeit lediglich partiell zu erfassende Wahrheit Gottes expliziert werden. Wahrheit hat im christlichen Verständnis deshalb antizipatorischen Charakter, da sie von partiellen Erfahrungen des Handelns Gottes in der Geschichte auf das Ganze der Wirklichkeit und Geschichte schließt. Sie erweist sich deshalb als Gewissheit auf die Tragfähigkeit derjenigen Zeugnisse, die vom Wirken Gottes in der Welt und seinen Verheißungen erzählen und sich zum Glauben an die Zuverlässigkeit seiner Worte und seines Wirkens bekennen. In diesem Sinn sprechen auch die biblischen Texte von den Verheißungen Gottes, die sie auf das Gesamt von Raum und Zeit beziehen. Daraus ergibt sich dann auch die spezifisch christliche Sicht auf die Geschichte als ein von Gott gelenktes Gesamtgeschehen.

Dieses Verständnis biblisch begründeter Rede von Wahrheit und Geschichte entfaltet angesichts des neuzeitlichen Vernunftbegriffs und des daraus resultierenden historisch-kritischen Zugangs zu den Quellen der Vergangenheit eine eigene Dynamik. Der Ort, an dem sich dies innerhalb des christlichen Glaubens in besonderer Weise bemerkbar macht, ist die Frage nach dem historischen Jesus, insofern hier zur Disposition steht, ob sich das christliche Bekenntnis zur Einzigartigkeit der Offenbarung Gottes in Jesus Christus und der Einheit von

---

62 *K. E. Bailey*, Informal Controlled Oral Tradition and the Synoptic Gospels, in: Themelios 20/2 (1995), 4–11.

Gott und Mensch in seiner Person auch unter den Bedingungen der historisch-kritischen Interpretation der biblischen Texte als tragfähige Grundlage erweist.

Der Überblick über die genannten Positionen hat deutlich gemacht, dass dieses Problem in den verschiedenen Antworten, die auf die Frage nach dem historischen Jesus entwickelt wurden, durchgängig präsent ist. Diese Antworten wollen die urchristlichen Quellen mit Hilfe der kritischen Vernunft korrigieren; ihren Wert für die historische Rückfrage aufgrund ihres kerygmatischen Charakters einschränken; sie als Zeugnisse für ein einzigartiges Geschehen verstehen, das im Raum geschichtlicher Erfahrung analogielos ist; oder sie als göttlich inspirierte Schriften verstehen, die mit den Mitteln der historisch-kritischen Vernunft nur unangemessen erfasst werden können. Dabei werden zweifellos wichtige Einsichten darüber zur Sprache gebracht, wie das Verhältnis von Wahrheit und Geschichte unter den Bedingungen der historisch-kritisch arbeitenden neuzeitlichen Vernunft zu formulieren ist, wenngleich verschiedentlich auch ungelöste Probleme und weniger überzeugende Positionen zu konstatieren waren.

In der neueren Diskussion hat sich zunehmend die Einsicht durchgesetzt, dass die für den christlichen Glauben grundlegende Frage nach dem Verhältnis von Wahrheit und Geschichte im Blick auf den historischen Jesus vor der erkenntnistheoretischen Einsicht zu reflektieren ist, dass Ereignisse der Vergangenheit grundsätzlich nur durch fragmentarische, fehlbare und die Ereignisse selbst schon deutende Quellen zugänglich sind, was demnach auch für die Quellen über Wirken und Geschick Jesu gilt. Jede *Rekonstruktion* dieses Wirkens trägt deshalb zugleich den Charakter einer *Konstruktion*, die aus den prinzipiell erweiterbaren und für verschiedene Interpretationen offenen Quellen der Vergangenheit ihrerseits Entwürfe darüber erstellt, wie das Wirken Jesu ausgesehen haben könnte.

Historische Rekonstruktionen oder Konstruktionen des Wirkens und Geschicks Jesu können deshalb insoweit den Charakter wahrheitsfähiger Aussagen über den christlichen Glauben besitzen, als sie seine Entstehung aus dem Wirken und Geschick Jesu anhand der antiken Quellen plausibel machen. Dabei bleiben sie jedoch stets revidierbare und falsifizierbare Entwürfe, die gerade darin ihren Wert besitzen, dass sie die geschichtliche Verankerung des christlichen Glaubens vor Augen führen. Wahrheit in einem qualifizierten theologischen Sinn kann im Blick auf den historischen Jesus dann so beschrieben werden, dass die neutestamentlichen Quellen über das Wirken und Geschick Jesu verlässliche Zeugnisse sind, deren Wahrheitsanspruch darin besteht, dass sie mehr über die Person Jesu sagen, als sich auf der Grundlage historischen Wissens darüber sagen lässt. Dagegen wäre es sowohl theologisch als auch erkenntnistheoretisch unzureichend, ihren Wahrheitsanspruch durch die Nachprüfbarkeit einzelner von ihnen berichteter Episoden des Wirkens Jesu erbringen zu wollen.

«Und wir wissen, dass sein Zeugnis wahr ist»

Fiktion und Historie in der johanneischen Vita Jesu

Jean Zumstein, Zürich

0. Einführung

In der Fachliteratur wird das Johannesevangelium als ein ausgesprochen theologisches Werk betrachtet, das – im Unterschied zu den Synoptikern – keinen hohen historischen Wert aufweist, wenn es darum geht, verlässliche Daten über den historischen Jesus zu sammeln. Zwar bearbeitet das vierte Evangelium alte, vorjohanneische Traditionen, zum Beispiel Wundergeschichten, Herrenworte oder einen Passions- und Osterbericht; vielleicht kennt Johannes sogar das Markusevangelium und sicher ist er mit der jüdischen Bibel vertraut; zweifellos ist er in der damaligen jüdisch-hellenistischen respektive urchristlichen Enzyklopädie zu Hause, die in Syrien und Kleinasien im Gebrauch war; doch die Hand des impliziten Autors prägt die ganze Erzählung. Unbestritten erzählt «Johannes» – gemäß der Gattung des Evangeliums – die Geschichte des öffentlichen Wirkens Jesu, insbesondere ihres Endes. Der Leser, der in der neutestamentlichen Literatur versiert ist, gewinnt jedoch sehr schnell den Eindruck, dass sich der johanneische Christus von dem Christus der synoptischen Tradition, ja vom historischen Jesus, unterscheidet, dass dieser – wie F. Chr. Baur einst formulierte – ein «über die Erde schreitender Gott» ist.[1] Von daher stellt sich die Frage: Ist der johanneische Christus ein Konstrukt, das zum Gebiet des Fiktiven gehört? Ist er die Frucht der schöpferischen Imagination des johanneischen Kreises? Wie verhalten sich Fiktion und Historie in diesem theologischen Kunstwerk zueinander?

Bevor wir diese Frage besprechen, ist es mit U. Luz[2] ratsam, daran zu erinnern, dass eine solche Problematik keinen Anhaltspunkt in den neutestamentli-

1 Zitat von *E. Käsemann*, Jesu letzter Wille nach Johannes 17, Tübingen ^{4}1980, 26.

2 *U. Luz*, Geschichte und Wahrheit im Matthäusevangelium. Das Problem der narrativen Fiktionen, in: EvTh 39 (2009), 194–208: 207.

chen Evangelien selbst hat. Das Problem der Fiktivität wird im vierten Evangelium zum Beispiel nie explizit reflektiert. Das Begriffspaar historische Faktizität/Fiktivität ist der neutestamentlichen Literatur fremd; es gehört zum hermeneutischen Instrumentarium des modernen Interpreten und ermöglicht – von einer Außenperspektive her – die Art und Weise, wie die Geschichte Jesu in der johanneischen Erzählung zur Sprache gebracht wurde, zu untersuchen.

Dieser Präzisierung der eingenommenen Perspektive ist eine begriffliche Klärung des Konzeptes des «Fiktiven» hinzuzufügen. Im Einklang mit der neueren Geschichtsforschung und dem literaturwissenschaftlichen Ansatz stellt U. Luz die folgende These auf, die wir als Arbeitshypothese übernehmen: «Geschichtsschreiber gebrauchen Fiktionen anders als Dichter. Sie sind insbesondere dann auf Fiktionen angewiesen, wenn sie Geschichte verallgemeinernd deuten, das heißt aus dem historisch Einmaligen bestimmte allgemeingültige Schlüsse, Folgerungen oder Lehren ziehen wollen. Der Begriff des ‹Fiktiven› verschiebt sich dadurch: ‹Fiktion› ist in diesem Verständnis weniger eine narrative *Erzähl*kategorie, die sich direkt auf eine ‹story› bezieht, welche ein Dichter erfindet, sondern eine narrative ‹*Deutungs*kategorie›, welche sich auf die Weise bezieht, wie ein Geschichtsschreiber seine Stoffe auswählt, ausgestaltet, ordnet, akzentuiert, ‹plottet›, gewichtet und ergänzt, kurz: deutet›»[3].

1. Die Frage der Gattung

Um das Problem des Fiktiven im vierten Evangelium anzugehen, ist es methodisch angebracht, mit einer Überlegung über die literarische Gattung «Evangelium» anzufangen. Gehört das Johannesevangelium zu einer bestimmten literarischen Gattung, in der das Verhältnis zwischen Historie und Fiktivität bereits vormodelliert ist?

In der neueren Forschung wird die urchristliche Evangelienliteratur in Verbindung mit der antiken Historiographie respektive der Biographie[4] gebracht. Auch wenn sich dieser Vergleich unter einem heuristischen Gesichtspunkt aufdrängt, sind zwei Beobachtungen voranzustellen.

Erstens: Die Rezeptionsgeschichte hat am Ende des zweiten Jahrhunderts die johanneische *vita* Jesu mit einem Titel versehen. Dieser Titel, der durch die Papyri 66 und 75 gut bezeugt ist, lautet: «Evangelium nach Johannes» (εὐαγγέλιον κατὰ Ἰωάννην). Das heißt: Obwohl der Begriff «Evangelium» bei Johannes nie

---

3 *Luz*, Geschichte und Wahrheit (s. Anm. 2), 195f.

4 Zu dieser Fragestellung vgl. *T. Schmeller* (Hg.), Historiographie und Biographie im Neuen Testament und seiner Umwelt, NTOA 69, Göttingen 2009.

vorkommt, wurde dieses Werk sehr früh mit den drei ersten Evangelien assoziiert und literaturgeschichtlich dieser Gattung zugeordnet.

Zweitens: Die Untersuchung der literarischen Gestalt des vierten Evangeliums verrät – im Unterschied zum lukanischen Schrifttum – keine explizite Beziehung zur griechischen, hellenistisch-römischen oder hellenistisch-jüdischen Historiographie. Der Vergleich zwischen dem johanneischen und dem lukanischen Prolog ist in dieser Hinsicht vielsagend. Kein historiographisches Werk würde mit einem Logos-Hymnus beginnen. Außerdem ist der Schluss des Evangeliums (20,30f.) der historiographischen Tradition völlig fremd. Der johanneische Paratext lässt sich in dem historiographischen Modell nicht integrieren.

Die Erforschung der johanneischen Intertextualität unterstützt dieses Urteil. Es wird – direkt oder indirekt – auf kein Werk der jüdisch-hellenistischen respektive hellenistisch-römischen Geschichtsschreibung hingewiesen. Die jüdische Bibel bildet den einzigen Referenzhorizont. Die Textwelt des Johannesevangeliums ist in der alttestamentlich-jüdischen und urchristlichen Welt verwurzelt und kann auf diesem Hintergrund erschöpfend dekodiert werden.

Jedoch – ausgehend von der Tatsache, dass der johanneische Kreis in den letzten Jahrzehnten des ersten Jahrhunderts in Syrien oder in Kleinasien am Werk war, das heißt in einer durch die hellenistische Kultur tief geprägten Umwelt – ist es heuristisch sinnvoll, einen kurzen Blick auf die Gattung der antiken Historiographie respektive der antiken Biographie zu werfen.

In der neueren amerikanischen Forschung, die mit Verzögerung im deutschsprachigen Raum rezipiert wurde, wurde auf die starken Gemeinsamkeiten zwischen der Evangelienliteratur und der Vitenliteratur hingewiesen. Lediglich das lukanische Schrifttum blieb der Historiographie zugeordnet.[5] Die Historiographie trat jedoch vor kurzem wieder in den Vordergrund. E.-M. Becker[6]

---

5 Für das Markusevangelium vgl. *H. Cancik*, Die Gattung des Evangeliums. Das Markusevangelium im Rahmen der antiken Historiographie, in: ders. (Hg.), Markus-Philologie. Historische, literaturgeschichtliche und stilistische Untersuchungen zum zweiten Evangelium, WUNT 33, Tübingen 1984, 85–113; *D. Dormeyer*, Evangelium als literarische Gattung und als theologischer Begriff. Tendenzen und Aufgaben der Evangelienforschung im 20. Jahrhundert, mit einer Untersuchung des Markusevangeliums in seinem Verhältnis zur antiken Biographie (zusammen mit *H. Frankemölle*), in: ANRW II/25.2 (1984), 1543–1704. Für die Einordnung des lukanischen Schrifttums in die Historiographie vgl. *E. Plümacher*, Stichwort: Lukas, Historiker, in: ZNT 9/18 (2006), 2–8, während *B. Heininger*, Das Paulusbild der Apostelgeschichte und die antike Biographie, in: M. Erler/A. Eisgrub (Hg.), Die griechische Biographie in hellenistischer Zeit, Beiträge zur Altertumskunde 245, München 2007, 407–429, für die Zuordnung in die antike Biographie plädiert.

6 *E.-M. Becker*, Das Markus-Evangelium im Rahmen antiker Historiographie, WUNT 194, Tübingen 2006.

versuchte, Markus im Rahmen der antiken Historiographie zu situieren, R. Bauckham[7] vertrat dieselbe These für Johannes.

Die strenge Alternative zwischen Historiographie und Biographie führt jedoch nicht weiter, so dass M. Ebner im Recht sein sollte, wenn er vor zu strengen Differenzierungen warnt und Mischgattungen privilegiert. Sowohl das Modell «Vita mit historiographischen Elementen» als auch «historiographische Werke mit einer internen Vitenstruktur» sind für den Zeitraum vom ersten Jahrhundert v. Chr. bis zum frühen zweiten Jahrhundert n. Chr. charakteristisch. Das Differenzkriterium zwischen den beiden Typen lässt sich folgendermaßen definieren: «*Historia* will politische Verhältnisse einer bestimmten Epoche durchleuchten, *vita* ein persönliches Leitbild vor Auge stellen. In der Theorie betreibt wahre *historia* pure Faktenrecherche und objektive Ursachenforschung, eine wahre *vita* dagegen parteiische Propaganda eines Leitbildes mit Hilfe von Dramatik und Übertreibung. […] Die beiden Großgattungen selbst, *historia* und *vita*, in der Theorie streng getrennt – in der Praxis können sie sich durchdringen»[8].

Wenn wir – ausgehend von der Hypothese der Mischgattung – das vierte Evangelium unter die Lupe nehmen, sind die folgenden Beobachtungen von Bedeutung: (a) Die Organisation der johanneischen Erzählung entspricht dem Raster einer *vita*, die idealtypisch dem folgenden Schema folgt: Herkunft – Ausbildung – Taten und Worte – Tod.[9] (b) Gemäß einer *vita* ist Johannes enkomiastisch ausgerichtet, das heißt, die Erzählung wird so gestaltet, dass die Hauptfigur in äußerst positives Licht rückt. (c) Da die johanneische Erzählung streng christozentrisch konzipiert ist, realisiert sie das Ziel einer *vita*, nämlich ein Leitbild vor Augen zu stellen. (d) Mit R. Bauckham[10] ist jedoch festzustellen, dass auch bestimmte historiographische Elemente in der johannischen Vita vorhanden sind. Zu diesen Elementen gehören die johanneische Topographie, die Chronologie, das Motiv des Auswahlcharakters der *narratio*, die expliziten Kommentare, die deutende Rolle der Reden und das Motiv der Augenzeugenschaft. Hinzuzufügen ist die Integration des zeitgeschichtlichen Horizonts, der in der Auseinandersetzung sowohl mit den jüdischen Behörden als auch der

---

7 R. *Bauckham*, Historiographical Characteristics of the Gospel of John, in: NTS 53 (2007), 17–36.

8 Vgl. *M. Ebner*, Von gefährlichen Viten und biographisch orientierten Geschichtswerken, in: Schmeller (Hg.), Historiographie (s. Anm. 4), 43f.

9 Vgl. die Definitionen bei *H. Sonnabend*, Geschichte der antiken Biographie. Von Isokrates bis zur Historia Augusta, Stuttgart 2002, 18 und *A. Dihle*, Die Entstehung der historischen Biographie, SHAW 1986/3, Heidelberg 1987, 8f.; *R. A. Burridge*, What are the Gospels? A Comparison with Graeco-Roman Biography, The Biblical Resource Series, Grand Rapids ²2004, 130f.158f. 308–321; *A. Momigliano*, The Development of Greek Biography. Four Lectures, Cambridge 1971, 11.

10 *Bauckham*, Historiographical Characteristics (s. Anm. 7), 19–36.

römischen Macht (s. die Frage des wahren Königtums: 1,49; 6,15; 12,12–16; 18,33–19,16; 19,19–22) zum Ausdruck kommt. (e) Schließlich ist der Vorschlag, den Ebner in Bezug auf das Markusevangelium formulierte, auch für das Johannesevangelium näher zu prüfen. Nach dessen Hypothese ist das Markusevangelium mit den sogenannten *gefährlichen Viten* der Flavierzeit – genau der Zeit also, in der die Evangelien entstanden – in Verbindung zu bringen.[11] Der Hauptpunkt ist hier, dass der Held ein Kontrastprogramm entwickelt, das zu seiner Hinrichtung führt. Die beiden Punkte, nämlich der Kontrast zu den etablierten Behörden und die tödliche Gefahr, die dadurch entsteht, sind – scheint es – typisch für die johanneische Vita Jesu.

Wie von vornherein signalisiert, sind im Falle des Johannesevangeliums literaturgeschichtliche Rückschlüsse zwar abenteuerlich, jedoch – wenn das vierte Evangelium mit der damaligen hellenistischen Literatur verglichen wird – scheint «*vita* mit historiographischen Elementen» die plausibelste Einordnung zu sein. Diese Gattung zeichnet sich durch eine beträchtliche Freiheit in der schriftstellerischen Arbeit aus. Von daher stellt sich die Frage, wie die schriftstellerische Arbeit des johanneischen Kreises, insbesondere die Deutungsarbeit in der *vita* Jesu, zu thematisieren ist. Denn gemäß unserer Arbeitshypothese kommt die Dimension des Fiktiven gerade in dem im vierten Evangelium durchgeführten Interpretationsprozess zum Ausdruck.

2. Aspekte der johanneischen Geschichtskonzeption

Die narrative Deutungsarbeit in der *vita* Jesu – und von daher die Dimension des Fiktiven – kommt zuerst in der johanneischen Geschichtsanschauung zum Ausdruck. Zwei Aspekte, nämlich die Mehrdimensionalität respektive die Vielschichtigkeit der Geschichtskonzeption und der vom impliziten Autor übernommene Gesichtspunkt, sind besonders erwägenswert.

11 *Ebner*, Von gefährlichen Viten (s. Anm. 8), 50f., 56f. *M. Theobald*, Das Evangelium nach Johannes. Kapitel 1–12, RNT, Regensburg 2009, 14–17, zieht eine andere Hypothese vor: «Das Johannesevangelium inszeniert das Wirken und Sterben Jesu in Form einer ‹dramatischen Erzählung›» (14). «Zu einer *dramatischen Erzählung* wird nach antiker Poetik (Platon, Aristoteles) eine Erzählung dadurch, dass der Autor die von ihm geschaffenen Personen in direkter Rede sprechen und auf der ‹Bühne› seiner Erzählung somit eigenständig handeln lässt.» (15) Stand der Diskussion bei *C. K. Keener*, The Gospel of John, Volume One, Peabody 2003, 3–52.

2.1 Die drei Geschichten

Um auf die Spur des Fiktiven zu kommen, ist es ratsam, auf die Dissonanzen zu achten, die in der Erzählung der *vita* des johanneischen Christus vorkommen. Normalerweise beginnt eine *vita* mit der Bestimmung der Herkunft des Helden und wird mit dem Bericht seines Todes abgeschlossen. Nun bemerkt der Leser aber, dass in der *narratio* die Frage der Herkunft des johanneischen Christus auf unterschiedliche Weise beantwortet wird. Einerseits und ganz im Sinne einer *vita* – man denke zum Beispiel an den Bios von Flavius Josephus[12] – ist Jesus der Sohn von Josef aus Nazaret in Galiläa (1,45; 6,42; 7,41f.); und auch seine Mutter ist bekannt (2,2; 19,25). Andererseits öffnet der Prolog eine ganz andere Perspektive auf das Woher der Hauptgestalt: Jesus ist niemand anderes als der Logos und seine ἀρχή ist bei Gott zu suchen. Für den impliziten Autor ist das wahre Woher des johanneischen Christus das unvordenkliche Woher aus Gott. Zwei konkurrierende und zu Interpretationskonflikten führende Herkünfte – die weltliche und die himmlische – kommen in der Erzählung zum Ausdruck.

Diese Spannung manifestiert sich wieder am Ende der *vita* Jesu. Einerseits stirbt der johanneische Christus am Kreuz (19,30) und wird begraben (19,42). Dieser protokollierte und verifizierte Tod – man denke an den Lanzenstich (19,34) – und die anschließende Grablegung sind die eindeutige Signatur eines echten, menschlichen Lebens. Andererseits kündigen aber sowohl die Abschiedsreden als auch die Ostergeschichte an, dass der Gekreuzigte der Lebendige ist, der zu den Seinigen kommt (vgl. 14,18–21; 16,16–22; 20,19.26).[13]

Deshalb wird man A. Reinhartz[14] zustimmen und mit ihr sagen, dass wir es bei Johannes nicht mit einer einfachen *vita* zu tun haben, sondern mit zwei Geschichten, die ineinander verschränkt sind: der Geschichte des präexistenten Logos, der sich inkarniert, und der Geschichte von Jesus von Nazaret. Oder anders ausgedrückt: Die *vita* des Mannes aus Nazaret verschmilzt mit derjenigen des inkarnierten Logos; sie wird in eine mythologische Perspektive gesetzt. Johanneisch formuliert: Durch das Leben und den Tod des Menschen Jesus geschieht die endgültige Offenbarung Gottes.

---

12 Josephus, *Vita* 1f.

13 Vgl. *C. Dietzfelbinger*, Der Abschied des Kommenden. Eine Auslegung der johanneischen Abschiedsreden, WUNT 95, Tübingen 1997, 53–66, 228–235; *A. Dettwiler*, Die Gegenwart des Erhöhten. Eine exegetische Studie zu den johanneischen Abschiedsreden (Joh 13,31–16,33) unter besonderer Berücksichtigung ihres Relecture-Charakters, FRLANT 169, Göttingen 1995, 191f., 239–248; *J. Zumstein*, Die Deutung der Ostererfahrung in den Abschiedsreden des Johannesevangeliums, in: ZThK 104 (2007), 117–142.

14 *A. Reinhartz*, The Word in the World. The Cosmological Tale in the Forth Gospel, SBL.MS 45, Atlanta 1992.

Der Leser ist aber noch nicht am Ende seiner Überraschungen. Denn die Geschichte des johanneischen Christus ist mit einer dritten Geschichte verschränkt, nämlich mit der Geschichte der Adressaten des Evangeliums. Die Geschichte der Trennung zwischen der pharisäischen Synagoge und den johanneischen Gemeinden wurde in das Leben des johanneischen Christus zurückprojiziert, integriert – und somit gedeutet. Das Phänomen der indirekten Transparenz[15] ist offensichtlich: Indem das Evangelium die *vita* Jesu erzählt, skizziert es auf indirekte Weise die Geschichte des johanneischen Kreises. Eine Horizontverschmelzung zwischen der vorösterlichen und der nachösterlichen Zeit findet statt.

Die Mehrdimensionalität, die die johanneische *vita* Jesu kennzeichnet, enthüllt auf paradigmatische Weise die narrative Deutungsarbeit und von daher die Dimension des Fiktiven in der johanneischen Geschichtsschreibung. Durch diese beiden Verschränkungen entsteht ein Sinnüberschuss.

2.2 Die Vita als Erinnerungsprozess[16]

Im Unterschied zu den synoptischen Evangelien ist das berühmte τετέλεσται (19,30: «Es ist vollbracht») das letzte Wort des johanneischen Christus am Kreuz. Diese Aussage bringt zwei Sachverhalte zum Ausdruck. Zum einen kommt mit dem Kreuzestod das Leben beziehungsweise der Weg des Offenbarers zu seinem chronologischen Ende – die Zeit der Inkarnation ist abgeschlossen. Zum anderen wird dieses Ende als qualitative Vollendung verstanden. Das heißt: Mit dem Tod erreicht dieses Leben sein endgültiges Ziel. Nur und erst durch den Tod erhält das Leben des Gottgesandten seinen vollen Sinn. Der implizite Autor bringt hier ein entscheidendes Merkmal jedes historischen Prozesses zum Ausdruck: Solange ein historischer Prozess im Gang ist, bleibt seine Interpretation offen; erst sein Abschluss ermöglicht eine fundierte Deutung. Mit anderen Worten: Erst im Rückblick und als abgeschlossene Einheit entfaltet die christologische Offenbarung, wie sie im vierten Evangelium zur Sprache kommt, ihr volles Sinnpotential.

---

15 Zum Begriff der indirekten Transparenz vgl. *U. Luz*, Eine thetische Skizze der matthäischen Christologie, in: C. Breytenbach/H. Paulsen (Hg.), Anfänge der Christologie (FS F. Hahn), Göttingen 1991, 222. Das Problem der Transparenz im vierten Evangelium wurde insb. von *J. L. Martyn*, History and Theology in the Fourth Gospel, Nashville ²1979, und *T. Onuki*, Gemeinde und Welt im Johannesevangelium, WMANT 56, Neukirchen-Vluyn 1984, insb. 34–37, 144–166, herausgearbeitet.

16 Zur Thematik «Erinnerung und Oster-Relecture im Johannesevangelium» vgl. *J. Zumstein*, Kreative Erinnerung. Relecture und Auslegung im Johannesevangelium, AThANT 84, Zürich ²2004, 47–63.

Welches ist dann der Gesichtspunkt, der diese retrospektive Erzählung der *vita* Jesu leitet? Das vierte Evangelium ist die einzige neutestamentliche Schrift, welche die Erzählung der *vita* Jesu explizit als Anamnese gekennzeichnet hat. Zwei Textphänomene verdienen Aufmerksamkeit: die Gedächtnisprolepsen und die Handlungsträger der Erinnerung.

Zum Ersten: Drei Prolepsen in der *narratio* (2,22; 12,16; 20,9) beschäftigen sich mit der Thematik der Erinnerung. Sie lassen entdecken, wie der implizite Autor die Beziehung von konstituierender Vergangenheit und Glaubensgegenwart reflektierte. Sie machen deutlich, dass die erzählte Vergangenheit ihre Bedeutung nicht von selbst preisgibt. Die Vergangenheit ist vielmehr Gegenstand einer erhellenden Retrospektive, die sich am *österlichen Wendepunkt* orientiert. Die soeben formulierte These findet ihre Bestätigung in einer Reihe von typisch johanneischen Aussagen, in der das Verb «erkennen» (γινώσκειν) – wenn es in positiver Weise auf die Jünger bezogen ist – im *Futur* steht (z. B. 13,7; 14,20). Die Erzählstruktur macht also deutlich, dass nur in der österlichen Retrospektive eine echte Lektüre der *vita* möglich ist und von daher ein echtes Erkennen Christi.

Zum Zweiten: Es sind die beiden johanneischen Handlungsträger der Erinnerung zu nennen, nämlich der Paraklet und der Lieblingsjünger. Mit diesen beiden Figuren wird die Problematik der Zukunft der erzählten Geschichte Jesu angegangen.

Als erster Handlungsträger der nachösterlichen Erinnerung drängt sich der *Paraklet* auf. Der erste Parakletspruch (14,16f.) setzt sich mit der Frage nach der nachösterlichen Präsenz Christi auseinander, womit das Problem der Relevanz der *vita* Jesu für die Zukunft gestellt ist. Der Anspruch wird erhoben, dass die erzählte Geschichte Jesu die Zukunft bestimmt und somit zu einer sogenannten *Grundgeschichte* wird. Der zweite Parakletspruch (14,25f.) erklärt, wie das Verhältnis zwischen der konstituierenden Vergangenheit und der Gegenwart des Lesers hergestellt wird: Der Paraklet wird als Erinnerer und Hermeneut des inkarnierten Christus dargestellt. Er sagt nichts Neues, sondern redupliziert das eschatologische Ereignis der Offenbarung. In diesem Sinn ist der Paraklet die konkrete Anamnese Jesu, die österliche Retrospektive auf den inkarnierten Christus. Hier ist die Kluft zwischen der historiographischen und der johanneischen Perspektive besonders ersichtlich.

Der zweite Handlungsträger des Erinnerns ist der *Lieblingsjünger*. Um die Funktion des Lieblingsjüngers in Bezug auf die vorliegende Problematik richtig zu erfassen, sind drei Beobachtungen von Bedeutung: (a) Der Lieblingsjünger ist zuallererst der Zeuge *par excellence*; denn er ist stets an den Orten anwesend, an denen das christliche Kerygma seine höchste Aussagekraft erlangt (Abendmahl, Kreuz, leeres Grab). Doch ist er bei diesen den Glauben konstituierenden

Ereignissen nicht nur zugegen, er ist auch ihr bevorzugter Interpret. (b) Schließlich macht der sterbende Christus in 19,26 den Lieblingsjünger zu seinem Stellvertreter. Von nun an nimmt dieser die Stelle des den Seinen und der Geschichte entzogenen Sohnes ein. (c) Gemäß Kapitel 21 objektiviert sich das Zeugnis des Lieblingsjüngers in einer Schrift (21,24); sein Zeugnis ist die literarische Gestalt der Erinnerung an Jesus. Diese Erinnerung an den inkarnierten Christus wird von nun an durch eine normativ gewordene Schrift vermittelt. Mit der Gestalt des Lieblingsjüngers wurde der Beglaubigungsprozess des vierten Evangeliums damit in das Werk selbst eingetragen.

Obwohl keiner der beiden Handlungsträger des johanneischen Erinnerns diskreditiert werden darf, lässt die Traditionsentwicklung, wie sie sich im Neuen Testament niederschlug, eine allmähliche Machtübernahme des schriftlichen Ausdrucks erkennen. Die Schrift wurde zum Kriterium, das die Echtheit des Geistes zu beurteilen erlaubte.

3. Die Gestaltung des Plots als Ort des «Fiktiven»

Sowohl die narrative Analyse (P. Ricœur[17]) als auch die neuere Geschichtswissenschaft (H. White[18]) haben die entscheidende hermeneutische Rolle des Plots im Aufbau einer Erzählung hervorgehoben. Insbesondere in einem historiographischen respektive biographischen Werk gibt die Gestaltung des Plots dem Erzähler die Möglichkeit, die erzählte Geschichte zu strukturieren und zu kontextualisieren, das heißt in eine bestimmte Perspektive zu setzen. Die Entstehung des Plots ist ein sinnstiftendes Moment von allererster Güte und ist von daher in eine Analyse des Fiktiven zu integrieren.

Die Analyse des Plots der johanneischen Passionsgeschichte bestätigt diese theoretische Aussage. Auch wenn die Makrostruktur des johanneischen Passionsberichtes im Wesentlichen mit der markinischen Darstellung übereinstimmt, sind auffallende Unterschiede von entscheidender hermeneutischer Tragweite festzustellen.

Drei Beispiele seien kurz erwähnt, in denen die spezifisch johanneische Sicht der Person Jesu zum Ausdruck kommt. Das erste Beispiel ist die Tempelreinigung: Warum wird die Erzählung dieses Zwischenfalles nicht während des letzten Aufenthaltes Jesu in Jerusalem erwähnt, sondern ganz an den Anfang der Geschichte des johanneischen Christus gestellt? Die Fußwaschung bildet das zweite Beispiel: In diesem Fall geht es nicht um das *Versetzen* einer Episode

---

17 *P. Ricœur*, Temps et récit I–III, Paris 1983–1985.

18 *H. White*, Auch Klio dichtet oder Die Fiktion des Faktischen. Studien zur Tropologie des historischen Diskurses, Stuttgart 1966.

des Lebens Jesu an eine andere Stelle des Bios, sondern um das *Ersetzen* einer entscheidenden urchristlichen Tradition – der Einsetzung des Abendmahles – durch eine symbolische Handlung. Das dritte Beispiel ist die *Einfügung* eines neuen Elementes in die Passionsgeschichte: Es geht um die Abschiedsreden und das Abschiedsgebet, welche die berühmte Gethsemane-Szene ersetzen. Diese drei Differenzen sind Ausdruck der literarischen Arbeit des Erzählers und widerspiegeln die johanneische Sicht des dem Kreuz entgegengehenden Christus. Wir besprechen ganz kurz diese drei exemplarischen Fälle.

3.1 Die Tempelreinigung

Sowohl die ältere als auch die neuere Jesusforschung hält die sogenannte Tempelreinigung für ein Ereignis, das sich am Ende des Lebens des Nazareners abgespielt hat.[19] Nun entdeckt der Leser des vierten Evangeliums, dass Johannes einerseits den Zwischenfall kennt, andererseits ihm aber eine ganz andere Stelle im Leben Jesu zuweist: Nicht am Ende des Lebens Jesu – während des letzten Aufenthaltes in Jerusalem, der mit seinem Tode abschließen wird –, sondern am Anfang seines öfentlichen Wirkens, während des ersten Aufenthaltes, wird diese Szene als programmatische Geste erzählt (2,13–21).

Der Leser steht vor einem spannenden Problem. Nicht die Faktizität beziehungsweise die Historizität der Tempelreinigung steht zur Diskussion, sondern ihr Platz im Plot des Lebens Jesu. Offensichtlich baut Johannes einen anderen Plot, er verbindet die Ereignisse des Lebens Jesu in einer anderen Reihenfolge. Vertritt die johanneische Tradition damit eine falsche Vorstellung des Verlaufs des Lebens Jesu? Oder ist diese Umstellung bedeutsam für die Art und Weise, wie Johannes das Leben Jesu wahrnimmt?

Es sei zuerst signalisiert, dass – abgesehen von ihrer Stelle im johanneischen Plot – die historische Plausibilität der johanneischen Darstellung ebenso hoch wie diejenige der Synoptiker ist.[20] Natürlich bleibt das Problem der johannei-

---

19 Die Historizität des Zwischenfalls im Tempel ist umstritten. Ausführliche Diskussion bei *J. Rahner*, «Er aber sprach vom Tempel seines Leibes», BBB 117, Bodenheim 1998, 204–226, der die Frage offen lässt. Die Szene für historisch halten z. B. *G. Bornkamm,* Jesus von Nazareth, Stuttgart [7]1965, 146f.; *U. Luz/A. Michaels*, Jesus oder Buddha. Leben und Lehre im Vergleich, München 2002, 125f.; mit Vorsicht: *D. Crossan*, Der historische Jesus, München 1994, 470–477. Die Szene für legendär hält z. B. *J. Becker*, Jesus von Nazareth, Berlin/New York 1996, 407.

20 Zuerst ist interessant, dass sowohl die Synoptiker als auch Johannes denselben chronologischen Rahmen erwähnen: «Das Passa der Juden war nahe» (Joh 2,13). Auch ist der Verlauf der Fakten derselbe. Die Unterschiede sind gering; nur Johannes erwähnt die großen Tiere (Rinder und Schafe); Jesus macht die Peitsche selbst, er schüttet das Geld der Wechsler aus und richtet sich an die Taubenverkäufer. Außerdem scheint die Notiz über den Bau des Tempels (V. 20: «sechsundvierzig Jahre wurde an diesem Tempel gebaut») plausibel zu sein. Der Bau des zweiten

schen Kontextualisierung dieser Szene und damit verbunden die Frage, ob diese Kontextualisierung dem Leser zu erkennen gibt, wie der implizite Autor das Leben Jesu betrachtet hat.

Von großer Bedeutung ist die hermeneutische Reflexion, die in diesem Text zum Ausdruck kommt. Sie wird unter der Kategorie der *Erinnerung*, die schon kurz erörtert wurde, subsumiert. Sowohl als Abschluss der ersten als auch der zweiten Szene wird die Erinnerung der Jünger – zuerst an die Schrift (V. 17), dann an das Ostergeschehen (V. 22) – erwähnt. Bedeutend ist nun, dass die Erinnerung eine Grundkategorie im Aufbau eines historiographischen respektive biographischen Werkes ist.[21] Geschichte existiert immer nur und erst als Erinnerung. Dieser Begriff bringt erstens zum Ausdruck, dass Geschichte nur im retrospektiven Blick auf die Vergangenheit entsteht, zweitens, dass sie sich aus der Konstruktion von übrig gebliebenen, vergangenen Spuren ergibt.[22] Wichtig ist hier zu sehen, dass für die johanneischen Jünger Jesu zwei hermeneutische Horizonte in Anspruch genommen werden, um die vorhandenen historischen Spuren zu deuten: die Schrift und das Ostergeschehen. Die Reihenfolge der Ereignisse im Plot respektive ihre Deutung ist geprägt von einem bestimmten retrospektiven Gesichtspunkt. Diese Perspektivierung bringt den johanneischen Blick auf das Leben Jesu zum Ausdruck.

Nun, welche Perspektive auf die *vita* des johanneischen Jesu verrät die Tempelreinigung? Dem Leser fällt auf, dass die beiden Erinnerungen mit dem Tod Jesu verbunden sind.

In V. 17 wird Psalm 69,10 zitiert – es geht um einen Psalm des leidenden Gerechten.[23] Zahlreiche Zitate dieses Psalms kommen in der Passionstradition

---

Tempels hatte in den Jahren 20–19 v. Chr. angefangen, so dass sich die beschriebene Szene in den Jahren 27–28 n. Chr. abspielen würde. Wenn davon ausgegangen wird, dass das öffentliche Wirken Jesu zwei bis drei Jahre dauerte, dann ist dieser chronologische Rahmen stimmig.

21 Insbesondere J. Schröter hat die Relevanz der Kategorie der Erinnerung für die Interpretation der neutestamentlichen Literatur untersucht. Vgl. *J. Schröter,* Art. Gedächtnis II: Biblisch, RGG^4 III (2000), 525; ders., Konstruktion von Geschichte und die Anfänge des Christentums. Reflexionen zur christlichen Geschichtsdeutung aus neutestamentlicher Perspektive, in: J. Schröter/A. Eddelbüttel (Hg.), Konstruktion von Wirklichkeit. Beiträge aus geschichtstheoretischer, philosophischer und theologischer Perspektive, TBT 127, Berlin/New York 2004, 202–219; ders., Geschichte im Licht von Tod und Auferweckung Jesu Christi. Anmerkungen zum Diskurs über Erinnerung und Geschichte aus frühchristlicher Perspektive, in: BThZ 23 (2006), 3–25; ders., Der erinnerte Jesus als Begründer des Christentums? Bemerkungen zu James D. G. Dunns Ansatz in der Jesusforschung, in: ZNT 20 (2007), 47–53.

22 Vgl. *P. Ricœur,* Temps et récit, Tome III: Le temps raconté, Paris 1985, 253–283. Er schreibt: «La trace, en effet, en tant qu'elle est laissée par le passé, vaut pour lui: elle exerce à son égard une fonction de lieutenance, de représentance (Vertretung)» (253f.).

23 Vgl. *M. J. J. Menken,* Old Testament Quotations in the Fourth Gospel. Studies in textual Form, CBET 15, Kampen 1996, 37–45.

vor,[24] so dass der christliche Leser hier ein deutliches Signal erhält. Der «Eifer für das Haus des Vaters» wird demnach anhand der Schrift metaphorisch gedeutet und verweist auf die Passion – das «Verschlingen» (κατεσθίειν) bezeichnet auf bildliche Weise das Verschwinden Jesu in den Tod.[25] Dabei entsteht eine Spannung: Die Tempelreinigung wird zwar an den Anfang des johanneischen Lebens Jesu gestellt, sie kündigt aber bereits seinen Tod an.

In V. 21 interpretiert ein Kommentar des Erzählers das Wort über die Zerstörung und den Wiederaufbau des Tempels. Auch hier wird eine metaphorische Übertragung durchgeführt: Der Tempel[26] bezeichnet in Wahrheit den Leib Jesu, so dass sich die Zerstörung auf die Kreuzigung und der Wiederaufbau auf Ostern bezieht.

In V. 22 wird diese Interpretation durch einen Kommentar bestätigt, der auf das österliche Erinnern der Jünger verweist. Das Ostergeschehen ist die Bewahrheitung der Deutung des irdischen Jesus, die in V. 21 wiedergegeben wurde. Diese retrospektive Bewahrheitung führt zum Glauben an die Schrift und an das Wort Jesu. Hervorzuheben ist, dass für den impliziten Autor die verschiedenen Handlungen des irdischen Jesus erst von Ostern her ihre sachgemäße Bedeutung erhalten.[27] Die zweite Deutung ist völlig kohärent mit der ersten: Der Verständnishorizont der Tempelreinigung ist die Passions- und Ostergeschichte.

Fazit: Der implizite Autor besitzt eine dokumentierte, fundierte und plausible Kenntnis des Zwischenfalles im Tempel (Zeit, Ort, Verlauf, Wissen über den Bau des Tempels). Außerdem weiß er – seine Auslegung ist dafür der eindeutige Beleg –, dass dieses Ereignis in enger Beziehung zum Tode Jesu steht. M. E. weiß er auch – ebenso wie seine Leser –, dass diese Episode sich kurz vor der Verhaftung Jesu abgespielt hat. Indem er den Plot anders gestaltet, das heißt, indem er die Tempelreinigung an den Anfang der Erzählung der Vita

---

24 Vgl. Röm 15,3; Mk 15,36; Mt 27,34; Joh 15,25; 19,29.

25 *Menken*, Quotations (s. Amm. 23), 45; mit z. B. *R. E. Brown*, The Gospel according to John, Vol. 1, AncB 29, Garden City 1966, 124; *C. Dietzfelbinger*, Das Evangelium nach Johannes, ZBK 4/1, Zürich 2001, 74; *Theobald*, Johannes (s. Anm. 11), 231f.; *K. Wengst*, Das Johannesevangelium, ThKNT 4/1, Stuttgart/Berlin/Köln 2000, 111. Ausführliche Analyse bei *Rahner*, Tempel (s. Anm. 19), 276–281.

26 In den Versen 14 und 15 wird der Begriff τὸ ἱερόν benutzt, in den V. 19.20.21 kommt hingegen der Terminus ὁ ναός vor. Dieser Wechsel ist keineswegs zufällig, denn während τὸ ἱερόν den gesamten Tempelbereich mit seinen Gebäuden bezeichnet (*W. Bauer/K.* u. *B. Aland*, Griechisch-deutsches Wörterbuch zu den Schriften des Neuen Testaments, Berlin/New York [6]1988, 756), weist ὁ ναός auf das Heiligtum überhaupt, das heißt auf den Ort der göttlichen Präsenz (*Bauer/Aland*, Wörterbuch, 1079f.). Vgl. *U. Borse*, Art. ναός, EWNT II (1981), 1122–1126, und *O. Michel*, Art. ναός, ThWNT IV (1942), 884–895.

27 Vgl. 12,16; 13,7; 14,26; 20,9.

Jesu stellt, gibt er dem Leser zu verstehen, dass das ganze Wirken Jesu unter dem Zeichen des Kreuzes steht: Das Leben Jesu ist kreuzorientiert.

3.2 Die Fußwaschung

Die Fußwaschung konfrontiert uns mit einem weiteren, jedoch umgekehrten Verschiebungsphänomen im Aufbau des Plots.

3.2.1 Die Verschiebung der eucharistischen Thematik in die Brotrede (Joh 6)

Die urchristliche Tradition berichtet einstimmig, dass Jesus während der letzten Nacht vor seinem Tod zusammen mit seinen Jüngern Mahl gehalten hat. Während dieses Essens hat er eine Beziehung zwischen dem gebrochenen Brot respektive dem Kelch und seinem bevorstehenden Tod hergestellt. Diese in den urchristlichen Gemeinden weitverbreitete Tradition (1Kor 11,23–26; Mk 14,22–24; Mt 26,26–28; Lk 22,19–20) hat zur Einsetzung des Abendmahls geführt. Nun, im Unterschied zu Paulus und zu den Synoptikern, erwähnt Johannes diese Tradition mit keinem Wort. Stattdessen erzählt er eine sonst in keiner anderen neutestamentlichen Schrift bekannte Szene, nämlich die sogenannte Fußwaschung. Ist davon auszugehen, dass der Erzähler den genauen Verlauf des letzten Mahles Jesu ignorierte oder dass er andere Informationen aus einer unbekannten Quelle erhalten hatte? Wie im schon diskutierten Fall der sogenannten Tempelreinigung ist davon auszugehen, dass eine andere Hypothese vorzuziehen ist. Folgende Beobachtungen sind diesbezüglich von Belang.

Das vierte Evangelium kennt die Tradition des sogenannten Herrenmahles. Ein Echo dieser Überlieferung wird aber nicht in der Passionsgeschichte, sondern in Kapitel 6 gefunden, in dem das Brot des Lebens die beherrschende Thematik bildet. Es handelt sich um die sogenannte eucharistische Episode (6,52–58).[28] Die Ausdrücke «das Fleisch Jesu essen» und «sein Blut trinken» lassen keinen Zweifel daran, dass der implizite Autor indirekt auf das Abendmahl anspielt. Obwohl die neuere Forschung diesen Abschnitt kontrovers evaluiert (Ist die Hauptsinnausrichtung christologisch oder sakramental?),[29] ist

---

28 Zu der eucharistischen Perikope vgl. *E. Lohse*, Wort und Sakrament im Johannesevangelium, in: ders., Die Einheit des Neuen Testaments, Göttingen ²1973, 193–208 (insb. 199–203); *G. Bornkamm*, Vorjohanneische Tradition oder nachjohanneische Bearbeitung in der eucharistischen Rede Johannes 6, in: ders., Geschichte und Glaube, BEvTh 53, München 1971, 51–64; *J. D. G. Dunn*, Joh VI – an Eucharistic Discourse, in: NTS 17 (1970/71), 328–338; *J. Frey*, Die johanneische Eschatologie, Bd. III: Die eschatologische Verkündigung in den johanneischen Texten, WUNT 117, Tübingen 2000, 391–397.

29 Vgl. die Beiträge von P. Borgen und M. J. J. Menken in: R. A. Culpepper (Hg.), Critical Readings of John 6, BIS 22, Leiden/New York 1997: *M. J. J. Menken*, Eucharist or Christology, 183–204; *P. Borgen*, Tradition, Interpretation and Composition, 95–114.

festzuhalten, dass die Fragestellung eindeutig diejenige der Aneignung des Lebens im johanneischen Sinn ist.

Diese neue Kontextualisierung lenkt die Aufmerksamkeit auf zwei Punkte. Erstens: Die Aussagen über das «Essen des Fleisches Jesu» und das «Trinken seines Blutes» kommen in einer Passage der Brotrede vor, in der die Gabe des Brotes – das ja mit der Person Jesu identisch ist – in Beziehung zum Kreuz gesetzt wird (6,51: «Das Brot aber, das ich geben werde, ist mein Fleisch für das Leben der Welt»).[30] Wie im Fall der Tempelreinigung ist es dem Erzähler vollkommen bewusst, dass er von einer Tradition Gebrauch macht, die in den Kontext der Passionsgeschichte gehört. Zweitens: Damit stellt sich dann die Frage, warum diese Thematik, die bekanntlich zur Passionsgeschichte gehört, mitten in das Wirken des Offenbarers in Galiläa hinein verschoben wurde. Für den impliziten Autor – das ist die hier vertretene Hypothese – ist die Gabe des Lebens, sei es als Zeichen, als Wort oder als Sakrament, Bestandteil des irdischen Wirkens des johanneischen Christus.[31] Sie ist nicht nur und erst mit seinem Tode gegeben. Mehr noch: Die johanneische Passionsgeschichte – denken wir zum Beispiel an die Abschiedsreden – vertritt nicht in erster Linie die These, dass der Tod Jesu am Kreuz die Gabe des Lebens bewirkt, sondern dass dieser die Offenbarung zum Abschluss bringt (vgl. 19,30: «Es ist vollbracht»). Der Leser wird somit eingeladen, ein Bild Jesu zu entdecken, in welchem die Gabe des Lebens mit dem Kommen des Logos – mit seinem Wirken in Tat und Wort – und nicht erst mit seinem Tod verbunden ist.

3.2.2 Die Einfügung der Fußwaschung in die Passionsgeschichte

Statt die eucharistische Tradition im Rahmen des letzten Mahles Jesu mit seinen Jüngern darzustellen, erzählt das vierte Evangelium eine andere symbolische Handlung des johanneischen Christus, nämlich die Fußwaschung.[32] Wie ist dieser sehr eigenständige Aufbau des Plots der Passionsgeschichte zu verstehen?

Es gibt keinen Grund anzunehmen, dass die Fußwaschung eine fiktive Szene ist, die der Erzähler frei erfunden hat. Die synoptische Tradition kennt

---

30 Zur Argumentation der Brotrede vgl. *J. Zumstein*, «Ich bin das Brot des Lebens»: Wiederholung und Variation eines johanneischen Ego-Eimi-Wortes in Joh 6, in: G. van Belle/M. Labahn/P. Maritz (Hg.), Repetitions and Variations in the Fourth Gospel. Style, Text, Interpretation, BETL 223, Leuven 2009, 435–452.

31 Diese Hypothese wird durch den Schluss des Evangeliums (20,30f.) bestätigt. Wenn es dem impliziten Autor darum geht, auf der Metaebene das Ziel der Erzählung zusammenzufassen, dann schreibt er: ταῦτα δὲ γέγραπται ἵνα πιστεύ[σ]ητε ὅτι Ἰησοῦς ἐστιν ὁ χριστὸς ὁ υἱὸς τοῦ θεοῦ, καὶ ἵνα πιστεύοντες ζωὴν ἔχετε ἐν τῷ ὀνόματι αὐτου.

32 Vgl. *J. Zumstein*, Die johanneische Auffassung der Macht, gezeigt am Beispiel der Fusswaschung (Joh 13,1–17), in: ders., Kreative Erinnerung (s. Anm. 16), 161–176.

im Verlauf des galiläischen Wirkens Jesu eine Reihe von Mahlszenen, in welchen Jesus wesentliche Aspekte des Kommens der Gottesherrschaft offenbarte. Wahrscheinlich ist hier das ferne Echo eines ähnlichen Umstandes zu vernehmen. Wenn wir die johanneische Kontextualisierung in Klammern setzen – wenn wir also von der johanneischen Einführung (13,1–3) und von der sekundären Interpretation der V. 6–11 abstrahieren – bleibt ein narrativer Zusammenhang, der aus einer sehr einfachen Handlung (V. 4–6) und deren ältester Interpretation (V. 12–17) besteht.[33] Diese vorjohanneische Erzählung, deren Bedeutung in dem sehr alten synoptischen Logion von V. 16 thematisiert wird, schildert auf paradigmatische Weise, wie der Lehrer und Herr (V. 13) unterrichtete und was «Dienen» heißt.[34] Der so rekonstruierte Text ist zwar plausibel, aber ohne jegliche ursprüngliche Verbindung mit der Passionsgeschichte.

Die Leistung des impliziten Autors besteht – wie im Fall der Tempelreinigung – in der Umgestaltung des traditionellen Plots der Passionsgeschichte. Nicht mehr die Einsetzung des Herrenmahls, sondern die Fußwaschung bildet die Ouvertüre der letzten Nacht Jesu. Sowohl die hermeneutische Einführung (13,1–3) als auch der Dialog zwischen Jesus und Petrus während der Fußwaschung (13,6–11) verbinden diese prophetische Handlung mit dem bevorstehenden Tode Jesu. Die Fußwaschung wird zu einer Metapher des Kreuzes. Als vorweggenommene Auslegung des Kreuzes gibt sie zu verstehen, dass das Kreuz als Dienst und Liebe Jesu für die Seinen zu verstehen ist.

Die Sinnlinie, die vorher bei der Deutung der johanneischen Tempelreinigung herausgearbeitet wurde, wird damit bestätigt. Für den impliziten Autor bildet das Kreuz den entscheidenden Horizont des Lebens des Galiläers. Jedoch ist eine starke Korrektur zu beobachten: Die Vorstellungen, die mit dem Abendmahl assoziiert werden, bilden nicht mehr den hermeneutischen Horizont des Todes Jesu. Ein anderes Bilderreservoir wird in den Vordergrund gerückt, wobei der Tod des johanneischen Christus auf eine ganz andere Weise in Perspektive gesetzt wird, nämlich als Liebesdienst.

Bei der Auslegung der Tempelreinigung wurde hervorgehoben, dass eine historische Darstellung erst im Rückblick entstehen kann und dass sich Geschichte immer aus Anamnese konstituiert. Es ist kein Zufall, wenn dieser Aspekt auch in der Fußwaschung explizit erwähnt wird. In V. 7 («Was ich tue, weißt du jetzt nicht, du wirst es aber nachher verstehen») gibt der johanneische Christus nämlich zu verstehen, dass Petrus nur im Rückblick, das heißt hier von

33 Zur Entstehung des Textes vgl. *R. Bultmann*, Das Evangelium des Johannes, KEK 2, Göttingen [21]1986, 351–365.

34 Vgl. *U. Schnelle*, Die johanneische Schule, in: F. W. Horn (Hg.), Bilanz und Perspektiven gegenwärtiger Auslegung des Neuen Testaments (FS Georg Strecker), BZNW 75, Berlin 1995, 198–217, insb. 213f.

Ostern her, die Tragweite dieser prophetischen Geste begreifen kann. Das johanneische γινώσκειν – ein vollkommenes Verstehen – gehört in die nachösterliche Zeit.

3.3 Die Abschiedsreden

Die zwei Abschiedsreden (13,31–16,33) und das Abschiedsgebet (17)[35] bilden eine bemerkenswerte Neuerung im Vergleich mit dem synoptischen Passionsbericht. Zwischen Jesu letztem Mahl mit seinen Jüngern und seiner Verhaftung hat der Erzähler drei große Reden eingefügt. Zwar findet der Leser schon bei Lukas eine kleine Abschiedsrede (Lk 22,24–38),[36] diese lässt sich aber mit dem johanneischen Meisterwerk kaum vergleichen. Als Ausdruck der nachösterlichen johanneischen Theologie zeigen diese drei Kapitel einerseits, wie der implizite Autor den bevorstehenden Tod interpretierte,[37] andererseits, wie er im Rückblick das Wirken des johanneischen Christus betrachtete. Die Rede unterbricht hier die Erzählung, um auf paradigmatische Weise den Sinn der bereits geschehenen und der bevorstehenden Ereignisse zu deuten. Deutungsmoment und Fiktivität fallen zusammen.

3.3.1 Die Abschiedsreden und Getsemani

Seit langem hat die Forschung hervorgehoben, dass die Abschiedsreden eine bekannte Erzählung der synoptischen Passionsgeschichte ersetzen, nämlich das Gebet Jesu in Getsemani. Auch in diesem Fall geht es um eine bewusste Änderung, denn Johannes kannte sehr wohl diese Tradition. Er hat sie aber ins Kapitel 12 versetzt und auf ganz neue Weise gestaltet (vgl. 12,27–36).[38] Der dramatische innere Kampf Jesu in Bezug auf seinen nahen Tod und dessen Annahme lassen Raum für die göttliche Stimme, welche die Verherrlichung des Sohnes ankündigt. Das Fazit ist klar: Für den impliziten Autor nimmt der johanneische Christus sein bevorstehendes Hinscheiden ohne Kampf und Zweifel an und sieht in ihm die Manifestation der göttlichen Herrlichkeit.

---

35 Vgl. *Dietzfelbinger*, Abschied (s. Anm. 13); *Dettwiler*, Gegenwart (s. Anm. 13).

36 Dazu *F. Bovon*, Das Evangelium nach Lukas (Lk 19,28–24,53), EKK III/4, Neukirchen-Vluyn 2009, 253–290, insb. 260f.; *M. Wolter*, Das Lukasevangelium, HNT 5, Tübingen 2008, 710–720.

37 Zur Interpretation des Todes Jesu in den Abschiedsreden vgl. *J. Zumstein*, L'interprétation de la mort de Jésus dans les discours d'adieu, in: G. van Belle (Hg.), The Death of Jesus in the Fourth Gospel, BEThL 200, Leuven 2007, 95–119.

38 Vgl. *G. O'Day*, The Gospel of John, The New Interpreter's Bible. General articles and introduction, commentary, and reflections for each book of the Bible including the apocryphal/deuterocanonical books, Vol. IX, Nashville 1995, 491–865: 712f.

3.3.2 Die Gattung der Abschiedsreden[39]

Die Wahl der Gattung der Abschiedsreden entscheidet auf johanneische Weise zwei Fragen, welche die Forschung über den historischen Jesus lange beschäftigt haben und die immer noch kontrovers diskutiert werden. Die erste setzt sich mit dem Problem auseinander, ob Jesus seinen Tod vorhergesehen habe oder ob Verhaftung und Hinrichtung ihn völlig überrascht hätten.[40] Die zweite versucht zu klären, ob Jesus seinen Tod interpretiert hat.[41]

Die Abschiedsreden lassen diesbezüglich keinen Zweifel. Für den impliziten Autor hat der johanneische Christus nicht nur seinen Tod vorhergesehen: Der ganze johanneische Plot ist kreuzorientiert. Das heißt: Für den johanneischen Christus stellt das Kreuz nicht den Lebensabgrund dar, sondern es ist der Ort der Vollendung.[42] Die zweite Frage ist auch eindeutig zu beantworten: Der johanneische Christus ist der Interpret seines eigenen Todes. Interessanterweise bildet nicht mehr die eucharistische Thematik den hermeneutische Horizont, der die Deutung seines Todes ermöglicht, sondern es werden neue Kategorien eingeführt: Das Kreuz ist die Stunde der Rückkehr zum Vater und zu der Verherrlichung.[43]

Die innertextlichen Adressaten der Abschiedsreden lenken die Aufmerksamkeit auf einen weiteren charakteristischen Zug des johanneischen Christus. Er wird dargestellt als einer, der einen Jüngerkreis erwählt und um sich versammelt hat und der seine Jünger beauftragt, ihn nach seinem Hinscheiden zu vertreten.

3.3.3 Der Rückblick auf das Wirken des Inkarnierten

Sowohl die erste Abschiedsrede als auch das Abschiedsgebet sind ein retrospektiver Blick auf das irdische Wirken des johanneischen Christus. Der Dialog zwischen dem johanneischen Christus und Philippus bietet Gelegenheit, unter einem johanneischen Gesichtspunkt den Hauptwesenszug des irdischen Wir-

---

39 Zur Gattung der johanneischen Abschiedsreden vgl. *J. Zumstein*, L'évangile selon saint Jean, CNT IVb, Genève 2007, 40–43 (Literatur 41f.).

40 Nach *Luz/Michaels*, Jesus oder Buddha (s. Anm. 19), 126; *Becker*, Jesus (s. Anm. 19), 415–417; *Bornkamm*, Jesus (s. Anm. 19), 142f., hat der historische Jesus seinen gewaltsamen Tod vorgesehen.

41 Nach *Luz/Michaels*, Jesus oder Buddha (s. Anm. 19), 126–129, und *Becker*, Jesus (s. Anm. 19), 415–421, hat der historische Jesus seinen bevorstehenden Tod gedeutet.

42 Das letzte Wort des johanneischen Christus am Kreuz (19,30: «Es ist vollbracht» [τετέλεσται]) bezieht sich auf die Vollendung der Offenbarung.

43 Der theologische Prolog z. B., der den zweiten Teil des Evangeliums eröffnet (13,1), kennzeichnet programmatisch den Tod Jesu als Rückkehr zum Vater (πρὸ δὲ τῆς ἑορτῆς τοῦ πάσχα εἰδὼς ὁ Ἰησοῦς ὅτι ἦλθεν αὐτοῦ ἡ ὥρα ἵνα μεταβῇ ἐκ τοῦ κόσμου τούτου πρὸς τὸν πατέρα, ἀγαπήσας τοὺς ἰδίους τοὺς ἐν τῷ κόσμῳ εἰς τέλος ἠγάπησεν αὐτούς).

kens Jesu zu thematisieren. 14,9f. bringt dies auf den Punkt: «So lange Zeit bin ich bei euch, und du hast mich nicht erkannt, Philippus? Wer mich gesehen hat, hat den Vater gesehen. Und wie sagst du: Zeige uns den Vater? Glaubst du nicht, dass ich in dem Vater bin und der Vater in mir ist? Die Worte, die ich zu euch rede, rede ich nicht von mir selbst; der Vater aber, der in mir bleibt, tut seine Werke». Der implizite Autor sieht also das Zentrum des Wirkens des johanneischen Christus in der Offenbarung des Vaters.[44] Mit anderen Worten: Die hohe Christologie des Johannes steht im Dienst der Theologie beziehungsweise der Rede über Gott.

Dieselbe Perspektive kommt auch im Abschiedsgebet zum Ausdruck. Als der scheidende Christus über sein irdisches Wirken Rechenschaft abgibt, spricht er die folgenden Worte: «Ich habe dich verherrlicht auf der Erde; das Werk habe ich vollbracht, das du mir gegeben hast, dass ich es tun sollte [...]. Ich habe deinen Namen den Menschen offenbart, die du mir aus der Welt gegeben hast. Dein waren sie, und mir hast du sie gegeben, und sie haben dein Wort bewahrt» (17,4.6). Hier wird derselbe Akzent gesetzt:[45] Das irdische «Werk», das Jesus anvertraut wurde, war die volle Manifestation der göttlichen Wirklichkeit unter den Menschen, insbesondere unter den Jüngern. Die hermeneutische Leistung ist beachtlich: Die Verkündigung des nahen Gottesreiches, die das Auftreten des historischen Jesus kennzeichnete und die dann in der synoptischen Tradition aufgenommen wurde, wird christologisiert und entapokalyptisiert. Ein neues Jesus-Bild entsteht.

Hinzuzufügen ist, dass das irdische Wirken Jesu durch die Gabe der göttlichen Gebote gekennzeichnet ist, insbesondere durch die Gabe eines neuen Gebotes, nämlich des Liebesgebotes (13,34). Interessant ist hier, dass das Liebesgebot nicht mit der Auslegung des Gesetzes,[46] sondern mit dem bevorstehenden Kreuz in Verbindung gebracht wird. Die Relecture in der zweiten Abschiedsrede (15,12.17) weist auf die Relevanz dieses Gebotes für die nachösterliche Zeit hin.

Ein weiterer Aspekt kommt schließlich in der zweiten Abschiedsrede zum Ausdruck. In der berühmten Passage über den Hass der Welt wird das konfliktgeladene Verhältnis zwischen dem irdischen Jesus und der Welt thematisiert. In Aufnahme eines sehr alten, synoptischen Logions («Gedenkt des Wortes, das ich euch gesagt habe: Ein Sklave ist nicht größer als sein Herr. Wenn sie

---

44 Detaillierte Interpretation dieser Stelle in *Zumstein*, L'interprétation (s. Anm. 39), 67f.

45 Vgl. *Zumstein*, L'interprétation (s. Anm. 39), 168, 170f.

46 In den synoptischen Evangelien ist die Thematik des Liebesgebotes im Rahmen der Gesetzesproblematik reflektiert; dazu z. B. *R. Smend*/*U. Luz*, Gesetz, Biblische Konfrontationen 1015, Stuttgart 1981, 58–86.

mich verfolgt haben, werden sie auch euch verfolgen»)[47] wird gesagt, dass die Offenbarung nur den Widerstand der Menschheit auslösen konnte. Im Rückblick wird ein Bild von Jesus gezeichnet, das den Konflikt zwischen ihm und der Welt radikalisiert und verallgemeinert.[48]

3.4 Fazit

Die Umgestaltung des Plots der Passionsgeschichte erweist sich als entscheidend für das Problem des Fiktiven bei Johannes. Die Versetzung bestimmter Episoden von der Passionsgeschichte (13–19) in das in den Kapiteln 2–12 thematisierte Wirken Jesu (Tempelreinigung, eucharistische Thematik, Getsemani usw.) und – umgekehrt – die Verschiebung einer sonst unbekannten Episode (Fußwaschung) in den Kontext des letzten Mahles sowie die Einfügung von drei Reden sind literarische Entscheidungen, die die johanneische Deutungsarbeit der Geschichte Jesu kennzeichnen.

4. Die johanneische Frage nach der Wahrheit

Die kurzen und selektiven Überlegungen, die vorgetragen wurden, zeigen, dass Johannes eine sehr überlegte Interpretationsarbeit in Bezug auf die *vita* Jesu geleistet hat. Das heißt: Die Fiktivität als Deutungskategorie besetzt eine Schlüsselposition in diesem literarischen Kunstwerk. Wenn dieses Urteil begründet ist, wie stellt sich dann das Problem der Wahrheit[49] dem johanneischen Kreis? Was gibt der implizite Autor zu verstehen, wenn – im Epilog – die folgende Formulierung als Metarede über den Bericht des Lieblingsjüngers, das heißt über das Evangelium selbst, zu lesen ist: «Und wir wissen, dass sein Zeugnis wahr (ἀληθής) ist» (21,24; vgl. 19,35)?

Der johanneische Begriff des Zeugnisses (μαρτυρία) ist nicht historiographisch orientiert.[50] Das Zeugnis erweist sich nicht wahr dank einer vermeintlichen Faktentreue. Es ist christologisch orientiert: Das Zeugnis – sei es dasjenige des Täufers, des Parakleten oder der Jünger – zielt darauf, die wahre Identität des johanneischen Christus zu offenbaren. Das heißt: Die Wahrheit des

47 Joh 15,20 (vgl. 13,16); vgl. Mt 10,24; Lk 6,40.

48 Vgl. *K. Haldimann*, Rekonstruktion und Entfaltung. Exegetische Untersuchungen zu Joh 15 und 16, BZNW 104, Berlin/New York 2000, 225–279.

49 Vgl. *R. Bultmann*, Art. ἀλήθεια κτλ, ThWNT I (1933), 245–248; ders., Theologie des Neuen Testaments, durchges. und erg. von O. Merk, UTB 630, Tübingen [7]1984, 378f.; *P. G. Kirchschläger*, Nur ich bin die Wahrheit, HBS 63, Freiburg im Breisgau 2010, 265–269.

50 Ausführliche Untersuchung: *J. Beutler*, Martyria. Traditionsgeschichtliche Untersuchungen zum Zeugnisthema bei Johannes, FTS 10, Frankfurt 1972, insb. 231f.

Zeugnisses liegt nicht in der genauen Wiedergabe der vergangenen Ereignisse begründet, sondern wird in der glaubenden Interpretation der Person des Offenbarers zugänglich. Der nächste Schritt ist mit dem Zeugnis des johanneischen Christus selbst gegeben: Das kontroverse Zeugnis Jesu will in Auseinandersetzung mit den damaligen theologischen Behörden das Himmlische zum Ausdruck bringen. Es ist wahr, weil und insofern es die göttliche Wirklichkeit zur Sprache bringt.

Mit dieser Begriffsklärung ist der Ort bestimmt, wo – in der johanneischen Perspektive – die Debatte über die Wahrheit des Evangeliums einzuordnen ist. Das Zeugnis des Lieblingsjüngers, das literarisch in der johanneischen *vita* Jesu zur Sprache kommt, ist wahr, insofern es mit der Erzählung der *vita* Jesu zur Entdeckung der Person des inkarnierten Logos und somit der göttlichen Wirklichkeit führt.[51]

---

51 Die Aussage ἀληθής αὐτοῦ ἡ μαρτυρία ἐστίν kann zwar die Zuverlässigkeit und Richtigkeit eines Zeugnisses betonen, aber bei Johannes ist der Charakter des Wahren mit der Offenbarung verbunden (vgl. Joh 3,33f.; 7,18; 8,26). Vgl. R. *Bultmann*, Art. ἀληθής, ThWNT I (1933), 249.

The Question of Emotions in Writing History

Reflections on the Lukan Writings and Jn 11.33[1]

Claire Clivaz, Lausanne

Sources are neither open windows,
nor fences obstructing vision: if anything,
we could compare them to distorting mirrors

Carlo Ginzburg

1. Introduction: Thinking at a Time Characterized by the Blurring of the Boundaries Between Reality and Fiction

What we consider as certain, sure and clear always has the potential to become one day less certain, sure and clear. Commenting on Jesus' crucifixion, Gerd Häfner argues that "als 'objektiv' erscheinen jene Wiedergaben, die *unstrittige Aspekte* eines Ereignisses zur Sprache bringen. Doch sie sind ebenfalls nur eine Selektion aus einer umfassenderen Wirklichkeit. Fakten und Interpretation lassen sich nicht voneinander trennen."[2]. Häfner wisely clarifies that even *unstrittge Aspekte* are only a selection and imply interpretation. Nevertheless, his statement assumes an implicit collective agreement about "events" (*Ereignisse*): but to what extent does Jesus' crucifixion actually represent a recognized event and

1 Some periods are more challenging than others for academic work and responsibilities. It would seem that we are facing such a time now, and young researchers will need to look to be inspired by such scholars as Jean Zumstein, my esteemed colleague, who has tirelessly exercised his academic responsibility in our midst. I dedicate this article to him. For the revision of the English, my thanks are due to Jenny Read-Heimerdinger. French or German quotations in the footnotes have been left in the original language.

2 *G. Häfner*, Konstruktion und Referenz: Impulse aus der neueren geschichts-theoretischen Diskussion, in: K. Backhaus/G. Häfner, Historiographie und fiktionales Erzählen. Zur Konstruktivität in Geschichtstheorie und Exegese, BThSt 86, Neukirchen-Vluyn 2007, 67–96: 72.

from whose point of view? From the Western academic point of view, within which I work, Jesus' death on the cross continues to belong to the non-contested aspects of the "Jesus event", and I teach my students that we possess non-Christian sources that attest to it[3], even if the weight and the reliability of these external sources are debatable and receive varying assessments. However, I have only to take the bus to read in the free press available on public transport that for other cultures and people of the world, Jesus' death is not just some small or anecdotic event, but a Western fiction or lie, a non-event: when he meets young Italian women, Colonel Moammar Kadhafi claims that Jesus was not crucified[4]. More seriously, respected teachers in other cultural traditions than mine teach audiences of attentive students that this Jesus was not crucified. Even if Western scholars can argue that Christian apocryphal Gnostic traditions probably allow the concerned Qur'anic passage to be explained[5], we can no longer ignore the reality that Jesus' crucifixion is at one and the same time a historical fact for the Western cultural memory but a Western lie for other cultural memories.

The present diversity and juxtaposition of cultural memories was clearly noted in 2003 by Umberto Eco. Referring to the beginning of the *Name of the Rose*, he made a two-stage observation:

> "Everyone noticed that The Name of the Rose begins with a quote from the Gospel according to Saint John ('In the beginning was the Word', etc.). But how many noticed that this can also be seen as a quote from the beginning of Pulci's Morgante Maggiore, which opens with a (very respectful) imitation of Saint John. […]. However, when you really think about it, how many readers did notice that my novel begins with a quotation from Saint John? I have found Japanese readers (and perhaps I did not need to go that far) who attributed those very virtuous thoughts to good old Adso, and yet despite this they did not miss the religious afflatus that animates the words of the young monk."[6]

---

3 See notably *Josephus*, Jewish Antiquities 18.3.3 and *Tacitus*, Annals 15.44, as well as a private letter from Mara Bar-Sarapion (see *F. Bovon*, Les derniers jours de Jésus, Essais bibliques 34, Geneva 2004, 29–34).

4 See *AFP*, Kadhafi, L'islam n'est pas contre les femmes!, 20 Minutes (17 November 2009), 12; *B. Bridel*, Khadafi joue au prosélyte auprès de jeunes romaines, 24heures (17 November 2009), 9.

5 See *Qur'an*, Surah 4.157; for further information, see, for example, *N. Robinson*, Jesus in the Qur'an, the Historical Jesus and the Myth of God Incarnate, in: R.S. Sugirtharajah (ed.), Wilderness. Essays in Honour of Frances Young, LNTS 295, London/New York 2005, 186–197.

6 *U. Eco*, On Literature, M. McLaughlin (trans.), New York *et al.* 2002, 233. Eco continues by commenting on "irony": "In fact, to be precise, inter-textual irony is not, strictly speaking, a form of irony. Irony consists in saying not the opposite of the truth but the opposite of what one presumes the interlocutor thinks is true. It is ironic to define a stupid person as very intelligent, but only if the addressee knows that the person is stupid. If he does not know, then the irony is

I suppose that we often react like the "Japanese" in reading ancient sources, even if we think of ourselves as scholarly informed readers: no one can suddenly come back from Antiquity to challenge our readings. "Cultural forgetting" – to reemploy Jan Assmann's terminology[7] – by definition is prompted by even the best of scholarly intentions. To consider such a point, we need, like Eco, to "really think about it", and that is the general purpose of this paper.

Umberto Eco is, in my eyes, one of the philosophers particularly deeply involved in the appraisal of the borders between fiction and reality, because he is both a thinker of genius and an author with a very strong personality. As a great philosopher, Eco highlighted from the beginning of his work the importance of reality and of the common recognition of reality, opposing the Foucauldian question "who speaks?" with the slave's question "who dies?"[8], as I have previously indicated[9]. As an author possessed of a very strong personality, he for a long time cherished the wish to influence his readers, but he was finally forced to renounce his hope. Discussing with – or fighting against – Lynda Hutcheon about the interpretation of his *Pendulum of Foucault*, he recognized in the end that "the intentions of the empirical author count for little"[10]. A few words in a book, but a giant step for Eco. Because of his attachment to reality – who dies? – and his lucidity as an author, Eco presents many important considerations that can help decipher our common task of thinking at the present time.

More particularly, in his analysis of the history of Western epistemology, Eco underlined that the second century and the end of the twentieth century share a common "hermetic" tendency that accentuates the blurring of the boundaries between fiction and reality. I agree with this analysis, one that I have

---

missed, and what one has is only false information. Thus irony becomes simply a lie when the addressee is not aware of the game." (233f.).

7 See *J. Assmann*, Moses the Egyptian. The Memory of Egypt in Western Monotheism, Cambridge MA/London 1997, 216.

8 See *U. Eco*, La struttura assente. La ricerca semiotica e il metodo strutturale, Milan [5]2002 ([1]1968), 357: "Posons l'hypothèse qu'il puisse exister une demande plus constitutive, qui soit posée non pas par l'homme libre (mis dans les conditions de pouvoir ‹contempler›), mais *par l'esclave*, qui ne peut pas la poser, et qui trouve plus urgent de demander, au lieu de 'qui parle?', 'qui meurt'?" I give here my own French translation from the 2002 Italian version, since this passage has never been translated in French and is missing in the 1972 French translation (*U. Eco*, La structure absente. Introduction à la recherche sémiotique, U. Esposito-Torrigiani [trans.], Paris 1972).

9 See *C. Clivaz*, L'ange et la sueur de sang (Lc 22,43–44) ou comment on pourrait bien encore écrire l'histoire, BiTS 7, Leuven 2010, 111.

10 *Eco*, On Literature (see n. 6), 232: "If a possible quotation appears in the text, and this quotation seems to go with the grain of the rest of the text (and other citations from it), the intentions of the empirical author count for little".

confirmed with ideas found in the work of Lucian of Samosates as well as that of Glen Bowersock[11]. Such an historical perception of the evolution of ideas is very important for "really thinking about" our present hermeneutical period. We cannot simply assert that "die Grenze zwischen Geschichtsschreibung und Literatur lässt sich nicht mehr deutlich ziehen"[12]. Indeed, as Eco and Bowersock have both demonstrated, such a phenomenon already occurred in at least the 2nd century C. E.[13]. Consequently, with reference to the history of the Western episteme, this change is not an absolute or a new one, and Häfner's sentence should be completed thus: this boundary "lässt sich *jetzt* nicht mehr deutlich ziehen", or even "lässt sich *wieder* nicht mehr deutlich ziehen", if we take the 2nd century as a reference point. Starting from the later stages of the thinking of Ricœur and White, the second part of this paper will show that the modern impression of a clear boundary between fiction and reality in historical discourse is rooted in a separation between historical writing and emotional expression. The third part will apply these observations to the question of the literary genre of the Lukan writings, and to two examples of emotional language in the canonical Gospels: Lk 24.41a and Jn 11.33.

2. Historical Writing and Emotions: "Disciplined" and "Undisciplined" History

2.1 Ricœur Beyond White, White After Ricœur

In 1992, Paul Ricœur observed that he had transformed the narrative genre into a "meta-genre" by having translated the Aristotelian *mythos* with the term "plot" in *Temps et Récit*[14]. While continuing to maintain this translation, Ricœur nevertheless conceded that it sidesteps "the problem of knowing whether or not historiography comes under this narrative intelligence"[15]. This missing element

11 See *Clivaz*, L'ange et la sueur de sang (see n. 9), 109–113.

12 *Häfner*, Konstruktion und Referenz (see n. 2), 89.

13 See notably *U. Eco*, *Interpretation and History*, in: S. Collini (ed.), Interpretation and Overinterpretation. Umberto Eco with Richard Rorty, Jonathan Culler, Christine Brooke-Rose, Cambridge, UK/New York 1992, 23–43: 29. *G. W. Bowersock*, Fiction as History. Nero to Julian, Berkeley/Los Angeles/London 1994, 4–6.

14 See *P. Ricœur*, Une reprise de la Poétique d'Aristote, in: B. Cassin (ed.), Nos Grecs et leurs modernes. Les stratégies contemporaines d'appropriation de l'Antiquité, Chemins de pensée, Paris 1992, 303–320: 309. The translation of *muthos* by «plot» was also adopted independently by Nortop Frye in the 80s (see *N. Frye*, The Great Code. The Bible and Literature, Toronto 1990 [[1]1983], 31).

15 *Ricœur*, Une reprise de la *Poétique* d'Aristote (see n. 14), 310.

led him to write his last monograph, *La mémoire, l'histoire, l'oubli* in 2000[16]. I argued in an article of 2005 that this monograph represents a very important turning point in Ricœur's thinking – a turning point still not fully recognized by scholarship. It indicates, indeed, a strong distancing from White's approach on the part of Ricœur[17], and a shift from *Temps et Récit III*, for which Ricœur recognized he had been inspired by White[18]. The truth of this analysis can be seen in an article by the American historian Hayden White himself. In 2007, he wrote a review over twenty pages long of Ricœur's last monograph, as a *post mortem* homage to him. As White clearly states, the real *summa* of Ricœur's is his *Memory, History, Forgetting*, where he returns to the ideas developed in his first two books on Jaspers and Gabriel Marcel[19]. As White points out:

> "in this book, Ricoeur reiterates that he had conceived the work as a supplement to his great trilogy, *Time and Narrative* (*Temps et récit* [1983–1985]), and his autobiography, *Oneself as Another* (*Soi-meme comme un autre* [1990]), because he had, as it were, forgotten forgetting. This forgetting of forgetting was important for Ricoeur because his reflections on history and historical writing, undertaken to provide a basis for the reconstruction of the modern (Western) humanistic *trivium* of history, literature, and philosophy, had not, in his own opinion, done justice to memory and its relation to historical consciousness"[20].

In reading White, it becomes plain that we cannot simply state, as did Raphaël Baroni recently, that Ricœur "has made possible"[21] the "long and difficult three-way conversation between history, literary criticism, and phenomenological philosophy"[22]. Ricœur already considered this conversation as "hard" in 1983; he developed it in his last monograph in such a way as to end up creating an imbalance by introducing the notion of choice. This choice is expressed in the "tortured and torturing"[23] long epilogue of *Memory, History, Forgetting*, which

---

16 *P. Ricœur*, La mémoire, l'histoire, l'oubli, Coll. L'ordre philosophique, Paris 2000. English translation: K. Blamey/D. Pellauer (trans.), Memory, History, Forgetting, Chicago/London 2004.

17 See *C. Clivaz*, L'analyse narrative signale-t-elle l'arrivée du *muthos* en exégèse? Histoire et Poétique autour d'Ac 17,28, in: C. Focant/A. Wénin (ed.), L'analyse narrative et Bible. Deuxième colloque international du RRENAB, Louvain-la-Neuve, avril 2004, BEThL 191, Leuven 2005, 483–496: 484–486.

18 *Ricoeur*, Memory (see n. 16), 564, n. 80: "Under the sign of the Analogous I placed Hayden White […]. In this way it became possible to speak of a 'metaphorical redescription of the past' by history". See also 248–261 for a discussion by Ricœur of Hayden White's work.

19 See *H. White*, Review Article. Guilty of History? The *Longue Durée* of Paul Ricœur, History and Theory 46 (2007), 233–251: 236.

20 See *White*, Review Article (see n. 19), 233.

21 See *R. Baroni*, L'œuvre du temps. Poétique de la discordance narrative, Paris 2009, 36.

22 *P. Ricœur*, Time and Narrative, vol. I, K. McLaughlin/D. Pellauer (trans.), Chicago 1990, 79.

23 *White*, Review Article (see n. 19), 238.

is considered by White as the "point of the book"[24]: this *pardon difficile* postulated by Ricœur chooses what can be forgotten and what not, something that is a burden for White[25]. I consider also the Ricoeurian "reserve of forgetting"[26] to be something disturbing, and his appeal to a final "happy memory" has to be contrasted with the suggestion of the Dutch historian Frank Ankersmit, who believes that any remembering of the Second World War should avoid being an *overcoming of the past* or a coming to terms with the horrors of the past. The memory of the Holocaust must be "an illness, a mental disorder that we never cease to suffer from"[27]. Between a happy memory and a mental disorder, what kind of history is there left to be written? By rejecting the burden of history, White does not offer many clues on that point. In *Memory*, Ricœur stresses precisely that in White's perspective, "we are only told how not to write history"[28].

Indeed, Hayden White wrote a great deal about the ways of writing history, but rarely put it into practice, even though Richard Vann tries to demonstrate the opposite[29] – unless White's persistent refusal signifies indeed a refusal to practice the *discipline* of history in a classical, academic, identifiable way[30]. For White, to speak about "history" already means giving significance to the past[31], whereas he would like to abandon "this Calvinist and Protestant confusion of objectivity with being right", and look for "what is real rather than what is true"[32]. With such statements, White continues to arouse strong reaction, from such people as Dirk Moses who is afraid that White's attitude leads to encouraging "communalism", while for him "the historical *is* the ethical"[33]. Such an

24 *Ibid.*, 241.

25 *Ibid.*, 238. This term refers to *H. White*, The Burden of History, History and Theory 5 (1966), 111–134.

26 See Ricœur, *Memory* (see n. 16), 284.

27 *F. R. Ankersmit*, Historical Representation, Coll. Cultural Memory in the Present, Standford 2001, 193. See *Clivaz*, L'ange et la sueur de sang (see n. 9), 132–136.

28 *Ricoeur*, Memory (see n. 16), 555, n. 32.

29 See *R. T. Vann*, Hayden White, Historian, in: F. Ankersmit/H. Kellner (ed.), Re-Figuring Hayden White, Coll. Cultural Memory in the Present, Stanford 2009, 304–331.

30 See *H. White/E. Rogne,* The Aim of Interpretation is to Create Perplexity in the Face of the Real. Hayden White in Conversation with Erlend Rogne, History and Theory 48 (2009), 63–75: 75: "I am not really concerned about the discipline. I'm much more interested in the way that creative writers, literary writers, are dealing with history".

31 See *ibid.,* 71

32 *Ibid.*, 65.

33 *D. A. Moses*, Hayden White, Traumatic Nationalism, and the Public Role of History, History and Theory 44 (2005), 311–332: 330.

ethical perspective on history was also one of the important roots of Ricœur's *Memory*, in reaction to the *Historikerstreit*[34].

One cannot avoid at this point feeling that we are in a *cul-de-sac*: in the three-way conversation between history, literature and philosophy, the ethical question claims its rights and forces a choice. In other words, the question "who dies?" asserts itself over against the question "who speaks?"[35]. The etymology of *history* does indeed remind us that its task is a choice, an arbitration, as illustrated in the *Iliad*[36]. But the word ἵστωρ also contains the name Zeus, *Istô Zeus* – "may Zeus be a witness", according to Benveniste[37] – which explains the eternal *acedia* lying at the heart of history: to see and to tell everything[38]. Once this *acedia* and its fantastical aspect are recognized, how is it possible to deal with history from the victims' point of view and from the victors' point of view[39]? Or what is to be done with a happy memory that runs alongside a memorial that is a "mental disorder" – in other words, with a Ricœur and an Ankersmit? Maybe it is time for an "undisciplined" history, in part at least – for history became a "discipline" relatively late in the Western *episteme*, as the next part of this article seeks to underline.

2.2 A History of the Relationship Between Writing, History and Emotions

One can find histories of the notion of literary genre and histories of the notion of historiography and history, but an overview of the history of the relationship between the literary genres and history has been wanting[40]. In carrying out such an overview[41], I pointed out that history only became a really autonomous

---

34 See *Clivaz*, L'analyse narrative (see n. 17), 486.

35 See Section 1 above.

36 See *Homer*, Iliad 18.497–508 and 23.482–487; quoted by *F. Hartog/M. Casevitz*, L'histoire d'Homère à Augustin. Préfaces des historiens et textes sur l'histoire réunis et commentés par François Hartog, traduits par Michel Casevitz, Points Essais 388, Paris 1999, 34f.

37 See *Hartog/Casevitz*, L'histoire d'Homère à Augustin (see n. 36), 36.

38 See *Clivaz*, L'ange et la sueur de sang (see n. 9), 126f.

39 *F. Hartog*, Le témoin et l'historien, Gradhiva 27 (2000), 1–15 (republished in: Evidence de l'histoire, Coll. Foliohistoire, Paris 2007, 236–266): 14: "alors que l'histoire des vainqueurs ne voit que d'un seul côté, le sien, celle des vaincus doit, pour comprendre ce qui s'est passé, prendre en compte les deux côtés. Une histoire des témoins ou des victimes peut-elle faire droit à cette exigence qu'emporte avec elle le très vieux mot d'*historia*?"

40 See *J.-M. Schaeffer*, Qu'est-ce qu'un genre littéraire? Coll. Poétique, Paris 1989, 7: "Le constat est banal, et pourtant on le fait rarement: les interrogations concernant ce que peut ou ne peut pas obtenir une théorie des genres semblent troubler surtout les littéraires, alors que les spécialistes des autres arts s'en occupent beaucoup moins".

41 See *Clivaz*, L'ange et la sueur de sang (see n. 9), 17–33.

discipline at the beginning of the 19th century[42], after previously belonging to "Belle-Lettres"[43]. From Antiquity, history was included in rhetoric. But a first subsequent modification of the links between history and literature occurs in the French Classical Age: the *Lettre sur les vingt-quatre heures* of Jean Chapelain in 1630 states that "literature acquires specific moments of legitimization"[44]. At that time, the novel was still disdained by the critics[45]. A second turning point occurs in the second half of the 18th century: the *Encyclopedy* of d'Alembert (1751) begins to distinguish between civil and literary history[46]. This distinction is the sign that marks the beginning of the decline of rhetorical culture confronted with the arrival of aesthetics. At the same time, the romantic refusal of the classical literary genres will prompt the success of the novel[47] and the theoretical division between literature and history, as achieved by the historicism of the 19th century: history becomes "an entirely autonomous discipline and thenceforth is no longer considered as one of the literary genres"[48].

In this huge transformation of history, emotional language is the major victim: Jean-François Marmotel issued a call in 1787 to reject emotions from history and to use a transparent historical language[49]. Such a point of view culminates with Ranke, when he asserts that "man kann von einer Historie nicht die freie Entfaltung fordern, welche wenigstens die Theorie in einem

---

42 *P. Aron/D. Saint-Jacques/A. Viala* (ed.), Le Dictionnaire du Littéraire, Paris 2002, 265.

43 *Ibid.*, 264.

44 *K. Canvat*, Enseigner la littérature par les genres. Pour une approche théorique et didactique de la notion de genre littéraire, Brussels 1999, 20.

45 See *ibid.*, 20.

46 *J. D'Alembert*, Encyclopédie: "L'histoire de l'homme a pour objet ou ses actions ou ses connaissances, et elle est par conséquent civile ou littéraire, c'est-à-dire le partage entre les grandes nations et les grands génies, entre les rois et les gens de lettres, entre les conquérants et les philosophes". Quoted in the Wieleitner edition (1911) by *Aron/Saint-Jacques/Viala* (ed.), Dictionnaire du littéraire (see n. 42), 272; see http://art-bin.com/art/oalembert.html, last accessed 25/05/2010.

47 *M. Bakhtine*, Esthétique du roman, D. Olivier (trans.), Paris [2]1987 ([1]1978), 447.

48 *Aron/Saint-Jacques/Viala* (ed.), Dictionnaire du littéraire (see n. 42), 265. See, for example, Léon Levrault, as a representative of this second turning-point: "Et, chez nous, héritiers de l'esprit grec et du génie grec, voilà bien l'écueil éternel! Nous exigeons l'impeccable science, avec toute sa sévérité, et nous ne sommes satisfaits que si l'art le plus pur nous a inondés de ses rayons. Quelle impasse pour nos historiens! [...] Nous avons eu des chroniqueurs, des mémorialistes, des historiens. L'historien, voilà ce qui nous manque encore! Où donc est-il celui-là qui, sur un sujet bien choisi, unira les qualités de Thierry et de Michelet, de Thiers et de Fustel? Voilà ce qu'il faut aux Français. Et si jamais il existe, il ne sera point seulement notre historien: il sera véritablement l'Histoire!" (*L. Levrault*, L'histoire. Coll. Les genres littéraires, Paris 1930, 155f.).

49 See *J.-F. Marmotel*, Eléments de littérature, vol. II, Paris 1846 ([1]1787), 247; quoted by *A. Rigney*, Muddying the Waters. Metaphor in History, in: B. Debatim/T. R. Jackdon/D. Steuer (ed.), Metaphor and Rational Discourse, Tübingen 1997, 169–177: 169.

poetischen Werke sucht, und ich weiss nicht, ob man eine solche mit Recht in den Werken der griechischen und römischen Meister gefunden zu haben glaubt"[50]. The reader has been told: he will probably find this kind of history *unschön* und *farblos* and annoying[51]. The contrast between modernity and the ancient perspective is at its greatest here, for example when Lucian indicates the approval of the audience as the ultimate purpose of history, and views the historian as a "Phidias"[52], as Knut Backhaus has also pointed out[53]. History without rhetorical purpose and separated from any kind of *pathos* is a modernist creation: as Carlo Ginzburg reminds us, ancient historiography is rooted in rhetoric, where *pathos* serves to make the discourse or narrative convincing[54]. After centuries of connections between history and rhetoric, the 19th century separated them. Nevertheless, literature attempted to retain something of history by recognizing "historiography" as a literary genre in the *Littré* dictionary of 1873. Such a classification contributes even today to the "polysemy and the complexity of the term *historiography*"[55]. The 19th century ended with history transformed into a "discipline", viewed as separate from rhetoric, and with the emergence of the category of "historiography" as a literary genre. When one describes an ancient text as "historiography" today, one uses in fact a term established as a literary genre only in the 19th century: to speak about "historiography" in Antiquity is tantamount to forgetting that in Antiquity and right up to the Classical Age, writing history belonged to rhetoric.

Paying attention to the epistemological developments in the French Classical Age and in the 19th century leads to the recognition that "the status of history as a genre is derived from conceptions of literature, which are themselves historically variable"[56]. Such an observation belongs to a metacritical approach to literary genre: as the works of Canvat and Macé make clear[57], after the rhetorical and the aesthetical periods, the history of literary genre entered a

50 *L. von Ranke*, Geschichte der Germanischen Völker. Fürsten und Völker die Geschichte der romanischen und germanischen Völker von 1494 bis 1514, W. Andreas (ed.), Wiesbaden 2000, 4.

51 See *ibid.*.

52 See *Lucian*, How to Write History 51.

53 See *K. Backhaus*, Spielräume der Wahrheit. Zur Konstruktivität in der hellenistisch-reichsrömischen Geschichtsschreibung, in: Historiographie und fiktionales Erzählen (see n. 2), 1–29: 9.

54 *C. Ginzburg*, History, Rhetoric, and Proof. The Menahem Stern Jerusalem Lectures, Hannover 1999, 38.

55 *G. Pasamar Alzuria*, The History of Historiography. Retrospective and Research, in: C. Barros/ L. J. McCrank (ed.), History under Debate. International Reflection on the Discipline, New York/London/Oxford 2004, 113–132: 128; see also 114.

56 *Aron/Saint-Jacques/Viala* (ed.), Dictionnaire du littéraire (see n. 42), 265.

57 See *Canvat*, Enseigner la littérature (see n. 44), 84f.; *M. Macé*, Le genre littéraire. Introduction, choix de textes, commentaires, vade-mecum et bibliographie, Paris 2004, 21.

metacritical period. If literary genres do not exist as independent entities – as Genette says, there was no epic before Homer[58] – there are nevertheless "genre effects", inherited from training in school, our reading, culture, and so on[59]. The importance and the power of the "genre effect" can be measured by the fact that we often forget the cultural limits and the constructed aspect of a literary genre. It could even be said that, to be effective, a "genre effect" has to be forgotten. That is precisely what happens for Raphaël Baroni when he seeks in his recent book, *L'œuvre du Temps. Pour une discordance narrative* (2009), to think about the difference between factual and fictional narratives in terms of the question of emotional language[60]. For example, he states that, "a work of fiction would find emotion at the point when reason has to give way to it, when it has to fight against poetical reticence [...]. The result is that emotion, even when it is subordinate to a pragmatic aim, retains a primary place in fiction"[61]. For him, whereas fiction underlines discordance, scientific writings seek for clarity[62]. Moreover, "when factual texts develop an intrigue, that would seem mainly to be because of a real ignorance shared by the narrator and the addressees"[63]. A non-emotional, clear and plot-less language in factual narratives: Baroni highlights exactly these elements of the Rankean definition of the "historical" style mentioned above. In other words, Baroni is still thinking within the framework of the historicist "genre effect" in seeking to describe the boundary between fictional and factual narratives. He also argues that:

> "history can be read or told *as a novel*, but this comparison is itself evidence of a difference within the similarity, and this difference is maintained as long as the cultural form to which fiction belongs is recognizable as such and plays its own pragmatic role"[64].

He is right to say that the comparison "history as a novel" still indicates a distinction between the two of them, and the majority of Western historians respect the practice of non-emotional historical language today. But such a comparison is possible only by forgetting the influence of the historicist "genre effect" on the definition of historical style used by Baroni. The "genre effect" works particularly strongly when it is assumed or forgotten, as can also be seen

58 Genette recognizes that "il n'y a pas d'archigenres qui échapperaient totalement à l'historicité *tout en conservant une définition générique"*, because "comment définir l'épique en dehors de toute référence au modèle et à la tradition homérique"? (*G. Genette*, Introduction à l'architexte, Paris 1979, 75 and 74).

59 See *Macé*, Le genre littéraire (see n. 57), 15.

60 *Baroni*, L'œuvre du temps (see n. 21).

61 *Ibid.*, 57.

62 *Ibid.*, 291.

63 *Ibid.*, 27.

64 *Ibid.*, 65.

in a statement by Umberto Eco: he says that the protagonists of the *Pendulum of Foucault* "imagine that even the entire story told by the Gospels is an effect of an invention"[65]. The word *even* shows here that Eco thinks and writes in a cultural context, in which it is usually assumed that the Gospels are not an overall fiction, and in which "the Gospels" implicitly means "the canonical Gospels". Any kind of comparison between literary genres implies generally assumed definitions within a specific cultural framework. Consequently, Baroni is quite right to add that the difference between literary genres has temporal limits, and "maintains" itself in association within a specific cultural form. We can rightly ask if such a limit has not been reached today.

On the one hand, the entire pre-modern writing of history contradicts the dichotomy between emotions and historical language and claims to read history as belonging to rhetoric. On the other hand, voices such as those of Ricœur and Ankersmit claim emotional historical memories, whether happy or traumatic. Moreover, we are beginning to face a kind of "de-disciplinisation" of history that allows it to overrule its historicist stylistic and disciplinary limits. Hayden White has chosen to write a piece of theatre as a historical testimony about 9/11, and suggests as a reference point for "historical writing" the example of Sebald with his *Austerlitz*[66]. It is, of course, possible to undermine such perspectives as "exceptions", even if Ricœur and White recognized Primo Levi's writing as the best way to say something about the Shoah[67]. But in my opinion, the phenomenon could be on the point of expanding. For example, Pierre Briant, professor of Ancient History at the Collège de France in Paris, wrote a small book about Alexander the Great in 2008. It is a letter to Alexander, written in a very intimate, free and emotional style. Stepping outside the limits of temporality, it ends in the way of a usual e-mail, sent to Alexander: "we'll keep in touch?"[68]. Such a book can, of course, be deciphered in a reductionist way, as a mere gesture of freedom on the part of a great scholar at the end of his glorious academic career. It could also indicate that part of the historical memory ineluctably escapes from the historicist literary genre and needs new stylistic means of expression.

Paying attention to the present various cultural memories in the world, we probably need diverse styles of historical writing today, "disciplined" and "undisciplined" styles, the undisciplined style allowing the emotional language to have currency again. I am not pretending that such a claim is easy, or without

65 *Eco*, On Literature (see n. 6), 232.

66 *White/Rogne*, The Aim of Interpretation (see n. 30), 75 and 74.

67 See *Ricoeur*, Memory (see n. 16), 175f. and *H. White*, Figural Realism. Studies in the Mimesis Effect, Baltimore/London 1999, 42.

68 *P. Briant*, Lettre ouverte à Alexandre le Grand, Histoire, Paris 2008, 231.

risks: we may remember, for example, Quintilian who only granted the use of emotions in rhetoric when it is demanded by the "public interest"[69], an ambiguous notion. But the fantastical historicist negation of any kind of emotional implication in writing history has demonstrated its limits. For my own part, I undeniably work within a "disciplined history" but with the clear consciousness that historical and cultural memories also need today "undisciplined history". So, even while staying in the secure domain of disciplined history, there is a need to consider the practical consequences of the transformation of Lucian's mirror into the plural "distorting mirrors" of Carlo Ginzburg[70].

Lucian perceived historical writing as something mediated by the mind of the historian, which he represented as a "mirror"[71]. As I have previously argued, this mirroring process was transformed by Leopold von Ranke into an open-window on the past, since he claims to "bloss zeigen, wie es eigentlich gewesen"[72]. If Lucian focused on the modalities of the events (ὡς ἐπράχθη), Ranke wished to reach the *Wesen*, and claimed that the *eigentlich gewesen* could *bloss zeigen*. The simplicity implied by the words *eigentlich* and *bloss* reinforces the illusory aspect of this open window. Modernity and post-modernity bring us before a new period, where the sources can be represented as several distorting mirrors, according to Ginzburg: "sources are neither open windows, as the positivists believe, nor fences obstructing vision, as the sceptics hold: if anything, we could compare them to distorting mirrors"[73]. In the New Testament field, have we sufficiently realized the consequences of this change of historical metaphor? I honestly believe that we are still thinking inside the framework of the historicist "genre effect", as demonstrated by this statement where Knut Backhaus and Gerd Häfner are seeking to think carefully about the present historical challenges:

---

69 *Quintilian*, Institutes 6.1.7: "None the less they must admit that appeals to emotion are necessary if there are no other means for securing the victory of truth, justice and the public interest"; quoted by *T. H. Olbricht*, Pathos As Proof in Greco-Roman Rhetoric, in: *T. H. Olbricht/J. L. Sumney* (ed.), Paul and Pathos, SBL.SyS 16, Atlanta 2001, 7–22: 20.

70 See *Ginzburg*, History (see n. 54), 25.

71 See *Lucian*, How to Write History 51.

72 *Ranke*, Geschichte (see n. 50), 4: "Man hat der Historie das Amt, die Vergangenheit zu richten, die Mitwelt zum Nutzen zukünftiger Jahre zu belehren, beigemessen; so hoher Ämter unterwindet sich gegenwärtiger Versuch nicht: er will bloss zeigen, wie es eigentlich gewesen". An erroneous genealogy has been made between Lucian and Ranke, as I have shown: Paul Veyne overaccentuated a supposition made by Momigliano (see *Clivaz*, L'ange et la sueur [see n. 9], 122f.).

73 *Ginzburg*, History (see n. 54), 25.

> "Erhellen wir die Leitlinien lukanischer Kreativität, gewinnen wir zugleich jene Kriterien, die es uns ermöglichen, Apg nicht nur als Spiegel lukanischen Selbstverständnisses zu lesen, sondern auch als Fenster in die vorlukanische Wirklichkeit. Dass die so erarbeitete Perspektive gebrochen und beschränkt bleibt, gehört zur *condition historique*"[74].

Why do we find it difficult to renounce the mirror and the window, even though we know that the historical perspective is a broken one? Listening to Ginzburg, New Testament scholars are challenged to recognize that there is no window any more, not even a single mirror any more, but instead several distorting mirrors, with no hope of ever re-assembling these fragments into a global historical jigsaw. At the same time, we have no right to forget any of these mirrors, according to the "demands borne by the very old word *history*", as François Hartog insists[75]. Consequently, I continue to resist the Ricoeurian happy memory and selective forgetting, even though I do recognize the danger of the collective "hauntedness", expressed in what is for me a very lucid and realistic sentence of the *Memory*:

> "Hauntedness is to collective memory what hallucination is to private memory, a pathological modality of the incrustation of the past at the heart of the present, which acts as a counterweight to the innocent habit-memory, which also inhabits the present, but in order to 'act it' as Bergson says, not to haunt it or torment it"[76].

Il faut bien vivre, that's Ricœur's point. We have no right to forget any distorting mirror, but it is not possible to live within a continually haunted perspective. That is what Ricœur meant in *Memory*, although he should probably have avoided attempting to offer the hope of a resolution in the epilogue. A non-haunted form of social human life requires that the frontier between reality and fiction, sanity and madness, continue to be collectively maintained. That is what we can do by carrying on gathering ancient sources, these distorting mirrors, by focusing sometimes on some, sometimes on others, but ceaselessly, tirelessly. It is the reason for which the boundary between reality and non-reality can only be represented as a process, so well described by Charles S. Peirce:

> "The very origin of the conception of reality shows that this conception essentially involves the notion of a COMMUNITY, without definite limits, and capable of an indefinite increase of knowledge. And so those two series of cognitions – the real and the unreal – consist of

---

74 *K. Backhaus/G. Häfner*, Zwischen Konstruktion und Kontrolle. Exegese als historische Gratwanderung, in: Historiographie und fiktionales Erzählen (see n. 2), 131–136: 133.

75 See n. 37 above.

76 *Ricœur*, Memory (see n. 16), 54.

those which, at a time sufficiently future, the community will always continue to reaffirm; and of those which, under the same conditions, will ever after be denied"[77].

As a member of this unlimited scholarly community at work, I will seek to consider my New Testament sources as a series of distorting mirrors among others, by thinking about the question of the Lukan literary genre. The analysis of two emotional expressions taken from the canonical Gospels (Lk 24.41a and Jn 11.33) will underline the importance of paying attention to emotional language in disciplined historical research.

3. New Testament, History and Sources as Distorting Mirrors

3.1 Luke-Acts and Literary Genre as a Category of Reception

What is the perception obtained of the literary genre of the Lukan work, at a time characterized by a metacritical perception of literary genre? After at least forty years of thinking about Lukan "historiography", it is particularly important to turn again to Willem van Unnik's 1979 article: van Unnik clearly knew that by comparing Luke-Acts with ancient historiography, he glossed over the fact that Luke-Acts was not a political history and that the history of a religious movement was quite unexpected in Antiquity[78]. But for him, this text had nevertheless a noble subject, since it concerned "the entire world, all nations, [... and] humans facing the ultimate decision about eternal life or death"[79]. What European exegete could still write that today if he/she makes any claim to speak beyond a Christian academic circle? Yet, such ideas forcefully contributed to promoting Luke-Acts as historiography. If research about Luke-Acts has spent so much energy in deliberating the literary genre of this work, it is mainly because the perception of the New Testament is shifting in the cultural context of the West[80]. Considering this issue and the present metacritical perception of

---

77 *N. Houser et alii* (ed.), The Essential Peirce. Selected Philosophical Writings, vol. I, Bloomington/Indianapolis 1992, 52.

78 See *W. C. van Unnik*, Luke's Second Book and the Rules of Hellenistic Historiography, in: J. Kremer (ed.), Les Actes des Apôtres. Traditions, rédaction, théologie, BEThL 48, Leuven/Gembloux 1979, 37–60: 39.

79 *Ibid.*, 49.

80 See the summary of the question in Clivaz, L'ange et la sueur de sang (see n. 9), 54: "La question du genre littéraire de Luc-Actes est au cœur d'un débat plus que vigoureux, qui s'explique premièrement parce que le contexte de lecture des textes du corpus du Nouveau Testament est en train de se modifier; deuxièmement parce que le concept de genre littéraire est perçu aujourd'hui comme problématique, un débat venu de la critique littéraire, mais qui la déborde désormais; troisièmement en raison de l'énoncé même de la préface de l'Evangile selon Luc 1,1–4:

the notion of literary genre, I suggested in *L'ange et la sueur de sang* that the genre of Luke-Acts should be considered as a category of the reception[81]:

> Luke-Acts only became fully history – conventional history – after the IVth century and up to the beginning of the XIXth century. It could be said that in the XXIst century the interpretation of Luke-Acts has become split in the West between sacred history – for some – and literature – for many – and sacred and conventional history for others[82]. But Luke-Acts was never history in the conventional sense without also being *sacred history*, as can be seen in Jerome[83]. This history goes hand in hand with ecclesiastical historiography and will remain that way form Eusebius onwards[84].

And before the 4th century? What could be said about the perception of the Lukan work? One should probably wisely just stay with the definition given by Cadbury of διήγησις: "In referring to his predecessors, Luke is satisfied to call their work simply a 'story' (διήγησις, Luke 1:1). Probably no more technical name would be felt necessary for his own work"[85]. This term is also perfectly appropriate for situating Luke-Acts in the emergence of a generic kind of prose during the Second Sophistic, a prose with a "strong encyclopaedic desire", to use Montes Cala's terminology[86]. Such a prose arose in a culture where the boundary between fiction and reality was weakened. When Lucian of Samosates chooses to devote a book to the false prophet Alexander, he calls it "*historia*", but as a concession of which he is not very proud:

> "No doubt, my dear Celsus, you think it a slight and trivial matter to bid me set down in a book and send you the history of Alexander [...]. I blush for both of us, I confess, both for you and for myself – for you because you want a consummate rascal perpetuated in memory

---

l'auteur y assume, même brièvement, la persona auctoriale critique, mais refuse la distinction entre *outsider* et *insider*, ouvrant ainsi au débat du genre littéraire."

81 On literary genres as categories of the reception, see *Macé*, Le genre littéraire (see n. 57), 21.

82 This question is today viewed in different ways, even within the Western context, for example in Europe or in the US.

83 See *Jerome*, Letter 92.10.

84 *Clivaz*, L'ange et la sueur (see n. 9), 175 (English translation). On the last point, see *Hartog, Le témoin*, 14.

85 *H. J. Cadbury*, The Making of Luke-Acts, New York 1927, 136. For a discussion of Cadbury's influence on the classification of Luke-Acts in history, see *C. Clivaz*, Luke, Acts and the Ancient Readership: The Cultures of Author, Scribes and Readers in New Testament Exegesis, in: Rethinking the Unity and Reception of Luke and Acts (Religious Studies), A. Gregory/K. C. Rowe (éd.), Columbia, SC: University of South Carolina Press, 2010, 153–171: 157–159.

86 *J. G. Montes Cala*, La explotación literaria del hecho histórico en la novela de Caritón, Excerpta Philologica 10–12 (2000–2002), 119–144: 121.

and in writing, and for myself because I am devoting my energy to such an historia (ἐπὶ τοιαύτῃ ἱστορίᾳ)[87].

In other words, at the end of the second century, a strange διήγησις can be written by Lucian and be considered to be a special *historia* (ἐπὶ τοιαύτῃ ἱστορίᾳ). Such a context will allow the Christian *diegeseis* to become special histories, and then in the 4th century, conventional history. In the dialogue with other disciplines, it is very important to keep this evolution of the Lukan literary genre in mind. As New Testament scholars, we speak about *diegeseis*, which became for a while similar to common conventional history and which have varied status today, depending on geographical, cultural or even individual frameworks. Consequently, what happens when Knut Backhaus and Gerd Häfner say that the Emmaus' fiction "ist kein *mendacium*, sondern *aliqua figura veritatis*"[88]? They express something very important for them: this text leads to the truth, even if it is *aliqua* truth, because "nur dort, wo [*fictio*] ins Bedeutungslose führt, wird sie zur Lüge"[89]. Such a claim has also been made about other stories, like this anonymous scholia about Hesiod commenting on the tears of blood that Zeus sheds over his son Sarpedo's death: "Because even if it is fictitious (πλάσμα), yet it is to be understood as true (ὡς ἀληθές), and indeed in this way it will also console"[90]. Zeus' tears of blood or Emmaus are here both presented as "true fictions". We are confronted here precisely with the challenge to consider a variety of distorting mirrors side by side: *only an evolving perception of the literary genre of Luke-Acts in history could allow them to be looked at simultaneously*.

But do Christian theologians have to abandon any kind of aspiration to an *aliqua figura veritatis* in a time of "distorting mirrors"? At this point, New Testament scholars also urgently need to engage in collaboration with systematic scholars: what does a *sola scriptura* "true for us" mean, in view of the fact that, realistically, this "us" begins to strain at the seams within Western culture? What does it mean to construct a collective Christian identity, where conventional history and Christian history – or "holy history" – scarcely overlap, in textbooks as well as in individual minds? What does it mean to re-enact the sentence "Christ is my life" (Phil 1.21), without transforming it into a collective haunting

87 *Lucian*, Alexander the False Prophet 1.2, in: A.M. Harmon (ed.), Lucian, Vol. IV, LCL 162, London/Cambridge 1992, 177.

88 *Backhaus/Häfner*, Zwischen Konstruktion (see n. 74), 132.

89 *Ibid.*

90 *Hesiod*, Scholia in Theogoniam 98, L. di Gregorio (ed.), Scholia Vetera in Hesiodi Theogoniam, Scienze filologiche e letteratura 6, Milan 1975, 20. English translation in *T. Papadopoulou* (ed.), Literary Theory and Terminology in the Greek Tragic Scholia. The Case of PLASMA, BICS 43 (1999), 203–210: 206.

presence? Only active collaboration between a range of biblical scholars and systematic scholars could lead to a new conception of *sola scriptura* such as Christian theology needs today. As for the Lukan field, the transformation of the cultural relevance of Christianity in Western thought is already a great opportunity. Indeed, Paul's claim that "for this was not done in a corner" in Acts 26.26 clearly can no longer be understood as the wish for a universal conquest or claim[91], but rather it represents a small distorting mirror in composite ancient and modern worlds. No less, no more. It is from such a perspective that we can undertake the exploration of two passages from the Gospels of Luke and John.

3.2 Undisciplined Emotional Language (Lk 24.41a and Jn 11.33)

Paying attention to emotional language can help to throw light on some points where ancient and varied Christian memories cross, as the first example illustrates. In Lk 24.41a, the disciples, seeing the resurrected Jesus, are depicted as "still disbelieving for joy and in amazement" (ἔτι δὲ ἀπιστούντων αὐτῶν ἀπὸ τῆς χαρᾶς καὶ θαυμαζόντων). This expression, which generally surprises commentators[92], shows the influence of the rhetorical training of the Lukan author. As I have analyzed elsewhere[93], the expression is rooted in the definition of ἄγη, such as is given by Eudemus in his manual of rhetoric: "ἄγη: joy (χαρά). Amazement (θαῦμα). Disbelief (ἀπιστία). Desire. Some: sacred. In Herodotus *desire*, in Homer *terror*. Flowing of tears. Brokenness. Ruin"[94]. The juxtaposition of joy, amazement and disbelief corresponds to an ancient literary topos that Kyzler calls "the contrast of the emotions"[95], in romantic stories such as

91 See *van Unnik*, n. 78 above.

92 See *J. A. Fitzmyer*, The Gospel according to Luke, vol. II, New York 1985, 1572; or the silence of *J. A. Kelhoffer*, Miracle and Mission, WUNT II/112, Tübingen 2000, 92 and 114. Or the particular reading of Lk 24.41a in Codex Alexandrinus (see *R. Swanson* [ed.], New Testament Greek Manuscripts. Variant Readings Arranged in Horizontal Lines Against Codex Vaticanus. Luke, Sheffield 1995, 417).

93 See *C. Clivaz*, 'Incroyants de joie' (Lc 24,41). Point de vue, histoire et poétique, in: RRENAB (ed.), Regards croisés sur la Bible. Etudes sur le point de vue. Actes du IIIe colloque international du Réseau de recherche en narrativité biblique. Paris 8–10 juin 2006, Lectio Divina hors série, Paris 2007, 184–195: 186.

94 ἄγη: χαρά. θαῦμα. ἀπιστία. ζῆλος. ἔνιοι ἱέρεια. Παρ' Ἡροδότῳ βασκανία. παρ' Ὁμήρῳ ἔκπληξις· πηγή. θραῦσις. κλαῦσις. ἀπώλεια. (*Eudemus*, *Περὶ λέξεων ῥητορικῶν*, fol. 3, ligne 33, B. Niese [ed.], Excerpta ex Eudemi codice Parisino n. 2635, Philologus suppl. 15 [1922], 145–160). Similar evidence is found in L. Bachmann (ed.), Anecdota Graeca: Lexica Segueriana, entry α, vol.1, Leipzig 1828, 9.

95 See *B. Kytzler*, Der Regenbogen der Gefühle. Zum Kontrast der Empfindungen im Antiken Roman, Scholia 12 (2003), 70.

Callirhoe. I have found it also in Xenophon, Polybius and Josephus[96]. Consequently, it can be said that in Lk 24.41a there are found "culturally constructed emotions", to adopt the expression used by Ellen van Wolde[97].

Furthermore, the enquiry into Lk 24.41a has demonstrated that the use of such a rhetorical topos helps the Lukan author to handle a scene that is variously represented among ancient Christian sources. Lk 24.41a is actually the only passage that attributes disbelief to all the disciples before the resurrected Jesus. Indeed, Mk 16.13 shows, in a story apparently associated with the Emmaus scene, that the disciples do not simply *not believe*, but rather they do not believe the story of the two disciples coming back. Jn 20.20 shows the twelve as full of sheer joy before Jesus, while in the *First Apocalypse of James* 42.23f., Jesus "rebuked the twelve and cast out of them contentment"[98]. Recently, a further emotional element was pointed out to me by Jenny Read-Heimerdinger: in Lk 24.33 in Codex Bezae, Cleopas and the anonymous disciple are in a state of profound grief after the disappearance of Jesus, which confirms that the early emotional Christian memories about Emmaus and the appearance to the disciples differ. *Given such a diversity, the Lukan "disbelief for joy" could represent a way of handling a key-moment, corresponding to a range of points of view among his addressees.*

The second example is the issue of the emotional language used in Jn 11.33: "[Jesus] was greatly disturbed in spirit and deeply moved" (ἐνεβριμήσατο τῷ πνεύματι καὶ ἐτάραξεν ἑαυτόν). The Johannine use of ἐμβριμῶμαι and ταράσσω for Jesus is a highly complex and disputed question. In his comment on Jn 13.21, Jean Zumstein clearly took a stand in favour of the interpretation of a Jesus afraid in the face of death[99]:

> "Le verbe 'troubler' (ταράσσειν) doit être interprété sur la base de son occurrence joh: il décrit l'émotion ressentie par Jésus lorsqu'il est confronté à la mort, expression par excellence de la réalité opposée à Dieu. Le Christ est troublé 'en esprit' (τῷ πνεύματι), c'est-à-dire dans son moi le plus intime"[100].

---

96 For example, in *Xenophon*, Hellenica VII.2.9; *Polybius*, *Histories* 9.21.1; *Josephus*, *Jewish Antiquities* 12.91.

97 See *E. van Wolde*, Sentiments as Culturally Constructed Emotions. Anger and Love in the Hebrew Bible, BibInt 16/1 (2008), 1–24.

98 *W. R. Schoedel* (trans.), The Nag Hammadi Library in English, J. M. Robinson (ed.), San Francisco, CA, 1990, 268.

99 I leave this quotation in French, as a homage to Zumstein's magnificent achievement in French, as well as in German and English.

100 *J. Zumstein*, L'Évangile selon saint Jean (13–21), CNT 4b, Geneva 2007, 37.

He continues in note 12:

> "Le verbe ταράσσειν ('troubler'), appliqué au Christ, apparaît, outre notre passage, en 11,33, où il décrit l'émotion ressentie par Jésus à la vue du chagrin provoqué par la mort de Lazare, et en 12,27 – le 'Gethsémané' joh – où il évoque le trouble éprouvé par le Christ confronté à l'imminence de sa mort. Dans les deux cas, il y va de l'effroi suscité par la proximité de la mort"[101].

Zumstein specifies that the interpretation of "prophetic inspiration" (Becker and Bultmann) is not confirmed by the Johannine use of the concept, and that in 13.21, the main point is not the rejection of Jesus by his followers but the proximity of the Passion[102]. He links the expression ἐταράχθη τῷ πνεύματι in 13.21 with Ps 41.7 LXX[103]. Zumstein attaches great importance to the Johannine use of terminology and he interprets Jn 11.33; 12.27 and 13.21 as expressing Jesus' inner turmoil, prompted by the nearness of his death. In contrast, Michael Theobald, in his 2009 commentary on John 1–12, is reluctant to interpret Jesus as troubled by death in Jn 11.33 and 12.27. He underlines that Jn 11.34 shows a Jesus who is, in fact, sensitive to the present pain of the people around him[104]. In Jn 12.27, he agrees with Schnakenburg that the verb ταράσσειν expresses a strong inner tension, but not a fear in the face of death, because of the exhortation to be *not* troubled in Jn 14.1,27[105]; he compares Jn 12.27 with Ps. 6.4,8 LXX[106]. It is true that Zumstein does not include the question of Jn 14.1,27 in his commentary on 13.21, and that he views 12.27a in the same way as 11.33 and 13.21, without commenting on the effect of 12.27b,c on 12.27a: "And what should I say – 'Father, save me from this hour'? No, it is for this reason that I have come to this hour". It is clear that all these passages (Jn 11.33; 12.27; 13.21; 14.1,27) have to be taken into account for their interpretation, as well as all the information of Jn 12.27a,b,c.

Another important observation to note is that Theobald groups ἐμβριμῶμαι and ταράσσω under the same interpretation, whereas ἐμβριμῶμαι is a specific term in the New Testament where it refers in other occurrences to Jesus reprimanding somebody (Mk 1.43; 14.5 and Mt 9.30). Focusing attention on this particular term, in 1927 Campell Bonner introduced a third way of interpreting Jn 11.33, an interpretation reworked by Becker and Bultmann as "prophetic

---

101 *Ibid.*, 37, n. 12.

102 *Ibid.*, 37, n. 12.

103 *Ibid.*, 37, n. 13.

104 See *M. Theobald,* Das Evangelium nach Johannes. Kapitel 1–12, RNT, Regensburg 2009, 738.

105 See *ibid.*, 806.

106 See *ibid.*, 807.

inspiration"[107]. For Bonner, the interpretation of ἐνεβριμήσατο τῷ πνεύματι καὶ ἐτάραξεν ἑαυτόν in Jn 11.33 is thaumaturgic and concrete, without any room for a possible "pneumatic prophecy" but focused on the "frenzy of the shaman"[108]. Bonner concludes thus his detailed lexical and philological inquiry: "To sum up, the group of words that we have been examining may be said to denote violent rage accompanied by visible or audible manifestations of emotion. [...] I venture to translate [Jn 11.33] 'the Spirit set him in a frenzy and he threw himself into disorder'"[109]. Bonner's reading continues to be of considerable interest more than 80 years later, since he proposes a very specific description of Jesus as a wonder-working shaman. He indicates that he is reacting against a too "modern" and "emotional" reading of the passage: ἐνεβριμήσατο has to be "divested of modern emotional connotations"[110]. He points to parallels such as the Pythoness, who is troubled by a "bad spirit", to explain Jn 11.33,38 and 13.21, and notes that the first occurrence of ταράσσειν in Jn 5.2–7 describes a thaumaturgic phenomenon. However, he does not mention the other occurrences of ταράσσειν in John 12.27 and 14.1,27.

Among these three different interpretations, it may be noted that no interpretation really considers all the Johannine occurrences of the two verbs ἐμβριμῶμαι and ταράσσειν. Moreover, while Bonner carries out a fairly exhaustive lexical and philological enquiry into ἐμβριμῶμαι, he does not point out the more striking element: the association of this verb with *pneuma* seems to be a Johannine creation, because, as far as I have been able to establish, *no literary or documentary Greek text shows knowledge of this expression before Jn 11.33*. Such an observation has led me to consider the Johannine narrative use of both these verbs together with their philological background, particularly in connection with the spirit. This double enquiry explains why commentators see Jesus here either as a very particular wonder-worker (see Bonner), or as a man afraid before death (Zumstein) and as such, close to us as people (Origen[111]). *The key point to note is that we have, on the one hand, a very specific Johanine expression – ἐνεβριμήσατο τῷ πνεύματι in Jn 11.33 – and, on the other, a present, multivalent and socially constructed emotion ἐταράχθη τῷ πνεύματι in Jn 13.21.*

The hypothesis I propose for understanding the use of these two verbs in John is that the Johannine author inherits two traditional points, which he seeks to transform by the notion of "spirit". These two traditional points are the

---

107 See *Zumstein*, L'Évangile selon saint Jean (see n. 100), 37, n. 12.

108 *C. Bonner*, Traces of Thaumaturgic Technique in the Miracles, HTR 20 (1972/3), 171–181: 176.

109 *Ibid.*, 176.

110 Ibid., 177.

111 See *Origen*, Commentary on John 32.18.225–227.

association of ἐμβριμῶμαι with Jesus, in accordance with Synoptic traditions or memories and, secondly, the association of Ps 6.4,8 LXX and/or Ps 41.7 LXX with Jesus. Both points are problematic for the Johannine author, and he seeks to reinterpret this heritage by associating ἐμβριμῶμαι and ταράσσω with the spirit. By doing that, he nevertheless creates an ambivalence in 13.21, since he uses an expression (ἐταράχθη τῷ πνεύματι) that has echoes of a socially constructed emotion.

This hypothesis can be demonstrated by a simultaneous diachronic and synchronic reading. The various occurrences of ἐμβριμῶμαι and ταράσσειν in John are: the water troubled by an angel (Jn 5.4,7); Jesus greatly disturbed in spirit and deeply moved (ἐνεβριμήσατο τῷ πνεύματι καὶ ἐτάραξεν ἑαυτόν in Jn 11.33); Jesus greatly disturbed again in himself (οὖν πάλιν ἐμβριμώμενος ἐν ἑαυτῷ in Jn 11.38); the allusion to Ps 6 and the comment following (νῦν ἡ ψυχή μου τετάρακται in Jn 12.27); Jesus deeply moved in spirit (ἐταράχθη τῷ πνεύματι in 13.21); a double exhortation by Jesus to his disciples not to let their hearts be troubled (Jn 14.1,27). This list alone shows diversity in the uses of the verb. Apparently, the troubled water and the particular verb ἐμβριμῶμαι first led to a thaumaturgic interpretation. If Bonner is correct, it is actually possible that Mk 1.43; 14.5 and Mt 9.3 were understood in this sense at the end of the 1st century. But the author seems to rework this background by creating the association between ἐμβριμῶμαι and the spirit. Since we have a very specific and new expression with ἐνεβριμήσατο τῷ πνεύματι, I assume that we have here the echo of an authorial choice.

"The spirit" has strong occurrences in the text prior to 11.33 (Jn 1.32f.; 3.5f.,34; 4.23f.; 6.63; 7.39). In the first occurrence at Jn 1.32, the spirit is said to *remain* on Jesus[112] (1.32), an important detail that allows the following occurrences to be interpreted in this light. So, if Jesus ἐνεβριμήσατο, it is not to reprimand anyone as in Mark or Matthew, but it is "in spirit": the verb expresses something more positive and important; the specific expression ἐνεβριμήσατο τῷ πνεύματι removes it from the thaumaturgic and magical field. Jn 11.38 confirms that ἐμβριμῶμαι refers to an inner emotion of Jesus, and not to an external utterance or accusation, as in the Synoptics. In Jn 11.33, the verb ἐτάραξεν appears and apparently merely reinforces ἐνεβριμήσατο. Jn 12.27a sheds light, then, on what is going on with ταράσσειν in connection with Jesus, with the implicit inter-textuality with Ps 6.4,8 LXX. Jn 12.27b,c, as well as the absence of the narrative of the prayer on the Mount of the Olives, show that this inter-textuality is not guaranteed as such. The only trouble possible is "in the spirit",

112 See the comment of *P. E. Kinlaw*, The Christ Is Jesus. Metamorphosis. Possession and Johannine Christology, Academia Biblica 18, Atlanta 2005, 128. She compares Jn 1.32 with the opposing notion found in the *Gospel of the Ebionites* (see *Epiphanius*, Panarion 30.13.7).

as 13.21 shows. Such spiritual trouble is totally compatible with the invitation to have an untroubled heart (14.1,27).

Nevertheless, this narrative line is truly jeopardized for readers in Antiquity – as well as for modern ones – because ἐταράχθη τῷ πνεύματι corresponds to a common expression, unlike ἐνεβριμήσατο τῷ πνεύματι. This expression appears notably in many medical or scientific treatises at the beginning of our era[113]. A very similar expression occurs, for example, in Plutarch, quoting Theophrastus about the octopus, an animal that he compares to a coward: "Why does the octopus change its colour? Is it, as Theophrastus says, because this animal, shy by nature, changes colour when its spirit is troubled (ταραχθῇ τρεπόμενον τῷ πνεύματι), as happens with human beings when they are afraid? That is where the proverb comes from: 'The coward is often afraid and changes colour'"[114]. Such a manifestation of fear is rejected by *TestPat* 2.5.1: "Therefore was Joseph comely in appearance and goodly to look upon, because no wickedness dwelt in him; for some of the trouble of the spirit the face manifesteth." *TestPat* 10.6.5 even equates a troubled soul (τεταραγμένη ἡ ψυχή) with a soul tormented by a bad spirit (βασανίζεται ὑπὸ τοῦ πονηροῦ πνεύματος). These two highly significant occurrences serve to explain how the trouble expressed in Ps 6.4,8 could have seemed suspect, a possible sign of fear or of the action of a bad spirit. Jn 12.27b,c show that 12.27a has to be reworked to be acceptable, and how it is important to associate the inherited ταράσσειν with "the" spirit in 13.21.

The theme of the spirit in John, a spirit that *remains* on Jesus from 1.32 onwards, allows one to affirm that it is not a bad spirit that troubles Jesus in 13.21. Nevertheless, the association of ταράσσειν with the *pneuma* is so frequent as a culturally constructed emotion in the Johannine framework that it will be often heard as expressing Jesus' fear in the face of death, as is the case with Alexander in Diodorus[115]. This cultural effect is so strong that Origen can even comment on ἐνεβριμήσατο τῷ πνεύματι saying that this expression demonstrates that Jesus is "made like us", whereas it is a totally new expression in John[116]. *The cultural emotional resonance here, for ancient and modern readers, is apparently stronger that any purpose belonging to the narrative author.* Such a diachronic and synchronic

---

113 Alongside the several attestations in Galen, see also, for example, *Plutarch*, De tuenda sanitate praecepta 129 B and 130E; Aetia physica 19.912F; *Soranus*, Gynaeciorum libri IV, 1.46.10; *Aelius Promotus*, Περὶ τῶν ἰοβόλων θηρίων καὶ δηλητηρίων φαρμάκων 59.6.

114 *Plutarch*, Aetia physica 19.916 B: Πότερον, ὡς Θεόφραστος ᾤετο, δειλόν ἐστι φύσει ζῷον· ὅταν οὖν ταραχθῇ τρεπόμενον τῷ πνεύματι, συμμεταβάλλει τὸ χρῶμα καθάπερ ἄνθρωπος· *Plutarch*, Natural Explanations 19 916B = *Theophrastus* fr. 365C, in: *W. W. Fortenbaugh/P. M. Huby/R. W. Sharples/D. Gutas* (ed.), Theophrastus of Eresus. Sources for his Life, Writings, Thought and Influence, Leiden 1992.

115 See *Diodorus*, Historical Library 17.112.4.

116 See *Origen*, Commentary on John 32.18.227.

reading of two emotional verbs allows one to understand the emergence of the diverse readings of this passage. To see it from Baroni's perspective, an exhaustive reading of the emotional verbs ἐμβριμῶμαι and ταράσσω in the Gospel according to John and in their cultural framework, brings to light a narrative discordance between cultural temporality and narrative temporality[117]. Such an example confirms, as Umberto Eco said, that "the intentions of the empirical author count for little"[118] in the diverse readings of the history of a work's reception.

4. An Opening: Beyond the Metaphor of Mirrors

No one could say that it is easy to think at a time characterized by the blurring of the boundaries between reality and fiction, but it is challenging and is also necessary because of the profound cultural changes taking place in the Western world. If disciplined history is to recognize the right of undisciplined history to exist, it has itself to become more modest in its claims. At the same time, it is free again to face up to the emotional language used in the distorting mirrors-sources. New lines of enquiry are now opened up: for dealing with literary *and* documentary papyri; for reading canonical *and* apocryphal texts; for reading Christian *and* non-Christian texts, and so on. Let me conclude with a challenge. The Western episteme is day after day moving beyond the waiting-room of post-modernity to explore the new period now beginning: I would be inclined to call it "the digital era"[119]. On our endless computer screens, the distorting mirrors-sources do not appear as threatening and disturbing enemies any more. The possibility to work with many different texts open in different windows on the computer screen is teaching to us to deal simultaneously with a range of sources. They invite us just to think differently. The computer screen offers a new concrete image to express our access to knowledge and the quest for history, beyond the metaphor of the mirrors. Let's just "really think about it"[120].

---

117 See, for example, *Baroni*, L'œuvre du temps (see n. 21), 18–22.

118 *Eco*, On Literature (see n. 6), 232; quoted in part 1 above.

119 For a reflections on the New Testament and the digital era, see *C. Clivaz*, The New Testament at the Time of the Egyptian Papyri. Reflections Based on P12, P75 and P126 (P. Amh. 3b, P. Bod. XIV–XV and PSI 1497), in: Reading New Testament Papyri in Context – Lire les papyrus du Nouveau Testament dans leur contexte. Actes du colloque des 22–24 octobre 2009 à l'Université de Lausanne (BETL 242), C. Clivaz/J. Zumstein (eds.), with Jenny Read-Heimerdinger and Julie Paik; Leuven: Peeters, 2011, 15–55: 17–25.

120 *Eco*, On Literature (see n 6), 233; quoted in full in section 1.

Asphaleia

Lukanische Geschichtsschreibung im Rahmen des antiken Wahrheitsdiskurses

Knut Backhaus, München

Das ist das Paradox der Geschichte:
Der Historiker, der forscht,
wird zum sprachlichen Schöpfer der Welten,
die er erforscht.
Wo ist dann Wahrheit?

Johannes Fried[1]

Stellen wir uns vor: Theophilus setzt Lukas die Pistole auf die Brust, nötigt ihn zur Auskunft über die Frage, ob sein Doppelwerk referenztreu sei oder fiktionaler Natur. Die Reaktion des Lukas ist eine dreifache: Er erkundigt sich zuerst nach dem Unterschied zwischen Referenztreue und Fiktionalität. Er räumt sodann freimütig ein, dass vieles in seinem Doppelwerk von ihm oder anderen erfunden sei. Er fragt schließlich verblüfft, warum ihn Theophilus deshalb mit einer Pistole bedrohe.

Diese Eingangsszene hat mit der hellenistisch-reichsrömischen Historiographie allerlei gemeinsam: Ich habe sie erfunden. – Ich zweifle nicht an ihrer Wahrheit. – Ich habe sie, stolz auf meine Imagination, gleichwohl ein wenig abgekupfert, nämlich von Christopher Pelling, der sie freilich am Beispiel des Tacitus erprobt.[2] – Bei alledem treibe ich ein offenes Flunkerspiel, denn mir ist

1 Wissenschaft und Phantasie. Das Beispiel der Geschichte, in: HZ 263 (1996), 291–316: 300.

2 *Chr. Pelling*, Truth and Fiction in Plutarch's *Lives*, in: D. A. Russell (Hg.), Antonine Literature, Oxford 1990, 19–52: 49f.

schon klar, dass spätestens bei der anachronistischen Erwähnung der Pistole meine Fiktion durchschaubar wird.

Referenztreue ist kein antikes Ideal, sondern eine neuzeitliche Illusion. Was die jüngere Geschichtswissenschaft als notwendiges Übel entdeckt – wir konstruieren auch dann, wenn wir ein *Re-* vor die Konstruktion setzen[3] –, das sah die antike Historiographie weithin als ästhetischen Gestaltungsspielraum und ernsthafte Wahrheitschance. Ihr Wahrheitsbegriff ist weich: Ein historischer Sachverhalt muss nicht *ganz wahr* sein; er darf auch nicht *unwahr* sein; er sollte *hinreichend wahr* sein, um *aus gutem Grund* erzählt zu werden.[4] Im Folgenden geht es mir darum, das Modaladverb «hinreichend» sowie die Umstandsangabe «aus gutem Grund» für den antiken Wahrheitsdiskurs abzuwägen und für das lukanische Doppelwerk genauer zu bestimmen.[5]

1. Klio tanzt – oder: Geschichtsschreibung und Wahrheitsdiskurs

1.1 Bestimmung und Bestimmungsfaktoren narrativer Wahrheit

Wahrheit ist in der hellenistisch-reichsrömischen Vergangenheitskonstruktion eine pragmatische Kategorie.[6] Sie ist für den szenischen Erzähltext als sachliche

---

3 Zur Diskussion vgl. *J. Schröter/A. Eddelbüttel* (Hg.), Konstruktion von Wirklichkeit. Beiträge aus geschichtstheoretischer, philosophischer und theologischer Perspektive, TBT 127, Berlin 2004; *G. Häfner*, Konstruktion und Referenz: Impulse aus der neueren geschichtstheoretischen Diskussion, in: K. Backhaus/ders., Historiographie und fiktionales Erzählen. Zur Konstruktivität in Geschichtstheorie und Exegese, BThSt 86, Neukirchen-Vluyn (2007) ²2009, 67–96.

4 Vgl. *Pelling*, Truth (s. Anm. 2), bes. 42f., 49 (mit Blick vor allem auf Plutarchs *Bioi*).

5 Ich benutze den Begriff der Historiographie einfachheitshalber für die literarische Vergangenheitskonstruktion unter Einschluss der Biographie: Zwischen beiden Zweigen, die mitunter voneinander abgehoben werden (oft zitiert: Pol. 8,11,3–8; 10,21,5–8; Nep., praef. 1; Plut., Nikias 1,5; Alexander 1,2), bilden sich im Bereich der aktantenzentrierten Geschichtsschreibung hellenistisch-reichsrömischer Zeit zunehmend Schnittfelder. Die Bestimmung «hellenistisch-(früh-)reichsrömisch» sei ungefähr auf die Zeit zwischen Polybios und Lukian von Samosata bezogen; dabei werden maßgebliche Entwürfe der klassischen Geschichtsschreibung und bezeichnende Rezeptionsweisen der späteren Zeit nicht aus unserer Betrachtung ausgeklammert. Selbstverständlich ist das Adjektiv-Paar nicht mit «griechisch-lateinisch» zu verwechseln. Gleichwohl dürfte, wenn irgendwo, so im Feld der Historiographie die griechische Literatur die lateinische (und umgekehrt) beeinflusst haben. Zur formalen wie sachlichen Symbiose als elementarem Wesenszug der römischen Geschichtsschreibung vgl. *D. Timpe*, *Memoria* und Geschichtsschreibung bei den Römern (1996), in: ders., Antike Geschichtsschreibung. Studien zur Historiographie, hg. v. U. Walter, Darmstadt 2007, 64–85: 79f. – Die Abkürzungen antiker Autoren und Werke folgen in diesem Aufsatz DNP III (1997), XXXVI–XLIV.

6 An anderer Stelle habe ich die These zu belegen versucht, dass hellenistisch-frühreichsrömische Historiographie im Hauptstrom einen Mischtypus darstellt, der die Rekonstruktion extratex-

Angemessenheit zu bestimmen, als *adaequatio narrationis ad rem*, wobei sich die *res* sehr flexibel darstellt. Sie richtet sich (idealtypisch[7])

(a) nach der Textgattung und, damit verbunden, dem narrativen Ziel

> Historiographische Textsorten tendieren zur Stiftung sozialen Ordnungswissens, biographische Textsorten zur Stiftung ethischen Wertwissens, dikanische Textsorten zur Stiftung parteiischen Zweckwissens.[8] Den unterschiedlichen Erzählabsichten will auch die konventionelle Unterscheidung von pragmatischer, rhetorischer und mimetischer Geschichtsschreibung Rechnung tragen.

(b) nach den Adressaten in einer bestimmten sozialen Verstehenssituation und, damit verbunden, dem lebenspraktischen Formungswillen des Erzählers

---

tualer Sachverhalte mit ordnenden Konstruktionselementen aus Rhetorik, mimetischer Kunst (Epos, Drama, Roman) und paideutischem Traktat zur narrativen Kohärenz verbindet. Diese Untersuchung setze ich hier voraus und greife nur wahlweise illustrierend auf sie zurück; vgl. *K. Backhaus*, Spielräume der Wahrheit: Zur Konstruktivität in der hellenistisch-reichsrömischen Geschichtsschreibung, in: ders./G. Häfner, Historiographie (s. Anm. 3), 1–29.

7 Dabei vereinfacht die These insofern idealtypisch, als die Textgattungen Schnittfelder und offene Grenzen aufweisen, die Adressaten als Gruppe oder Einzelne verschiedene Verstehensanliegen hegen können, der rhetorische Spielraum nicht von der kulturellen Enzyklopädie getrennt werden kann usw. Eine Literaturtheorie der Geschichtsschreibung hat sich in hellenistischer Zeit nicht entfaltet (vgl. Cic., de orat. 2,15 §§ 62–64). Wir sind auf die methodologischen und kompetitiven Zwischenbemerkungen der Geschichtsschreiber, karge Auskünfte der Biographen und sehr begrenzte Überreste eines zweifellos eingehend geführten Diskurses verwiesen. Aufschlussreich sind die rhetorischen Wissensspeicher, zumal deren *narratio*-Partien nicht spezifisch von forensischen Gesichtspunkten geprägt sind (vgl. Quint., inst. 2,4,2f.18f.; 10,1,31–34; 10,5,15; 12,4; 12,11,17); zum Zusammenhang von forensischer Rhetorik und Geschichtsschreibung vgl. näher *E. Kessler*, Das rhetorische Modell der Historiographie, in: R. Koselleck/H. Lutz/J. Rüsen (Hg.), Formen der Geschichtsschreibung, Beiträge zur Historik 4, München 1982, 37–85: 38–58. Sehr instruktiv untersucht die Relevanz historiographischer Rhetorik im lukanischen Doppelwerk *C. R. Rothschild*, Luke-Acts and the Rhetoric of History. An Investigation of Early Christian Historiography, WUNT II/175, Tübingen 2004. Zur (eng mit literarisch-stilistischen Fragen verwobenen) geschichtstheoretischen Diskussion in der Antike sind besonders zu nennen: Thuk. 1,20–22; Cic., de orat. 2,12–15 §§ 51–64; Ciceros Lucceius-Brief fam. 5,13 (12); Dion. Hal., Περὶ τοῦ Θουκυδίδου χαρακτῆρος; Quint., inst. 10,1,73–75.101–104; Plut., Περὶ τῆς Ἡροδότου κακοηθείας; Lukian., Πῶς δεῖ ἱστορίαν συγγράφειν. Wahrscheinlich wäre Plutarchs nicht überkommene Schrift Πῶς κρινοῦμεν τὴν ἀληθῆ ἱστορίαν (Lampriaskatalog n. 124) für unsere Fragestellung wertvoll gewesen.

8 Das Verb «tendieren» sei betont: Besonders die rhetorische Geschichtsschreibung etwa hat anscheinend den moralischen Lehreffekt hoch geschätzt.

Pointiert gesagt: Was als erzählerische Wahrheit zu betrachten ist, entscheidet sich nicht an der kritischen Auswertung von Quellengut, sondern am Gewicht der gruppeneigenen Tradition und an der Gedächtnisstrategie der sozial bestimmenden Elite.[9]

(c) nach dem rhetorischen Duktus

Geltungsansprüche werden nicht einfach erhoben und begründet, sondern oratorisch, eidetisch und pathetisch inszeniert. Im Allgemeinen sah sich der Historiograph eher vor der Aufgabe, die Wahrheit zu vermitteln als zu erforschen.

(d) nach dem Quellenzugang

Autopsie und Zugang zu verlässlicheren Quellen bzw. zu Quellen überhaupt werden (mehr oder minder) geschätzt. Wo keine Quellen zur Verfügung stehen, z. B. bei der Kindheit von wichtigen Handlungsträgern oder in ethnischen Frühzeiten, wird der Fiktionalitätsspielraum erweitert.

(e) nach dem metahistorischen Verstehensrahmen und dem jeweiligen Zugang zur kulturellen Enzyklopädie.

Daraus folgt: Die Re-Konstruktion der geschichtlichen *res* wird durch die Gegenwart bestimmt, nicht nur die Konstruktion als solche, sondern auch Auswahl, Inhalt, Umfang und Farbe des *Re-*. Das Präsens ist die einzige Daseinsform der Geschichtsschreibung: Sie wird von den Erkenntnisgrenzen und -interessen der Gegenwart bestimmt. Wenn Lukian von Samosata (hist. conscr. 39) den Geschichtsschreibern die einzige Aufgabe zuteilt, zu sagen, «wie es eigentlich gewesen» (Τοῦ δὴ συγγαφέως ἔργον ἕν – ὡς ἐπράχθη εἰπεῖν – wir kennen dieses Diktum durch Leopold von Ranke[10]), greift er verräterischerweise auf die Metapher vom Spiegel zurück (vgl. hist. conscr. 51). Wir haben keine Fenster in die Vergangenheit; wir haben nur die optische Projektion; Geschichtsschreibung spiegelt uns selbst.

1.2 Der Fiktionalitätsvertrag

Im Unterschied zum Historismus des 19. und 20. Jahrhunderts weiß die antike Geschichtsschreibung um ihre Perspektivität und pflegt diese. Mehr als δόξα

---

9 Vgl. *Timpe*, Memoria (s. Anm. 5), 71. Wahrscheinlich ist es kein Zufall, dass jene Geschichtsschreiber, die sich noch am ehesten unabhängig äußern, Thukydides und Polybios, zuvor durch Verbannung bzw. Deportation sozial entwurzelt wurden.

10 *L. von Ranke*, Geschichten der romanischen und germanischen Völker von 1494 bis 1514, Sämmtliche Werke 33, Leipzig (1824) ^{3}1885, VII; vgl. näher *R. Koselleck*, Standortbindung und Zeitlichkeit. Ein Beitrag zur historiographischen Erschließung der geschichtlichen Welt (1977), in: ders., Vergangene Zukunft. Zur Semantik geschichtlicher Zeiten, Frankfurt a. M. 1979, 176–207: 178–183, 195–202.

will sie nicht bieten, wenn auch literarisch gepflegte δόξα.[11] Gleicht – nach dem beißenden Bild von Peter Lampe[12] – Rankes Streben nach dem «eigentlich Gewesenen» dem Versuch, mit einem Seil den Mond zu erklimmen, so übt sich der antike Geschichtsschreiber im Freistil des narrativen Seilspringens: Nicht die Länge des Seils ist es, die über die Qualität entscheidet, sondern die Fertigkeit, mit ihm umzugehen. Anders gesagt: Nicht als Wissenschaft galt Geschichtsschreibung, sondern als (mehr oder minder) literarische Kunst.[13] Erst die Neuzeit hat die kritisch-pragmatische Geschichtsschreibung als solche schätzen gelernt: Polybios galt den Zeitgenossen als öde; Thukydides eroberte sich seine so beachtliche wie begrenzte Stellung weniger als Historiker denn als attizistisches Stilmuster.[14] Es waren, bezeichnend genug, jene Passagen, die Thukydides offen als fingiert ausweist, die den Tag überlebten: die Reden, in denen sich – weit über den peloponnesischen Krieg hinaus – eine düstere Anthropologie hohen Ranges abzeichnet. In alldem bringt sich eine grundlegende und vielfach variierte Einsicht der aristotelischen *Poetica* zur Geltung, die man als literaturtheoretische Geburtsanzeige des fiktionalen Genres lesen darf: Der Geschichtsschreiber – Wirklichkeitsmensch im Sinne Musils – stellt dar, was geschehen *ist*, der Dichter – Möglichkeitsmensch –, was geschehen *kann*: «Deshalb ist Dichtung philosophischer und wesentlicher als Geschichtsschreibung: Die Dichtung handelt nämlich von der allgemeinen Wahrheit, die Ge-

11 *R. Nicolai*, The Place of History in the Ancient World, in: J. Marincola (Hg.), A Companion to Greek and Roman Historiography I, Malden, Mass., 2007, 13–26: 17–19.

12 *P. Lampe*, Der Modellfall Auferstehung Jesu. Zu einer konstruktivistischen Theorie der Geschichtsschreibung, in: EvTh 69 (2009), 186–193: 193.

13 Nepos etwas geringschätzig über Catos *Origines: in quibus multa industria et diligentia comparet, nulla doctrina* (Cato 3,4); vgl. Cic., de orat. 2,12f. §§ 51–54; fam. 5,13 (12),5.

14 An kritischer Pragmatik herrschte in hellenistisch-kaiserzeitlicher Ära schon deshalb kein reges Interesse, weil deren Sitz im Leben geschwunden war: die informierte Meinungsbildung einer bürgerlichen Gemeinde im politischen Willensbildungsprozess. Zur begrenzten Wahrnehmung von Thukydides und Polybios vgl. E. Gabba, True History and False History in Classical Antiquity, in: JRS 71 (1981), 50–62: 50–52. Quintilian nennt Herodot 4-mal und Thukydides 6-mal; zum Vergleich mit anderen griechischen Autoren: Demosthenes ist bei Quintilian 60-mal, Homer 41-mal, Plato 40-mal genannt. Eine vergleichsweise hohe Belegzahl haben Thukydides (156) und mehr noch Herodot (304) bei Plutarch; Dionys von Halikarnass nennt Thukydides 24-mal, Herodot 16-mal (Demosthenes 73-mal, Homer 37-mal, Plato 44-mal); vgl. näher *T. Morgan*, Literate Education in the Hellenistic and Roman Worlds, Cambridge Classical Studies, Cambridge (1998) 2000, 94–100, 317–319. Im gattungsgeschichtlichen Überblick über die griechische Geschichtsschreibung (de orat. 2,13f. §§ 55–58) nennt der ciceronische Antonius Thukydides aufgrund seiner stilistischen Vorzüge neben dem von Polybios so heftig gescholtenen Timaios (*longe eruditissimus*); Polybios selbst fehlt ebenso wie im Lesekanon Quintilians (inst. 10,1,73–75).

schichte dagegen vom Einzelfall» (poet. 1451a–b; vgl. 1447b; 1460a–b[15]). Die Fiktion in der Historiographie macht Ernst mit der Grunderfahrung, dass Literatur sich nicht in Referenz erschöpft.[16]

Zwischen dem antiken Geschichtsschreiber und seinen Adressaten herrscht ein sublimes Fiktionalitätsabkommen: Die Rolle des Verfassers ist es, den Adressaten in eine Vergangenheit zu führen, die keinen anderen ontischen Status haben kann als den der Imagination; die Rolle des Adressaten ist es, so zu tun, als ob er daran glaube.[17] Plutarch hat das Abkommen mit entwaffnender Nonchalance auf den Punkt gebracht: «Möge uns also gegeben sein, durch Vernunft das sagenhaft Erzählte blank zu putzen, dass es gehorche und das Aussehen von Geschichte (ἱστορίας ὄψιν) annehme. Wo es indes eigensinnig verschmäht, sich glaubwürdig zu machen, und die Zumischung zur Wahrscheinlichkeit nicht annehmen will, wollen wir um geneigte Hörer/Leser bitten und solche, die die Altertumskunde in wohlwollendem Sinn aufnehmen.» (Theseus 1,3; vgl. Liv., praef. 6f.)[18] Coleridge hat (für den *poetic faith*) diese Haltung ebenso anmutig wie angreifbar als *willing suspension of disbelief* beschrieben.[19] Mitunter wird sie von antiken Geschichtsschreibern auf der Meta-Ebene problematisiert.[20] Den klassischen Fall bietet der Methodenabschnitt des Thukydides (1,20–22). Mitunter wird sie auch karikiert. Den klassischen Fall zeichnet Lukian: Der Geschichtsschreiber hält, mit seiner Autopsie gestikulierend, öffentliche Vorlesungen zu Korinth über den Partherkrieg, erzählt von Schlangen und Schlachten

---

15 διὸ καὶ φιλοσοφώτερον καὶ σπουδαιότερον ποίησις ἱστορίας ἐστίν· ἡ μὲν γὰρ ποίησις μᾶλλον τὰ καθόλου, ἡ δ' ἱστορία τὰ καθ' ἕκαστον λέγει (poet. 1451b). Zur Diskussion vgl. *W. Rösler*, Die Entdeckung der Fiktionalität in der Antike, in: Poetica 12 (1980), 283–319: 308–312; *H.-J. Horn*, Zum neunten Kapitel der aristotelischen Poetik, in: RMP 131 (1988), 113–136, bes. 117–130; *M. Puelma*, Der Dichter und die Wahrheit in der griechischen Poetik von Homer bis Aristoteles (1989), in: ders., Labor et Lima. Kleine Schriften und Nachträge, hg. v. I. Fasel, Basel 1995, 111–151: 139–142.

16 Dazu durchdringend *K. Stierle*, Erfahrung und narrative Form. Bemerkungen zu ihrem Zusammenhang in Fiktion und Historiographie, in: J. Kocka/Th. Nipperdey (Hg.), Theorie und Erzählung in der Geschichte, Beiträge zur Historik 3, München 1979, 85–118.

17 Vgl. *J. R. Searle*, The Logical Status of Fictional Discourse (1974/75), in: ders., Expression and Meaning. Studies in the Theory of Speech Acts, Cambridge (1979) 1999, 58–75. Das Denkmodell des Fiktionalitätsvertrags wurde wesentlich durch Umberto Eco entwickelt; vgl. *U. Eco*, Six Walks in the Fictional Woods, Cambridge, Mass., 1994, 75–96.

18 εἴη μὲν οὖν ἡμῖν ἐκκαθαιρόμενον λόγῳ τὸ μυθῶδες ὑπακοῦσαι καὶ λαβεῖν ἱστορίας ὄψιν, ὅπου δ' ἂν αὐθαδῶς τοῦ πιθανοῦ περιφρονῇ καὶ μὴ δέχηται τὴν πρὸς τὸ εἰκὸς μῖξιν, εὐγνωμόνων ἀκροατῶν δεησόμεθα καὶ πρᾴως τὴν ἀρχαιολογίαν προσδεχομένων.

19 *S. T. Coleridge*, Biographia Literaria or Biographical Sketches of My Literary Life and Opinions II, hg. v. J. Engell/W. Jackson Bate, Collected Works 7/2, London/Princeton, NJ, 1983, 6.

20 Vgl. Cic., Brut. 11 §§ 42f.; leg. 1,1–5; satirisch Lukian., ver. hist. 1,1–4. Sehr verwandt für die Dichtkunst: Hor., ars 11: *hanc veniam petimusque damusque vicissim* – «Solche Freiheit erbitten und gewähren wir uns gegenseitig» – jedoch ist nicht einmal diese Freiheit unbegrenzt (vgl. ars 12f.).

im fernen Osten und schlägt sein Publikum mit exotischer Erfahrung und militärischer Sachkunde in Bann, obschon es doch weiß, dass er nicht einmal das Gemälde einer Schlacht je gesehen hat, ist er doch aus der Innenstadt niemals auch nur in Richtung Kenchräa gelangt (vgl. hist. conscr. 29).

Dieses Beispiel zeigt, dass der Leser geschichtlicher Werke nicht immer so willig sein muss, seinen Unglauben zu suspendieren. Bei einem eindeutig fiktionalen Werk ließe sich eine solche Rezeptionsverweigerung nur mit Bosheit oder Naivität erklären; die einschlägigen Beispiele stiften Vergnügen.[21] Anders verhält es sich mit der hellenistisch-reichsrömischen Historiographie, denn hier verlaufen die Grenzen zwischen Referenz und Konstruktion alles andere als eindeutig. Mehr noch: Die antike Literaturtheorie, so differenzierungsfreudig sie im Blick auf Textsorten war, hat keine gattungskritische Unterscheidung zwischen fiktionaler und non-fiktionaler Literatur getroffen. Daher ist das Fiktionalitätsabkommen meist kein Formularvertrag, und wenn doch, gibt es zweifellos viele, die die allgemeinen Geschäftsbedingungen nicht verstehen. Vermutlich gilt das auch für uns selbst: Dem Großwerk des Livius, das für eine Pionierleistung frühkaiserzeitlicher Geschichtsschreibung zu halten wir geneigt sind, bescheinigt ein Kenner wie Dieter Timpe «die Naivität eines anachronistischen historischen Romans», wenn auch in den «Dimensionen eines Brockhaus».[22] Erst recht treiben uns etwa die Kyrupädie oder das, was wir von Artapanos kennen, in die gattungskritische Verlegenheit, während Chariton von Aphrodisias Chaireas und Kallirhoe zwischen dem Syrakus des Hermokrates und dem Persien des Artaxerxes irren lässt, durch jene Welt also, die wir von Thukydides und Xenophon her kennen. Dass breitere Leserschichten nicht erst in der heutigen Gesellschaft außerstande sind, das Wahrheitsspiel zu durchschauen,[23] belegt noch im vierten Jahrhundert Kaiser Julian, der in seinem Bildungsbemühen die paganen Priester mahnt, im Unterschied zu den Phantasien von

---

21 König Viktor Emmanuel III., nicht gerade subtiler Kunstfreund, bleibt bei der Eröffnung einer Ausstellung vor dem ergreifend schönen Bild einer Berglandschaft mit Dorf stehen, mustert es lange, wendet sich dann an den Ausstellungsleiter und fragt ihn: «Wie viele Einwohner hat dieses Dorf?» (*Eco*, Walks [s. Anm. 17], 75). Die biblische Rezeptionsgeschichte ist voll von – zum Teil sehr produktiven – Missverständnissen dieser Art. Fiktive Gestalten wie Veronika drängen zur geschichtlichen Verkörperung (durch Tuch-Reliquien, Erinnerungsorte, Nachahmung usw.); reale Gestalten wie Petrus drängen zur literarischen Fiktionalisierung (in der romanhaften Fortschreibung). Im Heiligen Land weiß man bei Jericho jene Karawanserei zu zeigen, in der der Samaritaner aus dem Gleichnis den verletzten Wanderer untergebracht hat.

22 *Timpe*, Memoria (s. Anm. 5), 83.

23 Einer, der es wissen muss, Umberto Eco, weist darauf hin, dass es ab der ersten verkauften Million eines Romans unsicher wird, ob die Leser den Fiktionalitätsvertrag noch verstehen (Walks [s. Anm. 17], 75f.). Schriftsteller wie Dan Brown nutzen diese gattungskritische Unsicherheit moderner Leser dazu aus, ihren Fiktionen die scheinbare Relevanz sensationeller Entlarvung zu geben.

Juden und Christen zwischen ἱστορίαι (ὁπόσαι συνεγράφησαν ἐπὶ πεποιημένοις τοῖς ἔργοις) und Liebesromanen als πλάσματα (ὅσα δέ ἐστιν ἐν ἱστορίας ἔδει) zu unterscheiden (vgl. ep. fragm. 288A–305D: 301B)[24]. Man liest Romane, aber weiß es nicht recht.[25]

Wie offen die Fachsprache ist, belegen die *Progymnasmata*: διήγημα/διήγησις, so definiert Aelios Theon, ist «eine entfaltende Darlegung über Dinge, die geschehen sind oder als wären sie geschehen» (progymn. 78,16f.[26]; ganz ähnlich Ps.-Hermogenes, progymn. 2,1; Aphthonios von Antiochien, progymn. 2,1; vgl. Serv., Aen. 1,235). Auch das stolze Epitheton «historisch» hilft – trotz vielversprechender Ansätze bei der forensischen *narratio* in der lateinischen Rhetorik[27] – nur begrenzt weiter, denn der vermutlich seit Herodot von der allgemeinen «Erkundung/Kunde» auf die Geschichtsschreibung konzentrierte, Thukydides indes in diesem Sinn noch unbekannte und erst mit Ephoros eindeutig benutzte Fachterminus ist so schwammig wie die Sache selbst. Für die Suda sind die ἱστορικοί die Verfasser von Liebesromanen.[28] Fiktional und nicht-fiktional,

---

24 Vgl. *N. Holzberg*, Historie als Fiktion – Fiktion als Historie. Zum Umgang mit Geschichte im griechischen Roman, in: Ch. Schubert/K. Brodersen (Hg.), Rom und der Griechische Osten. FS H. H. Schmitt, Stuttgart 1995, 93–101: 94–96.

25 Zur historisierenden Verortung des Romans näher *E. Fuchs*, Pseudologia ΨΕΥΔΟΛΟΓΙΑ. Formen und Funktionen fiktionaler Trugrede in der griechischen Literatur der Antike, Bibliothek der klassischen Altertumswissenschaften II/91, Heidelberg 1993, 213–216; *J. R. Morgan*, Make-believe and Make Believe: The Fictionality of the Greek Novels, in: C. Gill/T. P. Wiseman (Hg.), Lies and Fiction in the Ancient World, Exeter 1993, 175–229, bes. 197–215; *Holzberg*, Historie (s. Anm. 24), bes. 99–101; *L. Alexander*, Fact, Fiction and the Genre of Acts, in: NTS 44 (1998), 380–399: 392–394; *N. Holzberg*, Der antike Roman. Eine Einführung, Darmstadt (1986) [3]2001, 26–30, 43–45. Zur poetischen Funktion des historiographischen Verweisspiels näher *C. W. Müller*, Chariton von Aphrodisias und die Theorie des Romans in der Antike, in: AuA 22 (1976), 115–136: 123–126. Es ist das Verdienst bes. von *Richard I. Pervo*, die romanhaften Darstellungselemente in Apg aufgezeigt zu haben; vgl. Profit with Delight. The Literary Genre of the Acts of the Apostles, Philadelphia, Pa., 1987; *ders.*, Acts, Hermeneia, Minneapolis, Minn., 2009, 14–18. Insofern solche Elemente zu den gängigen historiographischen Erzählmustern gehören, lassen solche Beobachtungen jedoch keineswegs eine gattungskritische Entscheidung zu.

26 Διήγημά ἐστι λόγος ἐκθετικὸς πραγμάτων γεγονότων ἢ ὡς γεγονότων. Die vereindeutigende Wiedergabe von διήγησις in allen maßgebenden Übersetzungen des lukanischen Proömiums (mit Ausnahme der Zürcher Bibel von 1931: «Erzählung») ist daher irreführend. Vgl. näher *T. P. Wiseman*, Lying Historians: Seven Types of Mendacity, in: C. Gill/ders. (Hg.), Lies (s. Anm. 25), 122–146: 129f.; *M. C. Parsons*, Luke and the *Progymnasmata*: A Preliminary Investigation into the Preliminary Exercises, in: T. Penner/C. Vander Stichele (Hg.), Contextualizing Acts. Lukan Narrative and Greco-Roman Discourse, SBL Symposion Series 20, Atlanta, Ga., 2003, 43–63: 51–56.

27 *Historia est gesta res, sed ab aetatis nostrae memoria remota im Unterschied zum argumentum, das die ficta res, quae tamen fieri potuit* zum Gegenstand macht, und zur f*abula, quae neque veras neque veri similes continet res* (Rhet. Her. 1,13); ähnlich Cic., inv. 1,19 § 27; Quint., inst. 2,4,2.

28 Vgl. *Müller*, Chariton (s. Anm. 25), 118, Anm. 15.

bemerkt Andrew Laird, sind in der antiken Literaturwahrnehmung nicht zwei entgegengesetzte Pole, sondern Richtungen auf einer Farbskala, die am Ende zwischen Rot hier und Violett dort changieren.[29] «Nur wer nichts zu sagen hat, kaut Quellen wieder», stochert in Daten herum, fischt ein paar Fakten heraus.[30] Der wahre συγγραφεύς vermag zwischen den Genres zu wechseln und aus verschiedenen literarischen Typen ein unverkennbares Ganzes zu machen. Für uns wird das Ganze so unüberschaubar: «Das Verhältnis der antiken Geschichtsschreibung zur äußeren Realität ist schwankend, mehrdeutig, facettenreich, ein wenig schlampig. In dieser Hinsicht wenigstens ist sie wie das Leben selbst».[31]

Halten wir fest: Geschichtsschreibung fand weder am non-fiktionalen noch am fiktionalen Ufer statt; sie schwamm im literarischen Strom. Gerade in dem, was wir als schwammig empfinden, lag für den antiken Leser der sportive Reiz. Was dabei herauskommt, ist das Dokudrama (englisch: *real fiction*!), die *faction*: die literarisch ergötzliche oder paideutisch belehrende Mischung aus *fact* und *fiction*. Damit stehen wir vor einem grundsätzlichen Problem: Wie weit reicht der Fiktionalitätsvertrag? Wodurch unterscheidet er sich von der Lizenz zum Lügen?

1.3 Die Fiktion als Wahrheitsfigur

An dieser Stelle scheint ein Caveat angebracht: Was ich bislang «Historiographie» genannt habe, ist ein Sammelbegriff für sehr verschiedene Arten der Vergangenheitskonstruktion, zwischen denen keine texttypologische Einheit besteht, sondern eher Familienverwandtschaft im Wittgensteinschen Sinn. Wie weit die Spielräume der Wahrheit sind, entscheidet sich an der Freiheit, die der Verfasser sich zumisst und der Adressat hinzunehmen kundig oder willig ist (wobei auch die Variable «Adressat» eine unübersehbare Vielzahl von Prämissen und Kompetenzen einschließt).

Dies vorausgeschickt, steht eines doch fest: Wahrheit bewegt sich in der antiken Geschichtsschreibung relativ frei, aber nicht willkürlich frei, sondern in bemessenen Spielräumen. Wollen wir diese ausmessen, so leistet uns die exordiale Topik wichtige Hilfestellung.

---

29 *A. Laird*, Fiction, Bewitchment and Story Worlds: The Implications of Claims to Truth in Apuleius, in: C. Gill/T. P. Wiseman (Hg.), Lies (s. Anm. 25), 147–174: 174.

30 So (inspiriert von Gerhard Ritter) mit ironischem Blick auf den heutigen Historiker *J. Fried*, Wissenschaft (s. Anm. 1), 303f.

31 *J. L. Moles*, Truth and Untruth in Herodotus and Thucydides, in: C. Gill/T. P. Wiseman (Hg.), Lies (s. Anm. 25), 88–121: 121.

(a) Ein Grundzug dieser Topik ist die Beteuerung des Wahrheitsanspruchs, bisweilen ergänzt durch die Kritik an anderen Geschichtsschreibern, die diesem Anspruch nicht genügen (Ios., bell. Iud. 1,30; c. Ap. 1,2–4; Thuk. 1,21f.; Diod. 1,4,1–5; Nik. Dam., vit. Aug. 2; Sall., Catil. 4,3; Dion. Hal., ant. 1,1,2; Liv., praef. 5; Tac., hist. 1,1,1–3; ann. 1,1,2f.; Arr., an. 1,1f.; 7,30,3; Cass. Dio 1,1,2; Herodian. 1,1,1–3; Prok., BP 1,3–6).[32] Wer einen Wahrheitsanspruch erhebt, hat ihn damit natürlich nicht schon eingelöst (vgl. Pol. 3,33,17). Wahrheitsbeteuerungen gehören, gern auch mit Eidleistung, zu den Kennzeichen von Fälschungen.[33] Lukian führt dies mit kaustischem Humor in seinen ἀληθῆ διηγήματα (ver. hist. 1,1–4.25f.40; 2,31; vgl. hist. conscr. 14) vor, und Seneca will gar nur zwei Sorten von Geschichtsschreibern unterscheiden: solche, die selbst lügen, und solche, die der Lüge zum Opfer fallen (vgl. nat. 7,16,1f.). Aber wer klagt und spottet, appelliert an öffentliches Moralempfinden. Die Wahrheit mag geschminkt, verkleidet, halb gekürzt und ganz erfunden sein. Sie besteht als Ideal und Maß.

In einem der seltenen Fälle, in denen sich uns ein Blick hinter die Kulisse auftut, bittet Cicero den Lucceius mit Blick auf die historiographische Darstellung seines Konsulats «offen wieder und wieder, dass du das Geschehene auch entschiedener ausschmückst, als du es vielleicht wahrnimmst, und in diesem Fall die Gesetze der Geschichtsschreibung hintanstellst (*leges historiae neglegas*) [...] und unserer herzlichen Freundschaft sogar ein klein wenig mehr zubilligst, als es die Wahrheit zulässt (*amorique nostro plusculum etiam, quam concedet veritas, largiare*)» (fam. 5,13[12],3).[34] Mag hier auch im Interesse von Tagespolitik und Eitelkeit um Wahr-

32 «Wer wüsste nicht, dass es das erste Gesetz der Geschichtsschreibung ist, dass sie nicht wage, etwas Falsches zu sagen? Sodann, dass sie nicht wage, etwas Wahres zu verschweigen, damit sich nicht der Verdacht einstellt, beim Schreiben habe Gunst oder Missgunst eine Rolle gespielt.» (Cic., de orat. 2,15 § 62) Freilich nicht ganz ohne geringschätziges Achselzucken: (Antonius:) «Was für einer Art von Redner und sprachbegabtem Menschen bedarf es deiner Ansicht nach, um Geschichte zu schreiben?» – (Catulus:) «Des höchsten Anspruchs, wenn es nach der Weise der Griechen geschehen soll, wenn nach unserer Weise, ist kein Redner vonnöten; es reicht schon, dass er kein Lügner ist.» (Cic., de orat. 2,12 § 51) Zum stilgeschichtlichen Hintergrund vgl. *A. Feldherr*, Cicero and the Invention of ‹Literary› History, in: U. Eigler u. a. (Hg.), Formen römischer Geschichtsschreibung von den Anfängen bis Livius. Gattungen – Autoren – Kontexte, Darmstadt 2003, 196–212.

33 Vgl. *W. Speyer*, Die literarische Fälschung im heidnischen und christlichen Altertum. Ein Versuch ihrer Deutung, HAW 1/2, München 1971, 60f.

34 Zu dem sehr aufschlussreichen Lucceius-Brief vgl. näher *J. Woodman*, Rhetoric in Classical Historiography. Four Studies, London/Portland, Oreg., 1988, 70–116; *K.-E. Petzold*, Cicero und Historie (1972), in: ders., Geschichtsdenken und Geschichtsschreibung. Kleine Schriften zur griechischen und römischen Geschichte, Historia. Einzelschriften 126, Wiesbaden 1999, 86–109, bes. 105–107; *E. Plümacher*, Cicero und Lukas. Bemerkungen zu Stil und Zweck der historischen Monographie (1999), in: ders., Geschichte und Geschichten. Aufsätze zur Apostelgeschichte und

heitsbeugung gebeten werden, so setzt dies doch voraus, dass etwas zu beugen ist, dass eben *leges historiae* im allgemeinen Bewusstsein verankert waren. Vor seine Bitte setzt Cicero eine Einsicht, der nicht ohne Grund Flügel wachsen sollten: *epistula ... non erubescit* (fam. 5,13[12],1). Es geht bei der Geschichtsschreibung tatsächlich um Wahrheit, sonst wäre nichts zu beugen – und die Gesichtsfarbe des Beugers bliebe konstant.

Sehen wir näher darauf, wie die Proömien Wahrheit kennzeichnen, so stoßen wir weniger auf Referenztreue gegenüber einem extratextualen Sachverhalt als auf Unparteilichkeit gegenüber den geschichtlichen Handlungsträgern.[35] Überprüfbarkeit der Datenlage ist das eine, Überlieferungstreue das andere, und hier entscheidet der Charakter des Erzählers.[36] Damit ist weniger gesagt, als wir heute unter «reflektierter Perspektivität» verstehen. Eine patriotische Sichtweise galt in der Regel als geboten;[37] die schichtenspezifische – etwa senatorische – Perspektive wurde nicht einmal als solche wahrgenommen.[38] Wahrheit ist primär kein induktives, sondern ein *deduktives Phänomen*. Sie wird weniger ermittelt als abgeleitet.

(b) Sodann: Wahrheit ist primär kein kognitives, sondern ein *ästhetisches Phänomen*. Sie wird weniger ermittelt als vermittelt. Damit sind wir beim zweiten

---

zu den Johannesakten, hg. v. J. Schröter/R. Brucker, WUNT 170, Tübingen 2004, 15–32, bes. 17–26.

35 Tacitus betont, er wisse sich gegenüber den Herrschern weder zu Abscheu noch zu Dankbarkeit verpflichtet (ann. 1,1,3: *sine ira et studio, quorum causas procul habeo*; vgl. hist. 1,1,4); die *veritas* leide in der Alleinherrschaft unter dem adulatorischen Ehrgeiz und der (nachfolgenden) Abrechnung mit den «Tyrannen» gleichermaßen (hist. 1,1,1–3); vgl. auch Thuk. 1,22,3; Sall., Catil. 4,2; Ios., bell. Iud. 1,1f.; Herodian. 1,1,2; ferner Cic., de orat. 2,15 § 62. Für Lukian ist der Verzicht auf parteiische Darlegung der schlechthinnige Maßstab angemessener Geschichtsschreibung (vgl. hist. conscr. 38–41). Zur Unparteilichkeit eingehend *J. Marincola*, Authority and Tradition in Ancient Historiography, Cambridge (1997) 2004, 158–174.

36 Bei Herodot gehen für Plutarch sachlicher Irrtum und angreifbarer Charakter Hand in Hand; sein Hauptfehler liegt indes offenkundig darin, dass er die böotischen Landsleute Plutarchs zu ungünstig darstellt (vgl. de Herod. malign. 1 [854F–855A]).

37 Die bemerkenswerte Unabhängigkeit der klassischen attischen Geschichtsschreibung stieß in hellenistisch-reichsrömischer Zeit auf Unverständnis: Plutarch kritisiert Herodot wegen seiner Unbefangenheit gegenüber Barbaren (vgl. de Herod. malign. 12–18 [857A–858F]) und seiner (zeitweiligen) Vorliebe für Athen (vgl. bes. de Herod. malign. 26 [861E–862B].41f. [871E–872B]); Dionys von Halikarnass kritisiert umgekehrt Thukydides, weil dieser bei der Darstellung des peloponnesischen Kriegs einen nicht-athenischen Standpunkt einnehme, und führt dies auf dessen Verbannung aus Athen zurück (ad Pomp. 3). Selbst Polybios bringt für Patriotismus ein gewisses Verständnis auf; Livius zelebriert ihn (vgl. praef. 11). Für Josephus liegt einer der Gründe, überhaupt Geschichte zu schreiben, darin, sich Dritte zu verpflichten (ant. Iud. 2).

38 Zur Identität von Wahrheits- und Unparteilichkeitsanspruch vgl. *Woodman*, Rhetoric (s. Anm. 34), 78–83; *T. J. Luce*, Ancient Views on the Causes of Bias in Historical Writing, in: CP 84 (1989), 16–31; *Wiseman*, Historians (s. Anm. 26), 126f.

Grundzug der exordialen Topik. Er liegt darin, dass die Relevanz der Darlegungen für den Leser betont wird (2Makk 2,24f.; Ios., ant. Iud. 1,5; Thuk. 1,22,4; Pol. 1,1; Diod. bes. 1,1,4–1,2,8; Sall., Catil. 4,4; Dion. Hal., ant. 1,1,2; Liv. praef. 9f.; Herodian. 1,1,3; Prok., BP 1,1f.). Neben der politischen Einsicht fordert Lukian vom Geschichtsschreiber die δύναμις ἑρμηνευτική, die kraftvolle Kunst, diese Einsicht einsichtig zu machen (hist. conscr. 34). Dionys von Halikarnass spricht vom ἄλογον τῆς διανοίας κριτήριον: Die Wahrheit will begriffen sein, aber auch ergreifen (de Thuc. 27).[39] Wahrheits- und Vermittlungsziel modifizieren sich wechselseitig. Eine Konstruktion kann den Wahrheitsanspruch aufheben. Sie kann ihn aber auch einlösen, und zwar im Interesse des Lektüregewinns. Die Wahrheit ist um die Klarheit zu ergänzen: Es genügt nicht, dass sie in sich ruht; man muss ihr gelegentlich auf die Sprünge helfen, damit sie nicht nur im Text erscheint, sondern auf den Adressaten ausgreift.

Die Fiktion *kann* daher, *muss* aber nicht Lüge sein. Die Unterscheidung zwischen der wahrheitswidrigen und der wahrheitstreuen Fiktion hat sich auch terminologisch niedergeschlagen.[40] Während ψεῦδος im hellenistisch-frühkaiserzeitlichen Griechisch wertneutral als Oppositionsbegriff zum tatsächlichen Sachverhalt gilt, mithin sowohl gezielte Täuschung als auch unwissentlichen Irrtum und dichterische Imagination umfasst, ist das Denotat von *mendacium* im Lateinischen eindeutig die moralisch verwerfliche Lüge.[41] Augustinus bringt es am klarsten zum Ausdruck: *Non enim omne quod fingimus mendacium est; sed quando id fingimus quod nihil significat, tunc est mendacium. Cum autem fictio nostra refertur ad aliquam significationem, non est mendacium sed aliqua figura veritatis* (quaest. Ev. 2,51,1).[42]

Geschichte will auf ihren inneren Kern hin (so, wie ihr Schreiber ihn sieht) transparent und greifbar gemacht werden, das heißt: geschaut, gefühlt, erlebt, verstanden. In diesem Sinn ist die Fiktion in der Tat nichts anderes als eine

---

39 Vgl. *M. Fox*, Dionysius, Lucian, and the Prejudice against Rhetoric in History, in: JRS 91 (2001), 76–93: 82f.

40 Zur semantischen Entwicklung von der griechischen Dichotomie Wahrheit/Pseudologia zur lateinischen Trichotomie Wahrheit/Fiktion/Fabel grundlegend *M. Hose*, Fiktionalität und Lüge. Über einen Unterschied zwischen römischer und griechischer Terminologie, in: Poetica 28 (1996), 257–274; zum Verhältnis der poetologischen Trias «wahr, wahrscheinlich, unwahr(scheinlich)» zum Geschichtsdrama vgl. auch *R. Häußler*, Studien zum historischen Epos der Antike II: Das historische Epos von Lucan bis Silius und seine Theorie, BKAW II/59, Heidelberg 1978, 212–231.

41 *Qui mentitur, ipse non fallitur, alterum fallere conatur* (Gell. 11,11,1). πλάττειν/πλάσμα als Übersetzungsäquivalent von *fingere/fictio* ist vermutlich dem Lateinischen nachgebildet, nicht umgekehrt (vgl. *Hose*, Fiktionalität [s. Anm. 40], 271–273).

42 «Nicht alles nämlich, was wir erdichten, ist Lüge, sondern wenn wir etwas erdichten, was nichts bedeutet, dann ist es Lüge. Sofern jedoch unsere Erdichtung sich auf irgendeine Bedeutung bezieht, ist sie nicht Lüge, sondern eine bestimmte Gestalt der Wahrheit.»

Figuration, die Wahrheit aufdeckt und darstellt. Am Ende zählt der Unterschied zwischen Fiktionalität und Referenztreue weniger als der zwischen einer angemessenen und sachdienlichen Fiktion einerseits und einer unangemessenen und verwerflichen Fiktion andererseits.[43]

Die entscheidende Frage lautet mithin: Wo liegt die Grenzscheide zwischen *mendacium* und *aliqua figura veritatis*? Die Antwort ist so alt wie die methodisch reflektierte Geschichtsschreibung überhaupt, denn sie findet sich im thukydideischen Methodenkapitel, und zwar bei der Begründung der Rede-Fiktionen, wurde aber weit darüber hinaus ausgedehnt. Selbst Polybios (z. B. 15,6,4–15,8,14; 36,1,1–3) und Lukian (z. B. hist. conscr. 45.58) verschließen sich ihr nicht. Es ist die ξύμπασα γνώμη, an der sich alles entscheidet (Thuk. 1,22,1).[44] Wenn eine Fiktion den Gesamtsinn der Geschichtsdynamik glaubwürdig widerspiegelt, so ist sie statthaft oder angebracht.

Damit haben wir ein Basiskriterium gewonnen und verstehen zugleich, warum der deduktive Wahrheitsbegriff uns schwammig vorkam: Was als ξύμπασα γνώμη wahrgenommen wird, hängt vom jeweils eigentümlichen Vergangenheitskonzept ab und ist je ein anderes beim schreibenden Staatsmann, Rhetor, Philosophen, Chronisten, ein anderes beim Sieger, Verlierer, Marginalisierten, Skeptiker oder heißblütig Glaubenden. Wahr im beschriebenen Sinn ist eine Erzählung, wenn ihr Plot dem Selbstbewusstsein der Gruppe (bzw. deren normativer Elite) entspricht, es entfaltet, vertieft und anleitet. Lügenhaft wird eine Erzählung nicht deshalb, weil sie Einzelheiten falsch darstellt, sondern weil sie ein «falsches Bild» vermittelt und damit das Selbstverständnis der Erinnerungsgemeinschaft in Frage stellt.

Während der postmodernen Historik die geschichtliche Wahrheit entgleitet, weil sich unübersehbar viele Sinnlinien durchkreuzen und verknäulen, zeichnet die antike Geschichtsschreibung die Sinnlinie in ein vorher bestehendes Koordinatensystem ein: das πρῶτον ψεῦδος, so möchten wir meinen. Aber das postmoderne Vernunftkonzept würde ψεῦδος dann neutral verstehen und vom

---

43 Vgl. *Pelling*, Truth (s. Anm. 2), 43.

44 Καὶ ὅσα μὲν λόγῳ εἶπον ἕκαστοι ἢ μέλλοντες πολεμήσειν ἢ ἐν αὐτῷ ἤδη ὄντες, χαλεπὸν τὴν ἀκρίβειαν αὐτὴν τῶν λεχθέντων διαμνημονεῦσαι ἦν ἐμοί τε ὧν αὐτὸς ἤκουσα καὶ τοῖς ἄλλοθέν ποθεν ἐμοὶ ἀπαγγέλλουσιν· ὡς δ' ἂν ἐδόκουν μοι ἕκαστοι περὶ τῶν αἰεὶ παρόντων τὰ δέοντα μάλιστ' εἰπεῖν, ἐχομένῳ ὅτι ἐγγύτατα τῆς ξυμπάσης γνώμης τῶν ἀληθῶς λεχθέντων, οὕτως εἴρηται. – «Und was sie auf allen Seiten in einer Rede gesagt hatten, als sie daran gingen, Krieg zu führen, oder bereits in ihm standen, dem genauen Wortlaut nach ins Gedächtnis zurückzurufen, war schwierig für mich, der ich selbst zugehört hatte, wie für jene, die mir von anderer Seite Bericht erstatteten. Doch wie sie nach meiner Meinung der Situation angemessen wohl am ehesten über den jeweiligen Sachstand hätten sprechen müssen, so soll die Rede, so eng wie möglich angeschlossen an den Gesamtsinn des tatsächlich Gesprochenen, hier stehen.»

Münchhausen-Trilemma sprechen oder von der notwendigen Wahl eines konstruktiven Präferenzsystems, anders gesagt: einer ξύμπασα γνώμη.

Daraus folgt: Je weiter der Verfasser die Perspektive über die Darstellung des *brutum factum* ausdehnt, je anspruchsvoller er auf Sinnsysteme ausgreift, desto freier werden seine Wahrheitsspielräume. Für die religiöse Stiftungs- und Herkunftsmemoria dürfen wir daher mit weiten Grenzen rechnen. Es ist möglich, die Dauer und Wegstrecke eines Feldzugs protokollgerecht wiederzugeben, dazu reicht ein chronologisches und topographisches Datengerüst (vgl. Cic., fam. 5,13[12],5; Lukian., hist. conscr. 4). Wo dagegen ein Bedeutung tragender und stiftender Geschichtszusammenhang erzählt wird, bedarf es der Wahrheitskunst. Diese freilich ist angreifbar, denn für den Sinnkonkurrenten – auch dies gehört zur exordialen Topik – ist das, was in diesem Kontext Gesamtsinn ist, stattdessen Lügengespinst (vgl. Ios., bell. Iud. 1,13–16; ant. Iud. 1,4; c. Ap. 1,53).[45]

Ich fasse zusammen: Die weiche Wahrheit antiker Geschichtsschreibung ist biegsam, aber nicht beliebig. Die Wahrheitsfrage zu stellen heißt hier also, die jeweils gegebenen Spielräume auszumessen und dabei jenen versteckten Gesamtsinn im Blick zu halten, der den Historiographen steuert.

Ich erlaube mir, meinen eigenen Wahrheitsanspruch ins Bild zu setzen: Klio, die Tochter der Titanin Mnemosyne, ist die Muse der Geschichtsschreiber. Sie lässt es nicht dabei, sich zu schminken. Sie tanzt auf dem Helikon im Kreis der anderen Musen, Hand in Hand mit Epik, Rhetorik und Drama. Glauben wir Hesiod, so singt sie dabei spielerisch-spöttische Lieder auf die Wahrheit (theog. 27f.).[46] Tanz ist eine höchst ungezwungene Bewegungskunst – und doch gelten hier unsichtbare Regeln. Wer sie verstanden hat, kann den Pirouetten der Wahrheit folgen. Darum:

2. Pheidias formt – oder: Geschichtsschreibung als Ordnungshandeln

2.1 Das Vergangenheitskonzept als geordnete Reimagination

Antike Geschichtsschreibung, so haben wir festgestellt, ist im Ansatz ein deduktiv-relationales Verfahren. Für diesen Ansatz hat die jüngere Geschichtswissenschaft den Begriff der Intentionalität geprägt. Die Geschichte wird

---

45 Der Bericht des Tacitus über den Exodus (hist. 5,2–5), gelesen neben den Parallelen bei Josephus, dürfte die deutlichste Dokumentation des hier Gemeinten bieten.

46 Zur Interpretation *W. Stroh*, Hesiods lügende Musen, in: H. Görgemanns/E. A. Schmidt (Hg.), Studien zum antiken Epos, BKP 72, Meisenheim am Glan 1976, 85–112.

durchformt und aufbereitet im Interesse des sozialen Funktionsgedächtnisses einer Gesellschaft (*society*) oder Teilgesellschaft (*community*). Sie ist die in der Tiefe der Vergangenheit verankerte Form des aktuellen Selbstbewusstseins einer Erinnerungsgemeinschaft.[47] Ist diese Erinnerungsgemeinschaft eine ethnische und/oder religiöse Minorität, die sich im kulturellen Dominanzrahmen einer Mehrheitsgesellschaft durch Erzählprosa zu affirmieren sucht und anderen Kulturgruppen prononcierte Alterität zuweist, wie es im römischen Reich etwa für Ägypter, Juden und die werdende Kirche der Fall war, so mag man von apologetischer Geschichtsschreibung sprechen.[48] Die ξύμπασα γνώμη fällt dann mit der Selbstdefinition der betreffenden Teilgesellschaft zusammen. Historische Fakten als solche wachsen und wechseln wahllos und wirr. Sie «liegen einfach nur herum», sie «erfüllen sich nicht». Intentionale Geschichtsschreibung ist jenes kultivierte Ordnungshandeln, das diese Fakten zu einem stimmigen und sinnstiftenden Gedächtnisbild einer Erinnerungsgemeinschaft zusammenfügt und ihrem Selbstbewusstsein einstiftet.

Die Aufgabe des Historiographen ist daher nicht das Erfinden, sondern das narrative Ordnen: Aus dem, was ihm vorliegt – Mythen, Legenden, Traditionen, Quellen, Augen- und Ohrenzeugenberichte, eigene Autopsie –, «schreibt» er produktiv Erzählung «zusammen».[49] Der συγγραφεύς bietet Zusammenhangwissen an, stellt damit die Adressaten selbst in Zusammenhänge und stiftet so orientierende Kohärenz.

Wo die bedeutungshaltigen Zusammenhänge verlassen werden, wird aus der *fictio* die unfachmännische Konstruktion, die Ordnungswidrigkeit, das *imperite absurdeque fictum* (Cic., rep. 2,15 § 28; vgl. Pol. 16,12,5–11[50]). *inventio* war eine geregelte Kunst.[51] Das Grundgesetz des πρέπον/*aptum*, des geziemenden Ma-

---

47 So maßgeblich – im Anschluss an die Konzepte einer funktionalen Erinnerungskultur bei Maurice Halbwachs, Aby Warburg, Jan und Aleida Assmann – *H.-J. Gehrke*, Mythos, Geschichte, Politik – antik und modern, in: Saec. 45 (1994), 239–264: 247, 252–257; *ders.*, Was ist Vergangenheit? oder: Die ‹Entstehung› von Vergangenheit, in: Chr. Ulf (Hg.), Der neue Streit um Troia. Eine Bilanz, München 2003, 62–81; *ders.*, Einleitung, in: M. Fludernik/ders. (Hg.), Normen, Ausgrenzungen, Hybridisierungen und ‹Acts of Identity›, Identitäten und Alteritäten 18, Würzburg 2004, 11–19; *ders.*, Die Bedeutung der (antiken) Historiographie für die Entwicklung des Geschichtsbewußtseins, in: E.-M. Becker (Hg.), Die antike Historiographie und die Anfänge der christlichen Geschichtsschreibung, BZNW 129, Berlin 2005, 29–51.

48 Mit *G. E. Sterling*, Historiography and Self-Definition. Josephos, Luke-Acts and Apologetic Historiography, NT.S 64, Atlanta, Ga., (1992) 2005, bes. 16–19.

49 συγγραφεύς ist der ursprüngliche Begriff für den Historiographen; mit dem Verb *componere/conscribere* kennzeichnen lateinische Geschichtsschreiber ihre Leistung.

50 Pol. 16,12,10: τάχα μὲν οὖν ἐν παντὶ δυσπαράγραφός ἐστιν ἡ ποσότης, οὐ μὴν ἀπαράγραφός γε – «Es mag schwierig sein, in jeder Hinsicht die Grenze zu ziehen, aber unmöglich ist es nicht.»

51 Zur Funktion der rhetorischen *inventio* in Theorie und Praxis der Geschichtsschreibung vgl. *Woodman*, Rhetoric (s. Anm. 34), 87–94, 176–179.

ßes, galt auch für die geschichtliche Erzählung. Was erzählt wurde, durfte nicht so falsch, so verwerflich oder so unstimmig sein, *ut reprehendatur* (Rhet. Her. 2,46).[52] Es gab, anders gesagt, kognitive, ethische und ästhetische Grenzen der Fiktion. Wo diese lagen, entschied das intendierte Publikum, entschieden aber auch, als unbestechliche Wahrheitsinstanz, die nachfolgenden Generationen der eigenen Erinnerungsgemeinschaft.[53]

Im Ganzen dürfte auf allen Ebenen antiker Geschichtsschreibung gelten, dass der Historiograph dem Plot seiner Erzählung und damit dem erwünschten Vergangenheitskonzept in fünffacher Weise ordnend nachhelfen kann und soll. Er gibt ihm kreativ Gestalt, Maß, Richtung, Farbe und Fülle, und zwar durch: (a) Inszenieren, (b) Komprimieren, (c) Arrangieren, (d) Kolorieren und (e) Explizieren.

(a) *Inszenieren*: Geschichte liegt amorph vor. Sie ist daher dem ganzen Menschen wahrnehmbar zu machen. Es genügt nicht, dass der Adressat «einen Begriff von etwas» bekommt; er soll erlebnisförmig zum Augen- und Ohrenzeugen werden. Denn das Ganze, sagt Quintilian, ist weniger als alles (inst. 8,3,69). Es sind daher Reden, letzte Worte des Sterbenden, Schlüsselszenen und Geschichten, die «die Geschichte» zum Subjekt transportieren. Den Regeln zur Ausfeilung der ἐνάργεια (ὑποτύπωσις) oder *sub oculos subiectio* (*evidentia*, *demonstratio*, *re-praesentatio, illustratio*) gilt lebhafte Aufmerksamkeit (vgl. bes. Rhet. Her. 4,68; Cic., de orat. 3,53 § 202; orat. 40 § 139; Quint., inst. 6,2,32; 8,3,61–71; 9,2,40; Ps.-Demetrios, de eloc. 209–220). Um Geschichte gleichzeitig werden zu lassen, bedarf ihr Erzähler der φαντασία *in concipiendis visionibus* (Quint., inst. 8,3,88): «Wir werden [...] erreichen, dass die Geschehnisse bar vor Augen liegen, wenn sie dem Wahren ähnlich wirken, und es wird erlaubt sein, auch fälschlich alles Mögliche hinzuzudichten, was (in solchen Fällen) zu geschehen pflegt» (inst.

52 *Exemplum vitiosum est, si aut falsum est, ut reprehendatur, aut inprobum, ut non sit imitandum, aut maius aut minus, quam res postulat.* – «Ein Beispiel ist mangelhaft, wenn es falsch ist, so dass es widerlegt wird, oder verwerflich, so dass es nicht nachgeahmt werden darf, oder größer oder kleiner, als die Sache gebietet.»

53 Von Thukydides (1,22,4) bis Lukian (hist. conscr. 13.40.63) – in eigentümlichster Brechung noch bei Prokop (HA 1,4–10) – gilt eine (kontrafaktische) «ideale Leserschaft» als Wahrheitsinstanz, wie sie nur die Zukunft stellen kann, da die Gegenwart durch eigene Interessen und nicht zuletzt durch die dem jeweiligen Jetzt verhaftete Neigung, sich unterhalten zu lassen, abgelenkt wird. Dagegen sieht Dionys von Halikarnass in der Rhetorik gerade umgekehrt eine Chance, die Wahrheit nicht zu «vertuschen», sondern zu vergegenwärtigen; vgl. näher *Fox*, Dionysius (s. Anm. 39), 78–82.

8,3,70[54]). Von daher erklärt sich die Vorliebe der hellenistischen Geschichtsschreibung für die Episodengestalt.[55]

Die Fiktion dient vor allem dazu, die üblicherweise begleitenden Umstände aufzuführen und so die Rezeption zu steuern. Ein häufiges Begebnis geschichtlicher Erzählung beispielsweise ist die Eroberung einer Stadt. Bei Thukydides oder Polybios wirkt derlei oft recht monoton. Quintilian empfiehlt, nicht die Eroberung als solche, sondern deren Einzelheiten mitzuteilen: Ein Flammenmeer ergießt sich über Häuser und Heiligtümer; krachend stürzen Dächer ein; Familien umarmen sich ein letztes Mal; Kinder, Frauen, Alte klagen laut; die Mutter klammert sich an ihr Kind, während man in Ketten die Unglücklichen davontreibt (vgl. inst. 8,3,67–69).

(b) *Komprimieren*: Geschichte kommt als Vielzahl zusammenhangloser Bruchstücke an. Daher ist ihre Kohärenz darzutun und zugleich durch Datenselektion der Stoff auf das Wesentliche zu begrenzen. Nur so – konzentriert und kontextualisiert – wird aus Erzählstoff Erzählung. Wie Shakespeare es für das Bühnendrama sagt, muss der Historiograph das Publikum so lenken, dass es über Zeiten zu springen vermag und die Geschehnisse und Taten von vielen Jahren in eine Stundenuhr passen.[56] Dazu eignen sich Summarien, Geschichtsüberblicke, paradigmatische Einzelszenen, die das Geschehen brennpunktartig als Ganzes kennzeichnen.

(c) *Arrangieren*: Geschichte findet einfach nur statt. Das Unübersichtliche ist so einzuteilen und einzurichten, dass ein Ablauf daraus wird (vgl. Cic., fam. 5,13[12],2). Der Geschichtsschreiber ordnet die historischen Segmente einer von ihm entworfenen Erzählsequenz zu und gibt ihnen damit sublim ihre Sinnrichtung.[57] Wo die erzählerische *virtus* der Klarheit es nahelegt, kann er die Geschehnisse auch rearrangieren, etwa durch Umstellung der Chronologie. Hier tritt das deduktive Wahrheitskonzept zutage: Nicht aus dem Datengut geht die Wahrheit hervor, sondern das Datengut formiert sich um die Wahrheitsmitte.

Plutarch beschreibt die Rhodos-Fahrt Caesars in einem vorgelagerten Erzählblock mit frühen auswärtigen Erlebnissen seines Helden (Caesar 1,4–2,4). Damit kann er dessen Charakter

---

54 *consequemur autem ut manifesta sint, si fuerint veri similia, et licebit etiam falso adfingere quidquid fieri solet.*

55 Vgl. *G. Wirth*, Art. Geschichtsschreibung, in: H. H. Schmitt/E. Vogt (Hg.), Kleines Wörterbuch des Hellenismus, Wiesbaden 1988, 205–230: 207.

56 Prolog zu King Henry V.: «O for a Muse of fire, that would ascend / The brightest heaven of invention […] For 'tis your thoughts that now must deck our kings / Carry them here and there; jumping o'er times, / Turning the accomplishment of many years / Into an hour-glass».

57 Bereits Thukydides beherrscht diese verborgene Deutungskunst meisterlich: Auf die humanistische Epitaph-Rede des Perikles zum Ende des ersten Kriegsjahrs (2,35–46) folgt die Enthumanisierung in der Pestzeit (2,48–54); auf den im Detail ausgefeilten Melier-Dialog folgt die erschreckend knappe Notiz über die Hinschlachtung, die allein durch ihre kompositorische Anlage alles Nötige zum vorher bekundeten Gottvertrauen der Opfer sagt (5,85–116).

herausarbeiten und jenen Horizont schaffen, den er benötigt, um die Erfolge Caesars im folgenden römischen Erzählblock plausibel zu machen (vgl. Suet., div. Julius 4).[58] Besonders weit können chronologische Umordnungen gehen, wenn das kulturelle Selbstverständnis der Erinnerungsgemeinschaft betroffen ist: Plutarch, dem an der Parallele von Griechentum und Römertum liegt, hält, unbekümmert um die Frage nach deren kaum möglicher Zeitgenossenschaft, Numa Pompilius neben Pythagoras (Numa 1,2–4; 8,10; 22,4; dagegen kritisch: Dion. Hal., ant. 2,59). Ciceros Scipio, dem es um die autochthone Kultur Roms geht, hält die These, Numa sei ein Schüler des Pythagoras, dagegen für entrüstend (rep. 2,15f. §§ 23–30; vgl. Liv. 1,18,4).[59]

(d) *Kolorieren*: Geschichte als solche ist stumm und farblos. Dem Geschichtsschreiber obliegt es, das Überkommene so betrachten zu lassen, dass es auf Bedeutung und Regelhaftigkeit durchschaubar wird. Nicht als *narrator* soll sich der Erzähler fühlen, sondern als *exornator rerum* (Cic., de orat. 2,12 § 54), und dies keineswegs nur in stilistischer Ausmalung, sondern mehr noch durch Eintrag in die großen Gedächtnisgemälde der mediterranen Kultur. Die Wahrheit, apriorisch, färbt die Fakten, nicht umgekehrt. Die ἱστορία wird zwar zur προφῆτις τῆς ἀληθείας und zur ὅλης τῆς φιλοσοφίας μητρόπολις (Diod. 1,2,2), *lux veritatis* und *magistra vitae* (Cic., de orat. 2,9 § 36), aber gerade deshalb bietet sie nichts weniger als *bruta facta*. Sie ist die geerdete Gestalt der verbindlichen Welt-Anschauung, ein Reservoir typisierter Problembewältigung. Sie hat daher so viel mit normativen Aussagen zu tun, dass sie die deskriptiven Einzelheiten guten Gewissens vernachlässigt. Sie umgeht die Wahrheit nicht, im Gegenteil: Sie stößt den Adressaten mit der Nase darauf.

Die beliebteste intentionale Ordnungsfigur ist die Repristination: Individuen und Geschlechter, Städte und Inseln, ganze Völker wurden in das kanonische Bild von Troja eingetragen und gewannen so uralten Adel und politische Legitimation. Aeneas scheint aus keinem anderen Grund die Mittelmeerwelt bereist zu haben, als um einschlägige Ahnengalerien und Stammbäume zu ermöglichen. Dem Römer erklärt der *mos maiorum* alles, und Geschichtsschreibung führt ihn auf – wie ein literarisches Echo auf die *pompa funebris*. Die Farbpaletten boten viele Möglichkeiten, nackte Fakten in passende Farben zu kleiden: Neben die Patina des Alters tritt das Schwarz der Tragödie wie in der Kriegsdarstellung des Thukydides, das Bunte des Abenteuerromans wie bei den Alexander-Historikern oder das Gold des Mythos, mit dem Livius den Prinzipat des Augustus und Velleius Paterculus den des Tiberius färben. Sallust erhebt seine Geschichtsschreibung zu einem Programm politischer Anthropologie

58 Vgl. *Pelling*, Truth (s. Anm. 2), 39.

59 Als Plutarch vor der Aporie steht, dass der weise Solon und der nicht ganz so weise Kroisos sich – sehr zum Schaden aphoristischer Belehrung – zeitlich gar nicht haben begegnen können, verwirft er die «chronologischen Leitfäden» einfach, weil seine Anekdote so sehr der Seelengröße und Weisheit des Solon entspreche (Solon 27,1). Auch symbolische Chronologisierungen sind wichtig: Der herodianische Tempel ist am Jahrestag seines biblischen Vorgängers zerstört worden – dies ersparte jede weitere Deutung (Ios., bell. Iud. 6,250.268–270).

(vgl. Catil. 1–4; Iug. 1–4); Florus schreibt römische Geschichte nach dem biologischen Modell (vgl. epit., praef. 4–8); Aurelius Victor macht, etwas überraschend, aus der Caesarengeschichte eine Art Bildungsspiegel. Ein wichtiger Grund, die überkommenen Daten einzufärben, liegt in der mentalen Anpassung. Hier waren naturgemäß die Historiographen kognitiver Minderheiten gefordert: Was in ihrem Kulturkreis als üblich galt, konnte in der dominierenden Kultur als fremd, niedrig oder subversiv gelten.[60]

(e) Geschichte ist breiter und tiefer als die Datenlage. Deshalb ist Quellengut stimmig zu ergänzen, zu erweitern, zu vertiefen. Was man anstelle von Quellen hatte, waren kanonisierte Überlieferungen und feste Überzeugungen. So ließ sich Geschichte auch ohne Quellen schreiben. Vor allem «der Römer» musste wissen, wie es gewesen war, hatte er doch als solcher an der Staatsbiographie, den *res gestae populi Romani*, korporativ teilgenommen.[61] Die Rhetoren, so räumt der ciceronische Atticus ein, dürfen die Todesart der Helden selbst bestimmen: *concessum est rhetoribus ementiri in historiis, ut aliquid dicere possint argutius* (Brut. 10f. §§ 42f.). Selbst das Hinzuerfinden verfälscht die Wahrheit also nicht, sondern «rückt sie zurecht»[62], holt, *argutius*, aus ihr heraus, was in ihr liegt. Es ist erlaubt zu täuschen, damit die Hörer sich nicht irren (vgl. Quint., inst. 2,17,26–28).

Schriftliche Zeugnisse lagen spärlich vor. Autopsie erfasste naturgemäß nur einen kleinen Abschnitt des Geschehens. Wo sich die Möglichkeit der Befragung von Zeitzeugen auftat, war man oft – wie Kleitarch bei der Recherche über den Alexander-Zug – Aufschneidern und Wichtigtuern ausgesetzt. Weithin hatte die Geschichtsschreibung mit jenen Zeiträumen zu tun, über die überhaupt keine Quellen vorlagen, die also in strengem Sinn als prähistorisch zu bezeichnen sind. Plutarch, als er sich Theseus und Romulus zuwendet, beschreibt solche Zonen malerisch als wasserlose und gefährliche Weiten, die sich, mit Fabelwelten angefüllt, der ἱστορία πραγμάτων entziehen (Theseus 1,1f.). Als Vertreter der zugänglichen Ära stellt er Lykurg und Numa Pompilius dagegen, die wir nicht minder für fabulöse Gestalten imaginierter Vorzeit halten, auch wenn Plutarch gar auf den Tag genau das Geburtsdatum nennt (vgl. Numa 3,4).

Was für die *publica memoria* der Rückschluss aus dem Volkscharakter war, war für die individuelle Vita nicht weniger statthaft. An Zeugnissen aus der frühen Biographie fehlte es häufig auch bei wichtigen Handlungsträgern. Der Verlegenheit half mitunter das Denkmodell von der Konstanz des Charakters ab: Ein Held war heroisch seit frühester Jugend. Ein Tyrann musste auch schon in der Kindheit verwerflich gewesen sein; allenfalls Verstellung oder Krankheit

---

60 Ein deutliches Beispiel liefert Josephus, der den apokalyptischen Taufpropheten Johannes der römischen Leserschaft als frommen Tugendlehrer ohne Endzeitbotschaft und mit einem pädagogischen Waschungssymbol vorstellt: Nicht Subversion und Magie repräsentiert er also, sondern friedliche jüdische Weisheitslehre (vgl. ant. Iud. 18,116–119).

61 Vgl. *Timpe*, Memoria (s. Anm. 5), 76–84.

62 So die Übersetzung für *ementiri* im zitierten Passus durch *B. Kytzler* (Sammlung Tusculum, Darmstadt [4]1990).

konnten beobachtbare Veränderungen erklären (vgl. z. B. Vell. 2,94; Suet., Cal. 10,2–12,2; Otho 2,1f.; Dom. 1,3–2,2). Ähnliches gilt für die Sterbestunde als Summe eines Charakters.

Fazit: Es trifft den Kern unserer Beobachtungen, wenn wir für die antike Historiographie statt von Rekonstruktion von einer rhetorisch, eidetisch und intentional ordnenden Reimagination sprechen.

2.2 Religiöse Ordnungsfaktoren

Wir haben von der Familienverwandtschaft antiker Geschichtsschreibung gesprochen; es wird Zeit, sich den frommen Verwandten zuzuwenden. Wie in den meisten Familien ist deren Frömmigkeit nach Grad und Ausrichtung höchst unterschiedlich. Über die Relevanz religiöser Deutungsmuster entscheiden zudem auch andere Faktoren wie die Unterhaltungsabsicht und der soziale Hintergrund. Zweifellos tendierte das einfache Publikum stärker zu den religiös konnotierten τερατεία[63], aber vor Verallgemeinerungen sei gewarnt: Nicht Bildung und Unbildung konkurrieren miteinander, sondern kulturelle Plausibilitäten. Tacitus notiert gläubig allerlei wunderhafte Vorzeichen im Vorfeld der Zerstörung des Jerusalemer Tempels und berichtet von dem durch Auszugsgetöse untermalten Ruf, die Götter zögen aus. Doch die Juden, so kopfschüttelnd weiter, hätten, dem Aberglauben verfallen, darauf nicht mit Schlachtopfern und Gelübden reagiert (hist. 5,13,1f.; vgl. Ios., bell. Iud. 6,312–315).

Von einem atheistischen Blickpunkt[64] lässt sich für keine Schicht paganer Historiographie sprechen. Herodot, Xenophon, Tacitus, Appian neigen stärker zu religiöser Wahrnehmung, Thukydides, Polybios, Sallust, Lukian weniger. Prodigien und Träume haben bis hin zu dem Christen Prokop noch starkes Gewicht.[65] Im Allgemeinen gilt: Geschichtsschreibung zeigt eine gewisse Affinität zur Religion; genauer: kritischen Abstand zur *theologia mythica*, Respekt vor der *theologia civilis* und Nähe zur *theologia naturalis*, sofern wir darunter auch das Wirken gestaltender Schicksalsmächte bis hin zur Tyche (von Polybios bis

---

63 Vgl. eingehend *E. Plümacher*, Τερατεία. Fiktion und Wunder in der hellenistisch-römischen Geschichtsschreibung und in der Apostelgeschichte (1998), in: ders., Geschichte (s. Anm. 34), 33–83.

64 So *U. Luz*, Geschichte und Wahrheit im Matthäusevangelium. Das Problem der narrativen Fiktionen, in: EvTh 69 (2009), 194–208: 203f.

65 Cassius Dio (72 [73],23) wird in einem Traum durch die Gottheit zum Geschichtsschreiber berufen und geweiht.

Prokop) verstehen.[66] Religion ist präsent, meist zwar zurückhaltend – aus christlich geprägter Sicht: vage –, aber hintergründig bietet sie Deutungsmuster (kennzeichnend: Pol. 36,17,12–15; Arr., an. 7,30,2f.). Bei Autoren in der Tradition des Herodot kann die Gottheit durchaus in das Geschehen eingreifen, indem sie zürnt, straft, Sittlichkeit durchsetzt, Hybris rächt, Handlungsträger verblendet, Rom zur Größe führt.[67] Dabei überwältigt die Religion jedoch die Erzählung nicht, sondern steht – mitunter recht unverbunden – neben ihr. In der Tradition des Thukydides ordnet sie sich oft insofern der Erzählung unter, als sie im Modus des (unkommentierten) Referats auftritt. Man kann distanzlos über Wundersames berichten; man kann es problematisieren, seine Wahrscheinlichkeit abwägen, verschiedene Deutungen vergleichen.[68] Im Ansatz ist den Lesern freigestellt, ob sie daran glauben wollen oder nicht.[69] Selbst wenn Geschichtsschreibung, wie bei Velleius Paterculus, in Gebet mündet (2,131), schmückt nicht der geschichtliche Ablauf das Handeln der Gottheit, sondern die Gottheit den geschichtlichen Handlungsträger. Entfernt man die Religion aus den Darstellungen, so bleibt deren Grundstruktur erhalten. Religion ist Erzählinhalt, nicht Ordnungsfaktor. Das heißt: Sie dient nicht als *Rezeptwissen*, als selbstverständlich vorausgesetzter und routiniert eingesetzter Wissensvorrat.[70]

Dies verhält sich ganz anders, wo die ξύμπασα γνώμη als solche religiös gedacht wird. In der indigenen Historiographie der hellenistisch-frühreichsrömischen Zeit sind es die Priester und Propheten, die Geschichte aufschreiben, nicht nur aufgrund ihrer Schreibfertigkeit, sondern auch aufgrund ihrer religiösen Deutungskompetenz: Berossos, Manethon, nicht zuletzt Josephus, der diesen Aspekt mit dem Hintergedanken seiner doppelten Selbstinszenierung als

66 Der aufschlussreiche Passus Pol. 36,17 wendet sich gegen Übertreibungen, räumt die legitime Möglichkeit religiöser Deutungen aber ausdrücklich ein. Andererseits ist seit Thukydides die eigentlich die Geschichte determinierende Macht die menschliche Natur. Zur religiösen Denotation der Tyche vgl. *A. Roveri*, Tyche in Polibio, in: Conv. 24 (1956), 275–293.

67 Vgl. z. B. zu Appian *B. Kuhn-Chen*, Geschichtskonzeptionen griechischer Historiker im 2. und 3. Jahrhundert n. Chr. Untersuchungen zu den Werken von Appian, Cassius Dio und Herodian, EHS 15/84, Frankfurt a. M. 2002, 100–112.

68 Thukydides ist gegenüber Prodigiengläubigkeit skeptisch (vgl. 7,50,4) und kann sie bemerkenswert denkscharf analysieren (2,54,2–5), referiert aber meist mit interessierter Distanz, die er zumindest in 1,126,3–6; 2,17,1f. jedoch überraschenderweise aufgibt.

69 Tacitus belegt das alexandrinische Heilungswunder des Vespasian mit nüchternem Realitätssinn: «Die Teilnehmer erinnern sich beider Geschehnisse auch heute noch, obgleich einer Lüge kein Preis mehr winkt» (hist. 4,81,3).

70 Vgl. *A. Schütz/Th. Luckmann*, Strukturen der Lebenswelt, UTB 2412, Konstanz 2003, 156–163, 194f.

Priester und Prophet herausstellt (vgl. c. Ap. 1,28–36).[71] In der biblischen, namentlich etwa der deuteronomistischen Geschichtskonzeption oder jener der Makkabäer-Literatur, verdankt sich der Gesamtsinn nicht einer Deutungstat des Historiographen, sondern liegt ihr voraus, weil er selbst Bestandteil der Offenbarung ist, die alle Geschichte begründet. Damit sind Darstellung wie Deutung weithin dem Diskurs entzogen. Alternative Geschichtsversionen werden nicht erwogen, sondern, wenn sie überhaupt vorkommen, verworfen. Dies entspricht insofern dem Wesen der apologetischen Geschichtsschreibung, als diese ja eine bestimmte Vergangenheitsversion gegen andere durchzusetzen bemüht ist. Sie will das identitätsstiftende Großparadigma, die Meistererzählung, etablieren, die das Geschehen in die Koordinaten des eigenen Sinnsystems überträgt und damit zugleich hierarchisiert.[72] Worauf es ankommt, ist das (religiöse) Rezeptwissen, das der Geschichte nicht entnommen wird, sondern dazu dient, die Geschichte zu verstehen.

So wird in der religiösen Geschichtsschreibung das Walten der Gottheit selbst zum Ordnungsfaktor. Es erlaubt, fordert und inspiriert jene übergeordnete Perspektive und kreative Phantasie, die Geschichte inszenieren, komprimieren, arrangieren, kolorieren und explizieren lässt. Wer glaubt, dem ist alles möglich: Zur Not kann er auch ohne Seil den Mond erklimmen.

Wollen wir auch das Ergebnis des zweiten Durchgangs in ein Bild fassen, so legt die antike Theorie selbst das des bildenden Künstlers nahe: Er stellt zwar seinen Stoff, den Marmor etwa, nicht selbst her, aber er bearbeitet ihn schöpferisch. Das Proömium zum 2Makk vergleicht das Schaffen des Historiographen mit dem des Architekten und das des Epitomators mit dem Anstreichen und Dekorieren (2Makk 2,29–31); Sallust denkt an die erinnernde Kraft der Wachsbilder (Iug. 4,5f.); Florus sieht sich als Miniaturzeichner (epit. praef. 3); für Plutarch ist der Geschichtsschreiber zur Malkunst berufen (de gloria Ath. 346F–347C); für Cicero ist er der eigentliche Maler und Bildhauer zugleich (fam. 5,13[12],7). Prägnanten Ausdruck findet dieser Konsens bei Lukian: «Von solcher Art ist das Werk des Geschichtsschreibers: die Geschehnisse gut anzuordnen und kraftvoll auf das Anschaulichste darzustellen. Und wenn ein Zuhö-

---

71 Vgl. *Sterling*, Historiography (s. Anm. 48), 103–136, 235–238. Für Josephus gehört es zum prophetischen Selbstverständnis, dass er den Sinn des Geschehens zu deuten vermag: Die zitierte Rede, derer er sich dazu bedient, ist seine eigene (bell. Iud. 5,375–419); vgl. *R. G. Hall*, Revealed Histories. Techniques for Ancient Jewish and Christian Historiography, JSPE.S 6, Sheffield 1991, 24–30. Für die paganen Autoren hat es dagegen kaum Auswirkungen auf ihre Geschichtsschreibung, wenn sie ein Priesteramt bekleiden; am ehesten noch für Plutarch, aber auch dies ohne Offenbarungsanspruch.

72 Zur kulturwissenschaftlichen Würdigung des geschichtlichen Erzählens vgl. *L. Bormann*, Kulturwissenschaft und Exegese. Gegenwärtige Geschichtsdiskurse und die biblische Geschichtskonzeption, in: EvTh 69 (2009), 166–185: 178–181.

rer danach meint, das Berichtete zu sehen, und so zum Lob veranlasst wird, dann in der Tat hat er sorgfältig gearbeitet, und das Werk hat dem Pheidias der Geschichte passendes Lob eingetragen» (hist. conscr. 51; vgl. 13.50).

3. Lukas malt – oder: Die Reimagination des verbindlichen Ursprungs

3.1 Das lukanische Doppelwerk als Urkunde christlicher Erinnerungskultur

Wie von selbst haben wir so Lukas erreicht. Er stand nicht heuristisch im Hintergrund der Darlegungen, aber er findet zwischen ihnen gewissermaßen einen natürlichen Ort. Es hat seinen inneren Grund, wenn die Legende ihn als Maler sieht.

Lukas ist der Gedächtnisspezialist der frühen Kirche. Er malt als Historiograph jenes Erinnerungsgemälde, in dem sich die urchristliche Minderheit als soziale Wirklichkeit im Sinn der intentionalen, näher: apologetischen Geschichtsschreibung selbst definiert. Dazu entwirft er ein Erinnerungsdiptychon, das Identität durch Herkunft und Verwurzelung stiftet und der jungen Kirche statt den neuen Schläuchen den alten Wein schmackhaft macht (vgl. Lk 5,39), sofern dieser nur auf ihrem eigenen kognitiven Weinberg wuchs. Die Sortierungsschwierigkeiten, die das lukanische Doppelwerk der Gattungskritik regelmäßig bereitet,[73] sind angesichts dessen, was wir über die Familienähnlichkeit antiker Historiographie festgestellt haben, durchaus erwartbar. Der erste Teil ist eher biographisch, der zweite eher historiographisch geprägt. Beide dienen in funktionaler und motivischer Kohärenz als Stiftungs- und Herkunftsmemoria der normativen Erstepoche des Christentums.[74] Die Erzählweise ist im Stil der

---

73 Zu den Aporien der Diskussion *I. H. Marshall*, Acts and the ‹Former Treatise›, in: B. W. Winter/A. D. Clarke (Hg.), The Book of Acts in Its Ancient Literary Setting, Grand Rapids, Mich./Carlisle 1993, 163–182; *A. J. M. Wedderburn*, Zur Frage der Gattung der Apostelgeschichte, in: H. Lichtenberger (Hg.), Geschichte – Tradition – Reflexion. FS M. Hengel III: Frühes Christentum, Tübingen 1996, 303–322; *D. Marguerat*, The First Christian Historian. Writing the ‹Acts of the Apostles›, MSSNTS 121, Cambridge 2002, 26–31.

74 Erhellend *Marguerat*, Historian (s. Anm. 73), 31–34; *M. Wolter*, Das lukanische Doppelwerk als Epochengeschichte, in: C. Breytenbach/J. Schröter (Hg.), Die Apostelgeschichte und die hellenistische Geschichtsschreibung. FS E. Plümacher, AGJU 57, Leiden 2004, 253–284; *J. Schröter*, Lukas als Historiograph. Das lukanische Doppelwerk und die Entdeckung der christlichen Heilsgeschichte (2005), in: ders., Von Jesus zum Neuen Testament. Studien zur urchristlichen Theologiegeschichte und zur Entstehung des neutestamentlichen Kanons, WUNT 204, Tübingen 2007, 223–246: 235–238. Zur mythhistorischen Stiftungsmemoria *D. L. Balch*, ΜΕΤΑΒΟΛΗ ΠΟΛΙΤΕΙΩΝ.

hellenistischen Historiographie aktantenzentriert, episodenförmig und so zur Reimagination der verbindlichen Ursprünge geeignet.

Es dürfte klar geworden sein, dass die Textsorte als solche uns nicht erlaubt, die Frage nach der Referenztreue des lukanischen Werks im Ganzen für beantwortet zu halten. Wohl aber dürfen wir davon ausgehen, dass Lukas beansprucht, Wahrheit zu vermitteln. Im breiten Spektrum dessen, was an antiker Geschichtsschreibung möglich ist, hat er dabei ein anderes Wahrheitskonzept als Thukydides oder Polybios. Er stellt zu dieser auf die Erfordernisse der Machtpolitik ausgerichteten kritischen Pragmatik etwa den am weitesten entfernten Pol dar.[75] Es ist freilich nicht auszuschließen, dass er selbst in einer vergleichbaren Liga zu spielen wünscht. Vier Verse lang, in seinem fachprosaischen Proömium, mag man ihm dies auch abnehmen. Aber mit dem fünften Vers schon tummelt er sich unbeschwert auf dem historiographischen Feld, als wisse er von dessen Minen nichts.[76]

Gerade dieser – aus stilkritischer Sicht harsche[77] – Übergang, der nach Diktion, Aktanten und Motiven die biblische Welt heraufbeschwört, führt in die verbindliche Ursprungskultur dieses Historiographen und lässt uns die Eigenart seines Opus tiefer verstehen. Der im Proömium sonst unübliche Gebrauch der ersten Person des Plural (πεπληροφορημένα ἐν ἡμῖν πράγματα; παρέδοσαν ἡμῖν) setzt eine Traditions- und Lesegemeinschaft voraus, die sich von dieser biblischen Herkunft her definiert.[78] Antike Geschichtsschreibung ist eher traditions- als quellengeprägt. Darin unterscheidet sich das lukanische Doppelwerk nicht von anderen Geschichtsschriften. Sein besonderer Zug liegt darin, dass die normative Tradition hier gruppenspezifisch-religiös bestimmt ist, genauer: biblisch-jüdisch-urchristlich. Das pagane Geschichtswerk setzt den interessierten Leser voraus, das lukanische den initiierten vom Schlage des Theophilus (vgl. Lk 1,3f.).

Jesus as Founder of the Church in Luke-Acts: Form and Function, in: T. Penner/C. Vander Stichele (Hg.), Acts (s. Anm. 26), 139–188.

75 Anders *B. Witherington* in einem editorischen Addendum zu den ganz anders ausgerichteten (und deutlich triftigeren) Ausführungen von *W. J. McCoy*, In the Shadow of Thucydides, in: B. Witherington, III (Hg.), History, Literature, and Society in the Book of Acts, Cambridge 1996, 3–23, 23–32, sowie in seinem eigenen Beitrag: Editing the Good News: Some Synoptic Lessons for the Study of Acts, ebd., 324–347: 344–347. Allzu undifferenziert auch die althistorische «Standpauke» von *H. Botermann*, Der Heidenapostel und sein Historiker. Zur historischen Kritik der Apostelgeschichte, in: ThBeitr 24 (1993), 62–84.

76 Vgl. *Alexander*, Fact (s. Anm. 25), 394–399.

77 Lukian., hist. conscr. 16 warnt den Geschichtsschreiber ausdrücklich davor, nach dem Proömium jäh in eine andere Erzählweise zu verfallen (vgl. hist. conscr. 23.55).

78 Vgl. *Marguerat*, Historian (s. Anm. 73), 23f.

Das lukanische Opus weist somit die Eigenarten der religiösen Geschichtsschreibung auf: Das göttliche Walten ist strukturell ordnender Erzählfaktor. Mit V. 5 betritt der Leser eine nach Sprache (Septuaginta-Mimesis, Strukturierung durch Psalmen), Motiven (Priester, Engel, Jerusalem, Tempel, fromme Paare, gnadenhaft geschenkte Mutterschaft, Wallfahrt, Propheten) und Sache (der Heilsplan des Bundesgottes Israels) biblisch getönte Welt. Das Alte Testament, das hier nach Art einer ἀρχαιολογία[79] am Anfang steht und immer wieder, vor allem in den geschichtlichen Summarien der Reden (vgl. bes. Apg 7,2–53), aufgerufen wird, stiftet einen Vergangenheitsraum, ein genealogisches Ahnengeflecht – der Funktion von Troja in der paganen Memoria vergleichbar – und damit eine kohärente Eigenwelt, Eigenkultur und Eigenzeit für die werdende Kirche. Sie wird soziales Subjekt, gewinnt sinnhafte Kontinuität.[80] Die Markierung von Alterität, wie sie wesentlich zur apologetischen Geschichtsschreibung gehört, findet vor allem im Umgang mit dem nichtchristlichen Judentum statt.

Lukas bietet keine ausdrückliche Geschichtsdeutung auf der Meta-Ebene. Jedoch treten in der erzählten Welt Offenbarungsträger auf – neben Engeln eine Reihe schriftkundiger, prophetischer und unmittelbar inspirierter Geschichtsdeuter –, die den Richtungssinn der Erzählung unzweideutig anzeigen.[81] Auch der Plot als solcher wird immer wieder dem – in beiden Büchern programmatisch als Initialzündung herausgestellten – Wirken des Pneuma zugeordnet (vgl. z. B. Apg 16,6–10). Fehlt auch das Nomen (göttlicher) πρόνοια, so setzt die Geschichte doch Gottes Plan um.[82] Der Anspruch auf Wahrheit ist entsprechend eindeutig. Lukas stellt keine alternativen Deutungsmodelle vor, so wenig wie er es den Lesern überlässt, ob sie eine Wunderüberlieferung für triftig halten oder nicht. Wesentlich geht es hier nicht darum, einen Geschichtsverlauf zu beschreiben, sondern ein Verhältnis zur Geschichte zu konstituieren.

Greifen wir auf unsere Eingangsdefinition historiographischer Wahrheit zurück – *adaequatio narrationis ad rem* –, so ist die *res* für Lukas präzise zu bestimmen: Sie ist das epochale Ereignis des Christus-Geschehens und das Werden der Kirche in der von Lukas geordneten Memoria und damit in einer an die pagane Kultur anschlussfähigen, indes vom Bekenntnis her profilierten Identität. Die ξύμπασα γνώμη ist also das Erscheinen des σωτήρ und die erste Epoche

---

79 Eine solche ἀρχαιολογία findet sich stilgebend in Thuk. 1,1–19; vgl. etwa Sall., Catil. 5,9–13,5.

80 Vgl. näher *K.-S. Rehberg*, Die stabilisierende ‹Fiktionalität› von Präsenz und Dauer. Institutionelle Analyse und historische Forschung, in: R. Blänkner/B. Jussen (Hg.), Institutionen und Ereignis. Über historische Praktiken und Vorstellungen gesellschaftlichen Ordnens, VMPIG 138, Göttingen 1998, 381–407, bes. 385–390, 399–402.

81 Dazu näher *Hall*, Histories (s. Anm. 71), 171–208.

82 Vgl. *J. T. Squires*, The Plan of God in Luke-Acts, MSSNTS 76, Cambridge 1993, bes. 37–77; *Marguerat*, Historian (s. Anm. 73), 38–40.

des in seinem Namen gesammelten Gottesvolks unter der Lenkung des Gottesgeistes. Deshalb ist für Lukas Geschichtsschreibung der *status confessionis*. Er ist nicht einerseits Theologe, andererseits Historiker. Er ist Theologe, indem er Geschichte schreibt, und Historiograph ist er, weil er – hier sei Ranke zitiert (vgl. auch Diod. 1,1,3) – in der Demut der Sachlichkeit die Gedanken Gottes in der Welt nachzeichnet.[83] Theologie ist daher auch nicht in einzelnen Begriffen oder Leitmotiven seines Doppelwerks zu finden, schon gar nicht, indem man von außen paulinische oder dogmatische Konzepte an seine Erzählung heranträgt, sondern in jedem Satz dieser Erzählung selbst, in ihrem Plot, ihren Spannungsbögen, ihren Episoden und Szenenbildern.[84] Das lukanische Erzählwerk als solches ist Theologie, und von hier aus ergeben sich Pflicht, Recht und Grenze der Fiktion.

Das lukanische Doppelwerk ist weder ein fiktionales noch ein non-fiktionales Buch. Es ist ein Mischtypus, der einen geschichtlichen Plot detailfreudig reimaginiert und dabei das erzählte Geschehen im Interesse der Ergötzlichkeit, der Anschaulichkeit und vor allem der Paideia so an-, um- und einordnet, dass jenes normative Vergangenheitsbild entsteht, das dem Identitätsentwurf der intendierten Leserschaft entspricht. Es ist sinnvoll erzählte Theologie und theologisch sinnvoll geordnete Erzählung. Dass der Sinn, ξύμπασα γνώμη, nicht selbst dem empirischen Verlauf zu entnehmen, sondern nur als Glaubensakt fassbar ist – mit Wittgenstein gesagt: als Sehakt –, bedarf keiner Erwähnung. Dennoch *erfindet* Lukas ihn nicht, er *findet* ihn, als Mitglied einer Überlieferungsgemeinschaft. Er entnimmt ihn der Geschichte, insofern diese selbst ihm den Sinn nahelegt.[85] Auf diese Ordnungsleistung weist die exegetische Rede von Lukas als dem «Entdecker der christlichen Heilsgeschichte»[86].

3.2 Das lukanische Doppelwerk als theologische Ordnungsleistung

In diesem Sinn dürfen wir nicht nur einzelne fiktionale Elemente im Doppelwerk erwarten, sondern eine konstruierte Erzählwelt im Ganzen, deren Plot der Theologie des Lukas entspricht und daher in seinem Verständnis Wahrheit

83 Meist wird übersehen, dass Rankes historistischer Optimismus selbst religiös konnotiert ist; vgl. näher *Th. Nipperdey*, Zum Problem der Objektivität bei Ranke, in: W. J. Mommsen (Hg.), Leopold von Ranke und die moderne Geschichtswissenschaft, Stuttgart 1988, 215–222, bes. 216–218.

84 Dazu eingehend *S. Shauf*, Theology as History, History as Theology. Paul in Ephesus in Acts 19, BZNW 133, Berlin 2005, bes. 41–84.

85 Vgl. *D. Harth*, Die Geschichte ist ein Text. Versuch über die Metamorphosen des historischen Diskurses, in: R. Koselleck/H. Lutz/J. Rüsen (Hg.), Formen (s. Anm. 7), 452–479: 452 (mit einem Zitat von M. Merleau-Ponty).

86 *Schröter*, Lukas (s. Anm. 74), 246.

repräsentiert und inszeniert. Es ist nicht leicht, den theologischen vom dokumentarischen Geltungsanspruch zu trennen, denn in der erzählten Welt bildet beides eine dramatische Einheit.[87] Gerade in den fiktionalen Anteilen dürfte sich die Deutungsabsicht des Lukas und damit sein Wahrheitsanliegen am ehesten finden lassen. Zudem setzt Lukas wie andere Historiographen in den verschiedenen Teilen seiner Erzählung je nach Bedarf, das heißt: nach Quellen- und Traditionszugang oder nach darstellerischer und theologischer Notwendigkeit, seine φαντασία *in concipiendis visionibus* (Quint., inst. 8,3,88) unterschiedlich ein.

Gleichwohl sind wir nicht auf Mutmaßungen angewiesen. Der erste Teil des Doppelwerks gibt uns Einblicke in die Weise, wie Lukas mit seinen Quellen umgeht. Vereinzelt erlaubt auch die Apg die «synoptische» Kontrolle, etwa mit der Paulus-Korrespondenz oder Josephus. Unser Umblick in der zeitgenössischen Historiographie lässt uns annehmen, dass Lukas die «unverschämte und unfachmännische» Fiktion, die dem Sachwissen und Selbstbewusstsein der urchristlichen Erinnerungsgemeinschaft widerspricht, meidet: Er fingiert nicht, *ut reprehendatur*. Wenn etwa die römische Staatsbürgerschaft des Paulus zeitgenössisch unvorstellbar wäre, würde er sie kaum in dieser Form konstruieren.

Schauen wir das Doppelwerk auf unsere fünf ordnenden Wahrheitsfiguren durch, so wird deutlich, dass die lukanische Konstruktivität eher im Bereich der Ordnungsleistung als in dem der referenzfreien Erfindung zu verorten ist. Wir beschränken uns auf bezeichnende Beispiele:

(a) *Inszenieren*: Lukas führt Geschichte vor Augen und Ohren. Die ersten beiden Kapitel stellen gewissermaßen performativ die Verwurzelung des Urchristentums in der unvordenklichen Herkunft aus dem «Alten Testament» dar. Mit ähnlicher Erzählfunktion tritt Paulus als ein frommer Jude auf, der der Tora als dem *mos maiorum* seiner Ahnen verbunden ist und «nichts gegen die väterlich ererbten Sitten» getan hat (Apg 28,17; vgl. 24,14).[88] Dass er «allen alles» wird, zeigen – mit dem Recht einer geschichtlichen Gesamtbilanz – seine Reden im lykaonischen Hinterland (Apg 14,15–17) und auf dem Areopag zu Athen (Apg 17,22–31). Den gottgewirkten Triumph des Evangeliums, der selbst Paulus eine ausdrucksstarke Metapher wert ist (2Kor 2,14–17), inszeniert Lukas auf seine Weise meisterlich in den sich dramatisch überstürzenden Ereignissen zu Ephesus (Apg 19). Erfolg und Scheitern bei der Gewinnung

87 Zur kriteriologischen Problematik näher *K. Backhaus*, Lukas der Maler: Die Apostelgeschichte als intentionale Geschichte der christlichen Erstepoche, in: ders./G. Häfner, Historiographie (s. Anm. 3), 30–66: 59–66.

88 Zur intentionalen Engführung des Paulus-Bilds in Apg *K. Backhaus*, Mose und der *Mos Maiorum*. Das Alter des Judentums als Argument für die Attraktivität des Christentums in der Apostelgeschichte, in: Chr. Böttrich/J. Herzer (Hg.), Josephus und das Neue Testament. Wechselseitige Wahrnehmungen, WUNT 209, Tübingen 2007, 401–428: 422f.; *ders.*, Lukas (s. Anm. 87), 48–50.

der jüdischen Welt zeigen sich in der Sequenz von Szenen, nicht im Grundsatzurteil. Die Adressaten lesen nicht darüber, dass das Evangelium sich verbreitet; sie gewinnen bleibende Eindrücke, während sie an der Seite des Paulus selbst von Antiochien nach Rom wandern.

(b) *Komprimieren*: Hier beherrscht Lukas das Instrumentarium der Zunft: Psalmen und Reden summieren den Geschichtsverlauf von Jahrhunderten; der Gesang des Simeon im Tempel (Lk 2,29–32.34f.) stellt in dieser Hinsicht nach Lokalkolorit und Synthesedichte eine Pretiose dar. Gezielt gesetzte Summarien fangen die typischen Entwicklungen ein (bes. Lk 6,17–19; 8,1–3; Apg 2,42–47; 4,32–35; 5,12–16). Die zahlreichen Gerichtsszenen bringen die antagonistischen Prinzipien in aller Dichte auf die Bühne der Gerechtigkeit. Paradigmatische Episoden beleuchten den Gesamtverlauf, charakterisieren die Aktanten, spiegeln die ethischen Codes wider. Redundanzen werden konsequent ausgeschieden (vgl. bes. Mk 6,45–8,26 diff. Lk) oder, wo sie die Perspektive auffächern können, auch konsequent aufgeführt (vgl. Lk 24,50–53/Apg 1,9–11; Apg 9,1–22/22,5–16/26,12–18).

(c) *Arrangieren*: Auch in der An-, Um- und Zuordnung des Stoffs zeigt sich Lukas, soweit wir sehen, entschlossen: Vermutlich ist die erste Missionsreise (Apg 13,4–14,28) als ganze – vergleichbar der in Plutarchs Caesar-Bios vorangestellten Seereise (vgl. Caesar 1,4–2,4) – ein Arrangement, in dem verdichtet wird, wie Mission aussah, so dass der passende Hintergrund zum Apostelkonvent entsteht. Freischärler lässt Lukas, unbekümmert um chronologische Fragen, auftreten, wie er sie braucht, um an ihnen den anderen Charakter der Gemeinde zu veranschaulichen (vgl. Apg 5,36f.). Vergleichen wir den Straftod Agrippas I. (Apg 12,19b–23) mit der Parallelüberlieferung bei Josephus (ant. Iud. 19,343–350), wirken die Unterschiede zunächst geringfügig: Hier ist es ein paganer Uhu, dort ein jüdischer Engel, der den Eingriff der himmlischen Macht anzeigt; hier ist es die Optik des Kleides, dort (mit sublimem Bezug auf Nero?[89]) die Akustik der göttlichen Stimme, die den Eingriff als Ahndung der Hybris begründet. Doch gewinnt die scheinbar deplatzierte Szene bei Lukas erst dadurch ihre Erzählfunktion, dass sie «nach hinten» unmittelbar an die Verfolgung der Urgemeinde anschließt und «nach vorn» einen Kontrast zur unaufhaltsamen Ausbreitung des Gottesworts bildet (vgl. Apg 12,1–19a.24f.). Sie wird dadurch, wie in der makkabäischen Historiographie (vgl. 2Makk 9,5–28: Antiochos IV.; 15,25–36: Nikanor), zum Musterfall einer *mors persecutorum*.

(d) *Kolorieren*: Zu den zentralen Anliegen apologetischer Geschichtsschreibung gehört die Repristination der eigenen Gemeinschaft. Lukas malt die Anfänge Jesu und die Entstehung der jungen Kirche in alttestamentlichen Farben. Die Kindheitsgeschichte hat die kompositionelle Funktion der ἀρχαιολογία: Sie malt einen unvordenklich alten Hintergrund aus. In das Gold der Urzeit wird die Jerusalemer Gemeinde, in das Schwarz der Misanthropie werden die jüdischen Gegenspieler getaucht, in das Zwielicht zwischen Toleranz und Korruption die staatlichen Machthaber. Das gilt auch für die Inkulturation: Das letzte Wort des sterbenden Jesus ist für einen nicht im jüdischen Psalmgebet sozialisierten Leser schwer verständlich: Lu-

89 So die Vermutung von *H.-J. Klauck*, Magie und Heidentum in der Apostelgeschichte des Lukas, SBS 167, Stuttgart 1996, 53–57.

kas übermalt es mit einem Psalmwort, das Jesu Lebenswerk prägnant, passend und unzweideutig zusammenfasst (Lk 23,46 diff. Mk 15,34.37).

(e) *Explizieren*: Wo Lukas nicht auf Überlieferung zurückgreifen konnte oder keine solche fand, die seiner erzählerischen Unterhaltungs- und Deutungsabsicht entsprach, dürfte er der Wahrheit «auf die Sprünge geholfen» haben. Sichere Aussagen sind hier allerdings nur schwer zu treffen. Wir müssen uns vor modernen Wahrscheinlichkeitsansinnen hüten. Ich gebe zu, dass ich den Schiffbruch (Apg 27,27–44) oder die Flucht aus Damaskus im Korb (Apg 9,23–25) für romanhafte Spannungsfiktionen hielte, wären sie nicht vom direkt Betroffenen bestätigt (2Kor 11,25.32f.).[90] Zumal am Anfang und Ende seines Erzählwerks scheinen mir weitgehende Eingriffe des Lukas wahrscheinlich, nämlich in der Vorgeschichte (Lk 1,5–2,52) und bei der großen Rede des Paulus vor zwei reichsrömischen Repräsentanten der Zeitgeschichte, Agrippa II. und Berenike, mit der Lukas die grundlegende Epoche des Christentums beschließt (Apg 25,13–26,32).

In alldem finden wir nichts anderes ausgeführt, als Lukas in seinem Proömium (Lk 1,1–4) ankündigt: wahrheitsgemäße – im Sinn von: überlieferungsnahe und -erhellende – Herkunftsmemoria und einen Erkenntnisfortschritt für den Leser, sofern er eine Form erster Sozialisation hinter sich hat und der Einweisung in die gruppenspezifische Erinnerungskultur bedarf. Damit entspricht Lukas auf eigene Art den beiden exordialen Topoi antiker Geschichtsschreibung: sachgerechter Unterrichtung und charakterformendem Lektüregewinn.

Beachtenswert ist der Ordnungsanspruch, mit dem Lukas die ἀσφάλεια seiner διήγησις begründet: Andere haben versucht, die Anfangsereignisse «anzuordnen» (ἀνατάσσομαι); Lukas, der allem «von Anfang» an (ἄνωθεν) genau (ἀκριβῶς) «durchdenkend gefolgt» ist (παρακολουθέω)[91], scheint es angebracht, diese Erstepoche als überliefertes Herkunftsgeschehen[92] dem Theophilus «in sachentsprechender Folge» (καθεξῆς)[93] aufzuschreiben. Es ist die Ordnung,

---

90 Das schließt nicht aus, dass Lukas solche Szenen dankbar und kräftig ausmalt: Wenn die Vita Pauli an sich romanhafte Szenen bot, wird er diese eher ausgestaltet haben, als neue zu erfinden. Beim Schiffbruch ist dies – ebenso wie der Einfluss der Romanliteratur – evident.

91 Das Verb παρακολουθέω ist – gegen die übliche Übersetzungs- und Deutungsweise – nicht investigativ, sondern affirmativ-organisierend denotiert (vgl. Ios., c. Ap. 1,218); dazu näher *M. Wolter*, Das Lukasevangelium, HNT 5, Tübingen 2008, 64f.; zum semantischen Hintergrund *L. Alexander*, The Preface to Luke's Gospel. Literary Convention and Social Context in Luke 1.1–4 and Acts 1.1, MSSNTS 78, Cambridge 1993, 128–130.

92 Die Wendung πεπληροφορημένων ἐν ἡμῖν πραγμάτων beschreibt die Stiftungsgeschehnisse (den Grundstoff der Apg konzeptionell eingeschlossen) aus der Sicht der nachfolgenden Generation im resultativen Perfekt als abgeschlossene (und grundlegende) Erstepoche; vgl. *Wolter*, Lk, 62f.

93 Dass mit καθεξῆς (vgl. auch Apg 11,4) nicht lediglich die chronologische Sequenz gemeint ist, liegt schon deshalb auf der Hand, weil dies kein Spezifikum gegenüber den vorangehenden Versuchen markiert. Dass an eine Verstehensleistung gedacht ist, belegt die Finalwendung ἵνα ἐπιγνῷς. Ios., ant. 1,17 versteht die historiographische τάξις unter dem Gesichtspunkt der «Voll-

nicht die Recherche, die die ἀσφάλεια begründet[94]. Die exordiale kritische Selbstqualifikation durch ἀλήθεια gewinnt hier die affirmative Nuance von «Tragfähigkeit»[95]. In diesem Sinn liegt der Wahrheitsanspruch des Doppelwerks darin, dass es jene Ordnung konfiguriert, die der «Sache» des Evangeliums am ehesten entspricht (vgl. Apg 26,25). ἀσφάλεια gewinnt der Leser nicht durch die Kenntnisnahme von Faktengut, sondern durch das Verstehen einer Richtung und Sinnlinie in der Faktenfolge: der ξύμπασα γνώμη. Diese greifbar zu machen, ist das *opus proprium* des Geschichtsschreibers. Lukas stiftet mit seinem Doppelwerk verbindliche Herkunftsmemoria. Er hat der christlichen Erinnerungskultur jene Meistererzählung geboten, derer sie in ihrer Sattelzeit bedurfte, um sich in der Geschichte zurechtzufinden.

---

ständigkeit», aber im Licht von 1,24 wird deutlich, dass auch dieser Anspruch theologisches Verstehen voraussetzt. Mit Lukian., hist. conscr. 51: Dem Geschichtsschreiber obliegt es, den Geschehnissen eine rechte Ordnung zu geben und sie durchschaubar zu machen (εἰς καλὸν διαθέσθαι τὰ πεπραγμένα καὶ εἰς δύναμιν ἐναργέστατα ἐπιδεῖξαι αὐτά). Sehr hilfreich: *D. P. Moessner*, The Meaning of καθεξῆς in the Lukan Prologue as a Key to the Distinctive Contribution of Luke's Narrative among the ‹Many›, in: F. van Segbroeck u. a. (Hg.), The Four Gospels 1992. FS F. Neirynck II, BEThL 100, Löwen 1992, 1513–1528. Moessner versteht das Adverb im Sinne von «getting the story straight». Vgl. ferner (mit anderen Nuancen) *M. Völkel*, Exegetische Erwägungen zum Verständnis des Begriffs ΚΑΘΕΞΗΣ im lukanischen Prolog, in: NTS 20 (1974), 289–299; *G. Schneider*, Zur Bedeutung von καθεξῆς im lukanischen Doppelwerk (1977), in: ders., Lukas, Theologe der Heilsgeschichte. Aufsätze zum lukanischen Doppelwerk, BBB 59, Königstein i. Ts. 1985, 31–34; zum semantischen Hintergrund *Alexander*, Preface (s. Anm. 91), 131f., 134–136.

94 Ios., ant. 1,17 (vgl. 1,24) kennzeichnet die historiographische τάξις ausdrücklich als theologischen Geltungsanspruch.

95 Vgl. *W. C. van Unnik*, Remarks on the Purpose of Luke's Historical Writing (Luke I 1–4), in: ders., Sparsa Collecta [I], NT.S 29, Leiden 1973, 6–15: 13f.; *Wolter*, Lk, 67f. Obschon es häufiger behauptet wird, vermag ich nicht zu erkennen, dass es sich bei dem Nomen ἀσφάλεια um einen *terminus technicus* der Geschichtsschreibung handelt. Das Wortfeld kommt in Zusammenhang mit der Sicherheit einer Truppe, Stadt oder Gesandtschaft usw. oft genug im Erzählzusammenhang vor, aber kaum auf der Meta-Ebene. Wo es im Zusammenhang mit geistigen Prozessen vorkommt, bezieht es sich auf die Tragfähigkeit, Stichhaltigkeit oder Zustimmungsfähigkeit von Gedankengängen; vgl. bes. Xen., mem. 4,6,15; Dion. Hal., ant. 2,35,2; Plut., Nikias/Crassus 5,2; de def. or. 431A; decom. not. stoic. 1058F.1061F; 1Clem. 1,2; Athenag., res. 2,1; 1Clem. Hom. 2,48,1; zur zeitgenössischen Definition Herennius Philo, de div. verb. sign. η 88.

Wie Wahrheit Geschichte wird – wie Geschichte Wahrheit wird

Hermeneutisch-systematische Brocken

Pierre Bühler, Zürich

Zum Einstieg

Es freut mich, mit diesem Beitrag meinen Kollegen Jean Zumstein zu seiner Emeritierung ehren zu dürfen. Wir können auf eine mehr als vierzig Jahre alte Freundschaft und interdisziplinäre Zusammenarbeit an verschiedenen Orten zurückblicken. In diesem neutestamentlich-geschichtlich ausgerichteten Sammelband verstehe ich als Systematiker meinen Aufsatz – wie das bereits durch meinen Untertitel angedeutet wird – im Sinne eines «hermeneutisch-systematischen Zwischenspiels», in der Hoffnung, dass es das neutestamentliche Spiel nicht verdirbt, sondern interdisziplinär bereichert.

«Wahrheit und Geschichte» bildet ein weites und oft schon beackertes Feld, so dass man zunächst nicht recht weiß, wie man es neu angehen soll. Da es mein Anliegen ist, Jean Zumsteins hermeneutische und systematische Interessen zu würdigen, wähle ich meinen Ausgangspunkt in seinem Werk selbst: Die Tatsache, dass er für seinen Sammelband von 1991 den Titel *Miettes exégétiques (Exegetische Brocken)* gewählt hat,[1] ist nicht zufällig, so nehme ich an, sondern stellt einen Bezug zu Søren Kierkegaards unter dem Pseudonym Johannes Climacus veröffentlichten *Philosophischen Brocken* (und deren *Abschließender unwissenschaftlicher Nachschrift)* her.[2] Daraus folgt die Grundperspektive meines Beitrags: Wir

1 Vgl. *J. Zumstein*, Miettes exégétiques, Le monde de la Bible 25, Genf 1991.

2 In den Gesammelten Werken Kierkegaards (Eugen Diederichs Verlag, Düsseldorf/Köln): Philosophische Brocken oder ein Bröckchen Philosophie (1844), 10. Abteilung, 1–107; Abschließende unwissenschaftliche Nachschrift zu den Philosophischen Brocken (1846), 16. Abteilung, in zwei Bänden. Ich benutze im Folgenden eine andere Ausgabe: *S. Kierkegaard*, Philosophische Brosamen und Unwissenschaftliche Nachschrift, hg. v. H. Diem und W. Rest, München 1976.

wollen die Arbeitsweisen und methodischen Voraussetzungen des Exegeten von dem her befragen, was uns Kierkegaard in diesen zwei Werken zu den Interaktionen zwischen Wahrheit und Geschichte sagt, um zu beobachten, inwiefern sich Kierkegaards geschichtsphilosophische Gedanken bei Jean Zumstein auswirken. Um es etwas humoristisch zum Ausdruck zu bringen: Dieser Aufsatz soll eine Art *Nachschrift* (weder abschließend noch ganz unwissenschaftlich, und zum Glück auch nicht so breit wie Kierkegaards *Nachschrift!)* zu Jean Zumsteins *Exegetischen Brocken* werden. Da man von einer gewissen Verwandtschaft zwischen Kierkegaard und Paul Ricœur ausgehen darf, werde ich den französischen Hermeneutiker, der für Jean Zumsteins Arbeit auch eine entscheidende Rolle spielt, mit einbeziehen, insbesondere in seiner Erzähltheorie.[3] Um mit einem beliebten Begriff von J. Zumstein zu spielen, könnte ich auch sagen, dass es um eine hermeneutisch-systematische *Relektüre* seines Werkes gehen wird.[4]

Der Bezug zwischen Zumstein und Kierkegaard wurde mit Hilfe des Begriffs «Brocken» hergestellt. Das ist der Thematik von Wahrheit und Geschichte höchst angemessen, wie folgendes Zitat von Gerhard Ebeling belegt: «Auf die Geschichte gesehen, erscheint es angemessener, das Fragmentarische und das undurchdringliche Dunkel in aller Geschichtserkenntnis zu wahren und sich auf denjenigen Zuspruch zu verlassen, der auch einem Zusammenbruch universalgeschichtlicher Hypothesen gewachsen ist.»[5] Es soll deshalb für meine weiteren Ausführungen als Grundvoraussetzung gelten, dass zwischen Wahrheit und Geschichte eine grundsätzliche, unauflösbare Spannung besteht, die hier durch das Fragmentarische und undurchdringliche Dunkel zum Ausdruck gebracht wird.

Um diese mit Ebeling formulierte Spannung auszusondieren, möchte ich das Verhältnis zwischen Wahrheit und Geschichte auf zwei einander ergänzende Weisen erproben, indem ich sukzessive danach frage, inwiefern man sagen kann, dass einerseits Wahrheit Geschichte wird und dass andererseits Geschichte Wahrheit wird.

---

3 *P. Ricœur,* Temps et récit I–III, Paris 1983–1985. In deutscher Übersetzung: Zeit und Erzählung I–III, München 1988–1991.

4 Vgl. *J. Zumstein*, Kreative Erinnerung. Relecture und Auslegung im Johannesevangelium, AThANT 84, Zürich ^{2}2004.

5 *G. Ebeling*, Dogmatik des christlichen Glaubens I, Tübingen ^{3}1987, 289.

I. Wie Wahrheit Geschichte wird

Im Sinne meiner einleitenden Bemerkungen steige ich für diesen ersten Schritt meiner Reflexion bei Kierkegaard ein, der sich dabei ausführlich auf Lessing beruft: Geht man von der Hypothese aus, dass Wahrheit Geschichte wird, dass sie in die Geschichte der Menschen einbricht, so wird man mit einem «garstige[n] breite[n] Graben» konfrontiert, denn «zufällige Geschichtswahrheiten können der Beweis von notwendigen Vernunftswahrheiten nie werden».[6] In Kierkegaards Begrifflichkeit umgesetzt, lautet das Problem folgendermaßen: «Wie kann eine ewige Seligkeit auf ein historisches Wissen gebaut werden?» oder etwas ausführlicher: «Über die ewige Seligkeit des Individuums wird in der Zeit durch das Verhältnis zu etwas Geschichtlichem entschieden, das obendrein in der Weise geschichtlich ist, dass in seine Zusammensetzung dasjenige mit aufgenommen ist, was seinem Wesen zufolge nicht geschichtlich werden kann, und es also kraft des Absurden werden muss.»[7] Was Lessing als unmöglichen Sprung über einen garstigen breiten Graben beschreibt, thematisiert Kierkegaard als das Geschehen eines Paradoxen kraft des Absurden: Im Gottmenschen hat sich dieser völlig unmögliche «Sprung» ereignet, so dass nun der Glaube diese Spannung kraft des Absurden aushalten muss, «dass eine ewige Seligkeit auf das Verhältnis zu etwas Historischem gegründet wird».[8]

Bei beiden aber folgt daraus dieselbe Einschärfung einer strengen Grenze der Geschichtserforschung: Gehört die Geschichte in den Bereich des kontingent Geschehenden, entfaltet sie sich in einem komplexen Geflecht von Ursachen und Wirkungen, deren Gesetzmäßigkeiten undurchschaubar sind, so lässt sich kein apodiktisches Urteil über die Wahrheit oder Unwahrheit in der Geschichte vollziehen. Anders gesagt: Es gibt keinen direkten Zugang zur Wahrheit in der Geschichte.

Damit sind sogleich zwei Positionen ausgeschlossen, die sich, jeweils in ihrer Art, immer wieder auf die Theologie ausgewirkt haben und auch heute noch von Aktualität sind. Auf der einen Seite denke ich an das berühmte «Rankesche Ideal», das die Exegese immer wieder zu einem positivistischen Verständnis der Geschichtserkenntnis verleitet, das davon ausgeht, dass sich im kontingenten

6 *G. E. Lessing*, Über den Beweis des Geistes und der Kraft, in: ders., Gesammelte Werke VIII, Berlin/Weimar 1968, 9–16; Zitate 12 und 14; 12: «Das, das ist der garstige breite Graben, über den ich nicht kommen kann, so oft und ernstlich ich auch den Sprung versucht habe.»

7 Philosophische Brosamen (s. Anm. 2), 529, 556f. Ausführlich über Lessing in: Philosophische Brosamen (s. Anm. 2), 189–259.

8 Philosophische Brosamen (s. Anm. 2), 781.

Ablauf der Geschichtstatsachen die Wahrheit als Exaktheit erweisen kann.[9] Auf der anderen Seite steht Hegels idealistisches Nachvollziehen der Geschichte, das die dialektische Notwendigkeit des Geschichtsablaufes als einer ständigen Überwindung der Negativität in eine höhere Positivität erweisen soll. Diese zweite Position wirkt sich vielleicht mehr in der systematischen Theologie aus, obschon sie manchmal auch bei Exegeten zu finden ist.

Wie sind diese zwei Positionen aus hermeneutischer Perspektive zu beurteilen? Es seien hier in der gebotenen Kürze zwei Aspekte ins Spiel gebracht. Auf der einen Seite kann man im Gegenzug zu Leopold von Ranke auf Johann Gustav Droysens *Historik* hinweisen:[10] In seinem hermeneutischen Verständnis der Geschichtserforschung kommt ganz stark zum Zuge, dass diese Geschichtserforschung selbst geschichtlich verwurzelt ist, dass die Vergangenheit immer bereits von der Gegenwart des Historikers her interpretiert wird. Das spricht sowohl gegen die positivistische Ausschaltung des eigenen Selbst als auch gegen die idealistische Überhangsposition, die es erlauben sollte, den Gesamtablauf der Geschichte *sub specie aeternitatis* zu deuten. In beiden Fällen verdrängt man die Geschichtlichkeit der Geschichtserforschung selbst.

Dieser Einwand findet ein eindrückliches Echo in Kierkegaards Kritik der Systemphilosophen: «Es geht den meisten Systematikern im Verhältnis zu ihren Systemen, wie wenn ein Mann ein ungeheures Schloss baut und selber daneben in einer Scheune wohnt: Sie leben selber nicht in dem ungeheuren systematischen Gebäude. Aber in den Verhältnissen des Geistes ist und bleibt das ein entscheidender Einwand. Geistig verstanden müssen eines Mannes Gedanken das Gebäude sein, worin er wohnt – sonst ist es verkehrt.»[11]

In Bultmanns neutestamentlicher Hermeneutik entspricht dem die Kategorie des Vorverständnisses, die es Bultmann erlaubt, pointiert zu sagen: «Die ‹subjektivste› Interpretation ist hier die ‹objektivste›, d. h. allein der durch die Frage der eigenen Existenz Bewegte vermag den Anspruch des Textes zu hören.»[12]

Als Kritik gegen Hegels Notwendigkeit der Geschichte muss zweitens auf Kierkegaards ironisches «Zwischenspiel» in den *Philosophischen Brocken* hingewie-

---

9 Vgl. *L. von Ranke*, Geschichte der Germanischen Völker, hg. v. W. Andreas, Wiesbaden 2000, 4: «Man hat der Historie das Amt, die Vergangenheit zu richten, die Mitwelt zum Nutzen zukünftiger Jahre zu belehren, beigemessen; so hoher Ämter unterwindet sich gegenwärtiger Versuch nicht; er will blos zeigen, wie es eigentlich gewesen.» Vgl. auch das bei Ranke damit verbundene Prinzip der Ausschaltung des eigenen Selbst des Historikers (*L. von Ranke*, Englische Geschichte, in: ders., Sämmtliche Werke. Zweite Gesammtausgabe XV, 103).

10 *J. G. Droysen*, Historik, hg. v. P. Leyh, Stuttgart 1977.

11 *S. Kierkegaard*, Die Tagebücher II, Düsseldorf/Köln 1963, 42 (Papirer VII A 82).

12 *R. Bultmann*, Das Problem der Hermeneutik, in: ders., Glauben und Verstehen II, Tübingen ^{3}1952, 211–235, 230. In einem vergleichbaren Sinne thematisiert *G. Ebeling* die Gefahr der Situationsvergessenheit in der Dogmatik; vgl. Dogmatik I (s. Anm. 5), 168f.

sen werden: «Ist das Vergangene notwendiger als das Zukünftige? Oder: Ist das Mögliche, indem es wirklich geworden ist, dadurch notwendiger geworden, als es war?»[13] Kierkegaard antwortet entschieden negativ: Nein, das Vergangene ist nicht notwendiger als das Zukünftige, und das Mögliche wird nicht notwendiger dadurch, dass es wirklich wird. Anders gesagt: Geschichte als Geschehen bleibt stets kontingent, und durch Geschehen wird keine Notwendigkeit erreicht. Mit anderen Worten: Die Möglichkeit bleibt die prioritäre Perspektive. Aus der Geschichte gehen immer wieder neue, unvorhersehbare Möglichkeiten hervor, die auf Zukunft hinweisen.

Auf dem Grund dieser doppelten Kritik am Positivismus und am Idealismus möchte ich nun eine hermeneutisch-systematische Position aufbauen, die sowohl an Kierkegaards Geschichtsphilosophie als auch an Ricœurs Hermeneutik anknüpft, insbesondere an seine Hermeneutik des Zeugnisses[14] und an seine Auffassung der Erinnerungsarbeit[15]. Berücksichtigt man die bis hierher betonte Indirektheit des Zugangs zur Wahrheit in der Geschichte durch das Fragmentarische und das Dunkel hindurch, so kann man deren Konsequenz positiv folgendermaßen formulieren: Die Geschichtserforschung muss sich mit *Spuren* befassen, die gewisse *Zeugnisse* hinterlassen, die sich der Aufgabe widmen, die Wahrheit in der Geschichte zu bezeugen. Auf vielfältige Weise kommt dieses Verhältnis zwischen Wahrheit und Zeugnis gerade im Johannesevangelium zur Sprache, so etwa sehr prägnant, wenn von Johannes dem Täufer gesagt wird: «er hat Zeugnis abgelegt für die Wahrheit»[16]. Eine privilegierte Form von Spuren, welche die Wahrheitsbezeugungen hinterlassen, sind Texte, mit deren Auslegung sich die Exegeten befassen müssen. In diesem Sinne könnte man auch das ganze Johannesevangelium als eine einzige große Spur einer Bezeugung von Wahrheit in der Geschichte betrachten.

Als bezeugte Wahrheit ist die Wahrheit nie *objektiv* gegeben: Aus einem Zeugnis ergeht nicht *die* Wahrheit, sondern in ihm liegt latent nur ein Anspruch auf Wahrheit, der als Anspruch explizit wird, wenn die Bezeugung in Konkurrenz mit anderen Wahrheitszeugnissen gerät und ein Gespräch oder ein Disput um den Wahrheitsgehalt entsteht. Deshalb lässt sich Lessings «garstiger breiter Graben» nie überwinden oder einebnen; die Wahrheitszeugnisse können sich nur stets mit diesem Graben auseinandersetzen, durch teils argumentative, teils narrative Erinnerungsarbeit (im Sinne Ricœurs), um die Geschichte gewordene

---

13 Philosophische Brosamen (s. Anm. 2), 86–102.

14 *P. Ricœur*, L'herméneutique du témoignage, in: ders., Lectures III, Paris 1994, 107–139.

15 Vgl. insbesondere *P. Ricœur*, La mémoire, l'histoire, l'oubli, Paris 2000. In deutscher Übersetzung: Gedächtnis, Geschichte, Vergessen, München 2004.

16 Joh 5,33. Vgl. zur johanneischen Behandlung des Zeugnisses J. Zumsteins Beitrag in diesem Band (35–54).

Wahrheit als ein gegenwärtiges, Zukunft eröffnendes Mögliches erklingen zu lassen.[17] Diese kreative Erinnerungsarbeit lässt sich am Beispiel des Neuen Testamentes illustrieren: Die neutestamentlichen Texte bezeugen Jesus von Nazaret als Wahrheit, die in die Geschichte hinein gekommen ist, und so verkündigen sie ihn als den auf verschiedene Weisen erinnerten Jesus[18]. Dadurch wird der vergangene *eventus* immer wieder zu einem zukunftseröffnenden *adventus*, oder johanneisch gesagt: Die bezeugte Wahrheit wird als stets freimachende Wahrheit in Anspruch genommen.[19] Im Sinne von Ricœurs Erzähltheorie kann das freilich nur so geschehen, dass durch die Erinnerungsarbeit Geschichte und Fiktion sich kreativ überkreuzen, dass also das historische Geschehen als eschatologisches fiktionalisiert wird.[20]

Daraus folgen nun, in Anlehnung an Kierkegaards *Nachschrift*, ein paar Hinweise auf die *conditio methodica* der Exegese. Ich möchte sie folgendermaßen formulieren: Natürlich hat sie zur Aufgabe, mit methodisch gesicherten Kriterien die Texte, in denen Wahrheit bezeugt wird, zu interpretieren und dadurch zu erschließen, was in ihnen auf dem Spiel steht. In Kierkegaards Begrifflichkeit könnte man sagen, dass sie durch ihre Arbeit an den Texten und deren Kontext möglichst objektive Geschichtserkenntnis anvisiert. Im Urteil Kierkegaards ist sie deshalb als solche immer nur eine Bemühung unendlicher Annäherung im Zeichen einer konstanten objektiven Ungewissheit.[21] Wahrheit ist deshalb nie in direktem Zugang zu haben: Es wird höchstens um Wahrscheinlichkeits- oder Unwahrscheinlichkeitsgrade gehen. Diese objektive Ungewissheit muss die Exegese als kritisches Auslegungsverfahren anerkennen: Sie bildet sozusagen die hermeneutische Grundbedingung des historischen Forschens, die Jean Zumstein auch immer wieder seinen Studierenden (und manchmal seinen Kollegen!) eingeschärft hat.[22]

---

17 Es entspricht einem wichtigen Anliegen von Jean Zumstein, in diesem Sinne die historisch-kritische Methode mit Werkzeugen der rhetorischen und der narratologischen Textanalyse anzureichern.

18 Vgl. in diesem Sinne Jens Schröters Arbeiten, auch im vorliegenden Band (13–33).

19 Vgl. Joh 8,32.

20 In *Temps et récit* spricht Ricœur in diesem Sinne von einem «entrecroisement de l'histoire et de la fiction», der sowohl eine «fictionalisation de l'histoire» als auch eine «historicisation de la fiction» zur Folge hat; vgl. Temps et récit III (s. Anm. 3), 264–279. Vgl. auch J. Zumsteins Beitrag in diesem Band (35–54).

21 So bestimmt Kierkegaard in seiner *Nachschrift* stets die Grundbedingung der Suche nach objektiver Wahrheit. Wie wir im zweiten Teil unserer Reflexion sehen werden, stellt sich Gewissheit nur im Wagnis der subjektiven Aneignung der Wahrheit ein. Über die Grenze zwischen den zwei Perspektiven wacht die sokratische Ironie.

22 Vgl. etwa *J. Zumstein*, L'interprétation du Nouveau Testament, in: ders., Miettes exégétiques (s. Anm. 1), 33–49.

Nun stellen sich aber für die systematische Theologie vergleichbare Schwierigkeiten. Die Systematiker sind sich in ihren geschichtsphilosophischen Ansätzen oft nicht ihrer Grenzen bewusst, so dass auch hier eine hermeneutische Kritik erforderlich wird. Wie Ricœur in seinem frühen Sammelband *Histoire et vérité*[23] in Sachen Geschichtsphilosophie von der Notwendigkeit eines Agnostizismus gesprochen hat, könnte man ähnlich die systematische Theologie zu einem Agnostizismus in Sachen Geschichtstheologie aufrufen. Sie sollte von allen Positionen Abstand nehmen, die auf einen wahren Sinn der Geschichte als objektiv gegebene Tatsache schließen, sei das in Form einer Heilsgeschichte, einer proleptischen Universalgeschichte oder einer messianischen Volk-Gottes-Theologie. Überall dort, wo eine Geschichtstheologie als Erfassung einer Sinntotale in der Geschichte in Anspruch genommen wird, droht eine Überhangsposition, in der über Wahrheit in der Geschichte außerhalb der hermeneutischen Position der Wahrheitsbezeugung statuiert wird.[24] Die systematische Theologie hat nicht situationsvergessen, sondern situationsbezogen zu geschehen und muss deshalb im Sinne Droysens die Geschichtlichkeit ihres eigenen Vorgehens berücksichtigen. Im Sinne von Ricœurs Erzähltheorie könnte man deshalb sagen, dass eine Geschichtstheologie nur sinnvoll sein kann als eine situationsbezogen beabsichtigte, bewusst vollzogene Fiktionalisierung der Geschichte, etwa als Utopie oder Apokalypse, deren geschichtliche Verwurzelung das Zeugnis und dessen Wahrheitsanspruch ist, und nicht eine Wahrheit *sub specie aeternitatis.*

II. Wie Geschichte Wahrheit wird

Im zweiten Teil unserer Reflexion müssen wir jetzt die andere Perspektive erproben, nämlich inwiefern man davon sprechen kann, dass Geschichte Wahrheit wird. Dieser zweite Teil bildet eine Art Pendant zum ersten. Denn wenn es keinen direkten Zugang zur Wahrheit in der Geschichte gibt, kann die Ge-

---

23 *P. Ricœur,* Histoire et vérité, Paris ³1967. In deutscher Übersetzung: Geschichte und Wahrheit, Wien 1974. Vgl. vor allem in diesem Sammelband: Le christianisme et le sens de l'histoire, 93–112. Ähnlich, wenn auch von anderen Denkvoraussetzungen her, plädiert Karl R. Popper ebenfalls für einen Agnostizismus in Sachen Geschichtsphilosophie; vgl. *K. R. Popper,* Die offene Gesellschaft und ihre Feinde II. Falsche Propheten. Hegel, Marx und die Folgen, UTB 473, München ⁶1980, 320–347. Auch hier wird die Frage «Hat die Weltgeschichte einen Sinn?» negativ beantwortet, und zwar ebenfalls in Anlehnung an Kierkegaard.

24 Zu einer kritischen Auseinandersetzung mit der Thematik der Sinntotale, vgl. *W. Mostert,* Sinn oder Gewissheit? Versuche zu einer theologischen Kritik des dogmatistischen Denkens, Tübingen 1976. Vgl. auch *P. Bühler,* Le sens de l'histoire comme problème de la théologie systématique, in: RThPh 116 (1984), 309–321.

schichte als solche, in ihrer Totalität, auch nicht Wahrheit werden, wie wir soeben bei der kritischen Einschätzung der Geschichtstheologie gesehen haben. Das heißt: Auch hier wird sich die Indirektheit des Umweges über die Spuren der Zeugnisse auswirken. Dabei erfolgt ein bewusster Sprachwechsel: Die in den historischen *Wahrheitsbezeugungen* enthaltenen *Wahrheitsansprüche* werden nun zu *Wahrheitsangeboten*, die in den Texten den Adressaten, den Lesern, zugespielt werden. Um es an einem johanneischen Beispiel zu illustrieren: Wenn Jesus in Joh 14,6 sagt: «Ich bin der Weg, die Wahrheit und das Leben», bildet das den christologisch begründeten Wahrheitsanspruch des johanneischen Evangeliums; wenn dann hinzugefügt wird: «niemand kommt zum Vater, es sei denn durch mich», so wird aus dem Wahrheitsanspruch ein Wahrheitsangebot. Dieses Angebot kann in verschiedenen Gestalten mitgeteilt werden. Aus der Sicht der Sprechakttheorie könnte man sagen: durch unterschiedliche performative Äußerungen, etwa Deklarative, Promissive oder Direktive. Solche Mitteilungen von Wahrheitsangeboten stellen keinen Totalitätsanspruch, sondern sind immer nur Perspektiven, von denen her dem Menschen ermöglicht wird, in seiner konkreten Situation, in seiner Geschichtlichkeit, Geschichte wahrzunehmen und zu verantworten. Das Beieinander der zwei Verben «wahrnehmen» und «verantworten» erlaubt uns ein Wortspiel: Wahrheit in der Geschichte lässt sich nur *wahr*nehmen, indem in Verantwortung auf das Wahrheitsangebot, das in den Zeugnissen der Geschichte erklingt, ge*antwort*et wird. Wenn man auf diese Weise das Perspektivische betont, markiert man zugleich, dass diese Wahrheitsangebote auf den existentiellen Umgang mit der Geschichte (die Reformatoren hätten gesagt: den *usus* der Geschichte) ausgerichtet sind.

Um es in Ricœurs hermeneutischer Terminologie zum Ausdruck zu bringen: In der Textwelt öffnen sich dem Leser neue Seinsmöglichkeiten, die er mit in seine Lebenswelt nehmen kann. In narratologischer Sprache formuliert: Aus der Geschichte können so für den Menschen immer wieder neue Geschichten hervorgehen, die ihn zur Aufgabe der narrativen Identität anspornen.[25] Das Narrative spielt auch für Kierkegaard eine wichtige Rolle: Bezug nehmend auf 2Sam 12,1–7 betont er in einer erbaulichen Rede, wie wichtig es ist, dass der Prophet Nathan dem König David keine direkte Moralpredigt hält, sondern ihm indirekt das Gleichnis des reichen und des armen Bauern zuspielt, aus dem eine performative Identitätszuweisung hervorgehen kann: «Du bist der Mann!» Dadurch eröffnet sich für David eine neue Geschichte der Buße und der Vergebung, aus der er neu hervorgehen darf. Diese Wende kommentierend sagt Kierkegaard: «Sieh, die Erzählung, die der Prophet vorgetragen hat, ist eine

---

25 Vgl. *P. Ricœur*, L'identité narrative, in: P. Bühler/J.-F. Habermacher (Hg.), La narration. Quand le récit devient communication, Genf 1988, 287–300.

Geschichte gewesen; dies Wort aber: du bist der Mann, es ist eine andere Geschichte – es ist der Übergang zum Subjektiven.»[26]

Was heißt hier «Übergang zum Subjektiven»? Das soll in Anlehnung an Kierkegaard und Ricœur kurz erläutert werden. Weil die objektive Erkenntnis der Wahrheit keine endgültige Gewissheit gewährt, sondern sich im Zeichen einer objektiven Ungewissheit ständig nur der Wahrheit annähern kann, im Sinne einer unendlichen Approximation, kann nach Kierkegaard die Wahrheit nur Gewissheit werden, indem der Mensch das Wagnis eingeht, sie in seiner geschichtlichen Existenz anzueignen als ein neues Mögliches, das von der Vergangenheit in die Gegenwart hineinwirkt, in ihr Zukunft eröffnet. In Kierkegaards *Nachschrift zu den Philosophischen Brocken* bildet die Aneignung eine zentrale Kategorie, die sich auf die Hermeneutik des 20. Jahrhunderts stark ausgewirkt hat, über Heidegger, Bultmann und Gadamer auch auf Ricœurs Hermeneutik. In der Bewegung der dreifachen Mimèsis[27] bildet die Aneignung erzähltheoretisch das Moment der dritten Mimèsis, als *Refiguration* charakterisiert: Im Text werden dem Leser neue Seinsmöglichkeiten zugespielt, die ihn in seine Lebenswelt einweisen. Dort kann er sie zu seiner narrativen Identität werden lassen und so «refiguriert werden». Kierkegaard seinerseits spricht von dieser Aneignung als einer *Reduplikation* der Wahrheit in der Existenz. Solange diese Reduplikation nicht geschieht, bleibt die Wahrheit abstrakt, wie die oben zitierte Kritik an den Systemphilosophen zeigt. Erst existentiell redupliziert wird sie konkret im wörtlichen Sinne: erst dann wächst sie mit dem Lebensvollzug zusammen.

Diese Aneignung, so Ricœur, kann sich nur durch *Verfremdung* vollziehen. Anders gesagt: Der Mensch muss sich selbst gegenüber auf Distanz gesetzt, zu einem Loslassen bewegt, einer Selbstenteignung ausgesetzt werden. Deshalb kann Ricœur sagen: «Das Verstehen ist daher ebenso sehr Enteignung als Aneignung.»[28] Im selben Sinne hat Bultmann versucht zu zeigen, dass an verschiedenen Stellen des Neuen Testaments das Evangelium an den Menschen anknüpft, indem es ihm widerspricht.[29]

In seiner *Nachschrift* kann Kierkegaard dieselbe konstitutive Spannung dadurch zum Ausdruck bringen, dass er dort, wo er im Sinne der Aneignung betont, dass die Wahrheit die Subjektivität sei, zugleich sagen kann, dass die Un-

---

26 *S. Kierkegaard*, Zur Selbstprüfung der Gegenwart anbefohlen, in: ders., Gesammelte Werke (s. Anm. 2), 27.–29. Abteilung, 75.

27 Dazu, vgl. *Ricœur*, Temps et récit I (s. Anm. 3), 85–129.

28 *P. Ricœur*, Philosophische und biblische Hermeneutik, in: ders., P. Ricœur/E. Jüngel, Metapher. Zur Hermeneutik religiöser Sprache. Mit einer Einführung von P. Gisel, Sonderheft Evangelische Theologie, München 1974, 33.

29 *R. Bultmann*, Anknüpfung und Widerspruch, in: ders., Glauben und Verstehen II (s. Anm. 12), 117–132.

wahrheit die Subjektivität sei: «[...] die Subjektivität, die Innerlichkeit ist die Wahrheit; gibt es nun einen *innerlicheren* Ausdruck dafür? Ja, wenn die Rede: die Subjektivität, die Innerlichkeit ist die Wahrheit, so beginnt: die Subjektivität ist die Unwahrheit.»[30] Damit wird unterstrichen, dass die Reduplikation nie ein für alle Mal verwirklicht ist, sondern stets in Spannung bleibt und deshalb immer neu in Angriff genommen werden muss. Die Wahrheit in ihrer existentiellen Ausrichtung bleibt eine offene Sache, die ständig auf dem Spiel steht. Ob der Mensch in der Wahrheit oder in der Unwahrheit lebt, hängt davon ab, wie der Mensch die ihm zugespielten Wahrheitsangebote aufnimmt und in seinem Lebensvollzug redupliziert. Wahrheit geschieht deshalb als Bewahrheitung, *Bewährung* des Lebens. Mit den Worten eines neutestamentlichen Zeugnisses, das Jean Zumstein besonders liebt, kann sich diese Dimension folgendermaßen formulieren: «Wenn ihr in meinem Wort bleibt, seid ihr wirklich meine Jünger, und ihr werdet die Wahrheit erkennen, und die Wahrheit wird euch frei machen.» (Joh 8,31f.).

Zusammenfassend könnte man sagen: Geschichte wird nur zur Wahrheit als eine vom Menschen in ihrem fragmentarischen und opaken Charakter wahrgenommene und voll verantwortete Geschichtlichkeit. Daraus folgt, so scheint mir, das bleibende Recht der Existentialinterpretation in der Exegese (auch über den Rücktritt von Jean Zumstein hinaus!). Gewiss, die Exegese muss mit neuen, den Sprach-, Human- und Sozialwissenschaften entliehenen Methoden angereichert werden, davon ist auch J. Zumstein überzeugt. Dennoch bleibt die Existentialinterpretation, wenn auch auf neuen Wegen vielleicht, eine bleibende Aufgabe, der sich J. Zumstein stets gewidmet hat.

Zum Abschluss

Welche Folgen hat unsere hermeneutisch-systematische Reflexion für die interdisziplinäre Arbeit zwischen systematischer Theologie und biblischer Exegese? Jede theologische Reflexion über Wahrheit und Geschichte ist grundlegend in der existentiellen Erfahrung der Geschichtlichkeit verankert. Das gilt sowohl für die Exegese als auch für die systematische Theologie. Wird diese Geschichtlichkeit in der Exegese vernachlässigt, wird für diese wohl zur größten Gefahr, dass sie zu einem reinen Positivismus verkommt. Wird sie hingegen in der systematischen Theologie vernachlässigt, droht dieser eine situationsvergessene Faszination für die Sinntotale. Deshalb könnte man sagen: Wenn die Ge-

30 Philosophische Brosamen (s. Anm. 2), 349f. Vgl. mehrmals im betreffenden Kapitel («Die subjektive Wahrheit, die Innerlichkeit; die Wahrheit ist die Subjektivität», 328–400).

schichtlichkeit verloren geht, wachsen Exegese und systematische Theologie auseinander, geraten in ein Konkurrenzverhältnis im Versuch, jeweils spezifische hermeneutische Arbeitsbedingungen in Anspruch zu nehmen. Eine beidseitige Anerkennung der Verankerung in der Geschichtlichkeit hingegen *könnte* eine mögliche Zusammenarbeit im Sinne einer gemeinsam wahrgenommenen Verantwortung dafür sein, dass beim Lesen der biblischen Texte auch immer der gegenwärtige und künftige Lebensvollzug der Leserinnen und Leser die Grundperspektive der Auslegung markiert. Deshalb möchte ich, in Anlehnung an die mit Jean Zumstein regelmäßig erlebte Zusammenarbeit, mit zwei Aufrufen an die Exegese schließen: Es wäre schön, wenn die Exegese weiterhin an einer dynamischen Zusammenarbeit mit der systematischen Theologie interessiert wäre. Und, gleich damit verbunden: Die Exegese sollte deshalb ihr hermeneutisch-theologisches Profil als etwas Wertvolles bewahren.

Wahrheit und Geschichte im Lichte Darwins

Philipp Sarasin, Zürich

1. Einleitung

Wie kann man im Kreis von Theologen als Historiker und überdies «im Lichte Darwins» über Wahrheit und Geschichte sprechen …? Sind es nicht offenkundig zu große, ja unbeantwortbare Fragen, die mit einem solchen Titel aufgeworfen werden? In der Tat: Darwin und die Kirche, beziehungsweise die Evolutionstheorie und der christliche Glaube, haben ein notorisches Verhältnis zueinander, zu dessen weiteren Kenntnis oder Erhellung ich nichts werde beitragen können. Es ist zwar wohlbekannt, dass ganz im Gegensatz zum fundamentalistisch inspirierten Kreationismus weder die katholische noch die protestantische Theologie unüberbrückbare Gegensätze zwischen der Evolutionstheorie und dem christlichen Glauben sehen,[1] oder vielmehr, dass die Theologie im Wesentlichen auf der Trennung der Glaubensdinge von der Domäne der Wissenschaft besteht und dass sie überdies der Überzeugung ist, dass die spirituelle Dimension des Glaubens in ihrem eigenen Recht steht und von wissenschaftlichen Erkenntnissen welcher Art auch immer gar nicht affiziert werden kann. Zuweilen ist dabei auch von «spirituellen Bedürfnissen» des Menschen die Rede, die nicht dadurch verschwänden, dass man die wissenschaftliche Unbeweisbarkeit Gottes behaupte.

Das sind alles Fragen, von denen ich nichts verstehe und die *als* systematische Fragen für einen Historiker auch nicht von Belang sind. Aber auch wenn es nicht um den Glauben, sondern um Wahrheit und Geschichte im Lichte Darwins gehen soll, müsste der Historiker redlicher Weise schon *forfait* erklären. Denn auch «Wahrheit» ist für uns ein heikles Terrain – wir ziehen es vor, von Wahrheit*en* zu sprechen, und wir denken sie als relativ, als historisch kontingent. Die Behauptung absoluter, der Zeit enthobener Wahrheiten ist uns fremd.[2] Das

---

1 Vgl. dazu zum Beispiel den Sammelband von *H. A. Müller* (Hg.), Evolution: woher und wohin? Antworten aus Religion, Natur- und Geisteswissenschaften, Göttingen 2008.

2 Vgl. aus einer großen Zahl von Titeln u. a. *H.-J. Goertz*, Unsichere Geschichte. Zur Theorie historischer Referentialität, Stuttgart 2001; *R. M. Kiesow/D. Simon* (Hg.), Auf der Suche nach der

lehrte bekanntlich schon Ranke und seit ihm der Historismus, obwohl dieser in seinem nationalistischen Taumel seine frühe Einsicht in der Zeitgebundenheit aller Wahrheiten dann im Laufe des 19. Jahrhunderts wieder vergessen hat.[3] Allein, diese These von der Relativität der Wahrheit ist als solche eine vergleichsweise uninteressante Position. Denn sie erweist sich bei näherer Prüfung als ein Vorentscheid, der methodisch sicher brauchbar, *de facto* aber auch sehr bequem sein kann und intellektuell wenig befriedigend ist. Denn sie darf immer gelten, ohne dass man damit im Einzelfall viel lernt.

Michel Foucault, eine für mich wichtige Referenz im Nachdenken über Geschichte, hat grob gesagt zwei Bezüge zur Wahrheit diskutiert: zum einen die *parrhesia*, das «Wahr-sprechen», das heißt das freimütige Aussprechen einer – seiner – tief empfundenen Wahrheit etwa durch einen, der den Anspruch erhebt, im Rahmen der griechischen Polis ein freier Bürger zu sein.[4] Das will ich hier beiseite lassen. Zum anderen aber hat Foucault uns Historiker dazu aufgefordert, die historischen *Möglichkeitsbedingungen* von Wahrheiten zu untersuchen. Wann, wie und unter welchen Voraussetzungen können wahre Sätze geäußert werden – und zwar nicht «an sich» wahre Sätze, im Sinne von: Unter welchen Bedingungen kann «die» Wahrheit zum Durchbruch kommen? etc., sondern: Welches sind jeweils die Bedingungen, die bestimmten Sätzen einen Wahrheitsstatus zukommen lassen? Warum gelten in einer bestimmten Zeit bestimmte Aussagen als wahr und andere als falsch?[5] Auch hier ist die Vorstellung der Relativität aller Wahrheit selbstverständlich nicht fern, aber der Akzent liegt nicht auf diesem vergleichsweise blassen Philosophem, sondern auf der komplizierten historischen Frage, diese *Bedingungen* der Veridiktion tatsächlich zu rekonstruieren.

Ich werde auf diesen Punkt zurückkommen; hier genügt es festzustellen, dass die Arbeitshypothese von Historikern selbstverständlich darin besteht, die

---

verlorenen Wahrheit. Zum Grundlagenstreit in der Geschichtswissenschaft. Mit Beiträgen von L. Daston, E. Flaig *et al.*, Frankfurt am Main/New York 2000.

3 Vgl. dazu *W. Hardtwig*, Geschichtsreligion – Wissenschaft als Arbeit – Objektivität. Der Historismus in neuer Sicht, in: Historische Zeitschrift 252 (1991), 1–32; *ders.*, Die Verwissenschaftlichung der neueren Geschichtsschreibung, in: H.-J. Goertz (Hg.), Grundkurs Geschichte, Reinbek bei Hamburg 2007, 296–313.

4 *M. Foucault*, Diskurs und Wahrheit. Die Problematisierung der Parrhesia. 6 Vorlesungen, gehalten im Herbst 1983 an der Universität Berkeley/Kalifornien, Berlin 1996.

5 Siehe dazu vor allem: *M. Foucault*, Die Ordnung des Diskurses. Inauguralvorlesung am Collège de France – 2. Dezember 1970, Frankfurt am Main 1991 (L'Ordre du Discours, Paris 1970); *ders.*, Nietzsche, die Genealogie, die Historie, in: Schriften in vier Bänden. Dits et Ecrits, Band II: 1970–1975, hg. von D. Defert und F. Ewald unter Mitarbeit von J. Lagrange, Frankfurt/M. 2002, 166–190; *ders.*, Die Wahrheit und die juristischen Formen, in: Schriften in vier Bänden. Dits et Ecrits, Band II, 669–792.

zeitliche Begrenztheit von Wahrheiten – immer im Plural – anzunehmen und selbst zu all diesen vielen vergänglichen Wahrheiten ein durchaus agnostisches Verhältnis zu bewahren. Historiker sind in dieser Hinsicht vielleicht tatsächlich Relativisten, sie sind aber, wie Carlo Ginzburg sagte, in erster Linie Spurensucher[6], oder, wie Foucault es mit anderem Akzent bestimmte, Genealogen[7]: Das heißt, sie *definieren* nicht, glauben an nichts und halten keine Wahrheiten fest, sondern rekonstruieren ein Herkommen und einen Entwicklungspfad. Darin sind sie durchaus den «Fakten» verpflichtet und nehmen es mit der Rekonstruktionsarbeit im Archiv genau.[8] In gewisser Hinsicht kann man noch hinzufügen, dass dies umso besser – d. h. «kühler», «objektiver» – gelingt, je ferner uns die untersuchte Epoche und je fremder die entsprechende Kultur ist. Das ändert freilich nichts daran, dass jede historische Arbeit an den zeitlichen und kulturellen Standpunkt gebunden bleibt, von dem aus sie in die Vergangenheit blickt. Es ist immer *unser* Blick in die Geschichte, ein Blick, der immer in seiner Relativität beschränkt bleibt und «unrein» ist, wie Donna Haraway sagte. Es kann hier wie in allen anderen Feldern menschlichen Erkennens keine «göttlichen Tricks» geben.[9]

Umgekehrt zeigt sich dann aber für die Geschichte der Moderne, dass unser eigener Standpunkt, auf dem wir notgedrungen stehen, von dieser Kultur umspült und damit recht eigentlich erst ermöglicht wird. Das muss nicht heißen, dass wir unserer Kultur gegenüber nicht auch eine distanzierte, ja kritisch-dekonstruktive Haltung einnehmen können oder gar müssen. Doch wenn wir versuchen würden, diese Kultur mit all ihren Grundannahmen durch unseren historischen Skeptizismus gänzlich zu verflüssigen, würde sich nicht nur das erkenntnistheoretische Problem zeigen, dass man keinen metahistorischen Standpunkt außerhalb der Zeit einnehmen kann, von dem her alles gemessen, alles relativiert und alles dekonstruiert werden kann bzw. könnte. Es würde sich vor allem zeigen, dass es moderne philosophische Konzepte und Positionen gibt, von denen wir intellektuell selbst zehren und leben. Wir können es uns nicht leisten, unsere eigene, halbwegs trockene Sandbank in der Zeit, unseren eigenen Standort des Aussprechens wahrer wissenschaftlicher Sätze, durch

---

6 Vgl. *C. Ginzburg*, Spurensicherungen: über verborgene Geschichte, Kunst und soziales Gedächtnis, Berlin 1983.

7 Vgl. zu diesem Konzept *Ph. Sarasin*, Darwin und Foucault. Genealogie und Geschichte im Zeitalter der Biologie, Frankfurt am Main 2009.

8 Vgl. dazu auch die zuweilen etwas polemischen Einwände von Roger Chartier gegen die sogenannten postmodernen Tendenzen in der Geschichtswissenschaft in *R. Chartier*, Au bord de la falaise. L'historien entre certidues et inquiétude, Paris 1998.

9 *D. Haraway*, Situiertes Wissen. Die Wissenschaftsfrage im Feminismus und das Privileg einer partialen Perspektive, in: E. Scheich (Hg.), Vermittelte Weiblichkeit. Feministische Wissenschafts- und Gesellschaftstheorie, Hamburg 1996, 217–248.

historische Kritik gänzlich wegzuspülen – auch oder vielmehr gerade weil wir wissen, dass unsere eigenen wissenschaftlichen Thesen damit viel von ihrer prätendierten Objektivität einbüßen.

Doch ich will hier nicht über die erkenntnistheoretischen Probleme der Geschichtswissenschaft, sondern über unsere eigenen epistemologischen Voraussetzung sprechen. Denn mit Blick auf unsere eigene Moderne und gerade «im Lichte Darwins» zeigt sich, dass der Historiker hier merkwürdig zögert. Darwin und damit Darwins «Wahrheit» – ich setze den Begriff immerhin in Anführungszeichen – sind für uns nicht belanglos. Sie sind es nicht, weil wir auch zu jenen gehören, die die Grundaussagen der Evolutionsbiologie für «wahr» halten und daher nichts mit den Kreationisten zu tun haben wollen – es soll im Folgenden noch deutlicher werden, warum das so ist. Die Darwin'schen Thesen oder zumindest ein Teil davon sind aber auch deshalb für uns nicht belanglos, weil Darwin selbst nichts anderes als ein Historiker war.[10] Nicht weil ich eine besondere Einsicht in die Wahrheiten der Biologie hätte, sondern weil Darwin genuin historisch dachte, halte ich sein Denken für «wahr» – und versetze mich damit in den offenkundigen performativen Selbstwiderspruch eines Wissenschaftshistorikers, der doch nur die ausgewiesene Beschränktheit und zu weiten Teilen auch Überholtheit der Darwin'schen Biologie referieren sollte.

Sei es also, wie es wolle: zu große Fragen, Unbeantwortbares und ein unauflöslicher Selbstwiderspruch – ich werde gleichwohl versuchen, die Frage zu diskutieren, was wir bei Darwin über das Verhältnis von Wahrheit und Geschichte erfahren. Um aber nicht bei solchen vergleichsweise abstrakten Problemen stehen zu bleiben, werde ich im zweiten Teil meiner Überlegungen versuchen, das etwas spezifischere Problem aufzugreifen, das zweifellos im Kern jeder Religion, vielleicht aber auch im Kern des Wahrsprechens selbst liegt: die Frage des Gewissens, von dem Darwin sagte, es unterscheide – vor allem anderen – den Menschen vom Tier.

2. Charles Darwin, Historiker

Zur Erörterung der Frage, wie Darwin als Historiker zu verstehen ist, ist es sinnvoll, diese sehr berühmte Skizze in den Blick zu nehmen, die Darwin kurz nach seiner Rückkehr von seiner fünfjährigen Weltreise mit der H. M. S. Beagle im Sommer 1837 in London in seinem *Notebook B* unter dem «I think» anfertigte. Es war dies die erste Darstellung dessen, was man später die darwinsche

---

10 *Ph. Sarasin*, Charles Darwin, Historiker, in: Vierteljahrsschrift der Naturforschenden Gesellschaft in Zürich 154 (2009), Nr. 3/4, 1–3.

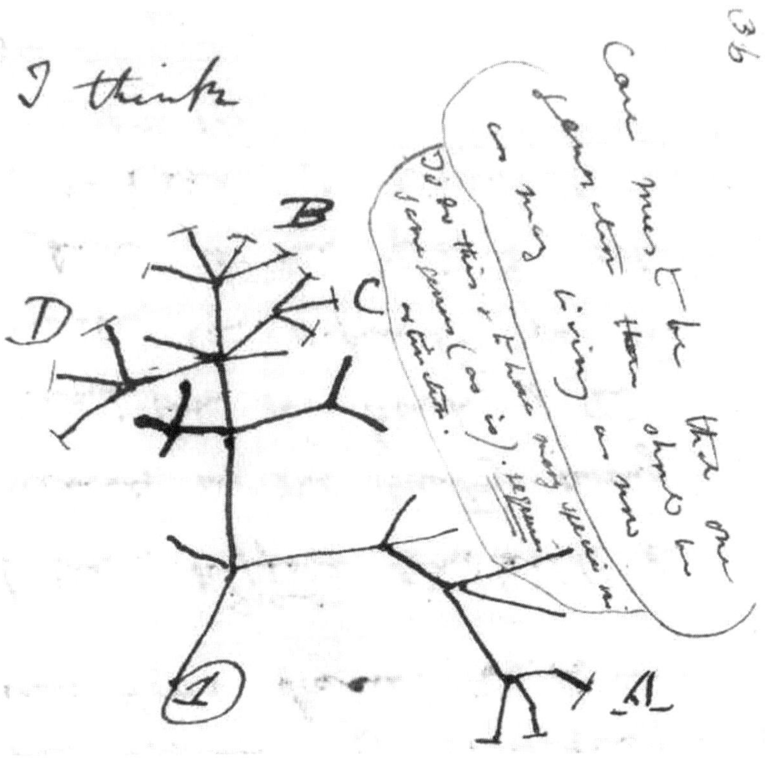

Darwins erster Stammbaum von 1837 (*Notbook B*)

Evolutionstheorie nannte, und die Kunsthistorikerin Julia Voss hat dazu treffend bemerkt, dieser erste Entwurf der Theorie sei eben nicht zufällig eine *Zeichnung*[11]: Das heißt, sie ist die Visualisierung – man könnte auch sagen die Halluzination – eines historischen Prozesses, dessen Zeiträume sich kein Mensch vorstellen kann. Sie ist vor allem aber, wie Voss betont, im Gegensatz zu *allen* damaligen spekulativen Schemata möglicher Entwicklungslogiken entschieden unregelmäßig, wie der von Voss ausführlich demonstrierte Vergleich mit entsprechenden Gliederungs-, Ordnungs- oder auch Evolutionsschemata der Organismen aus der ersten Hälfte des 19. Jahrhunderts enthüllt, die alle die Ordnung der Natur *more geometrico* dachten und die mögliche Evolution gemäß einem logisch rekonstruierbaren Schema zu denken versuchten. Im Unterschied dazu aber zeigt Darwins Skizze in äußerster graphischer Reduktion eine Abstammungslinie und damit eine *historische* Bewegung, ohne dass es dafür offen-

---

11 *J. Voss*, Darwins Bilder. Ansichten der Evolutionstheorie 1837–1874, Frankfurt am Main 2007, 95–174.

kundig einen Plan oder eine Logik zu geben scheint, die sich graphisch darstellen oder in geometrischen Gestalten metaphorisieren ließen.

Dieser Gedanke beschäftigte Darwin die nächsten zwanzig Jahre. Als er 1859 sein epochales Buch *On the Origin of Species by Means of Natural Selection* veröffentlichte,[12] verzichtete er gänzlich auf Bilder von Tieren und Pflanzen – bis auf ein einziges Diagramm, das im eigentlichen Sinn nichts abbildet, sondern seine Theorie zur Darstellung bringt.

Dazu sind einige Dinge zu sagen; ich will fünf Punkte nennen. Das Diagramm zeigt die Entwicklungslinien von elf fiktiven Arten A bis L. Es untersucht diese Entwicklung etwas genauer im Raum von 10 Zeitschritten – je 1000 Generationen oder auch eine Million, das spielt keine Rolle, wie Darwin schreibt –, und es zeigt ganz zufällige Muster: Einzelne Arten können sich konstant und ohne Veränderung weiterentwickeln, einige sterben plötzlich aus, andere schaffen es bis in die jüngste Zeit. Wieder andere sind einem heftigen Anpassungs- und Veränderungsdruck ausgesetzt und produzieren, wie man am Beispiel der ursprünglichen Art A sieht, eine ganze Reihe neuer Arten. Zu erklären, warum und wie das geschieht, war Darwins genuine Leistung: nämlich die Beschreibung des Mechanismus der *natural selection* und des *survival of the fittest*, wie er in späteren Auflagen des *Origin* mit diesem 1864 von Herbert Spencer geprägten Begriffs sagt. Ich will das nicht im Einzelnen diskutieren, sondern nur bemerken, dass dieses *survival* nichts anderes bedeutet als die tendenziell bessere Reproduktionsrate jener Varietäten, die zufällig eine Eigenschaft aufweisen, die den jeweils vorherrschenden äußeren Umständen – also: anderen Organismen und der anorganischen Umwelt – gerade besser angepasst ist. Das ist der *erste* Punkt, den ich festhalten möchte: Die Prozesse, die das Diagramm mit seinen Linien und ihren unterschiedlichen Verläufen und Mustern symbolisiert, sind insgesamt zufällig und im Einzelnen nur abhängig von kontingenten äußeren Bedingungen, die ihrerseits von so großer Komplexität sind, dass ihre Wirkungen in keinem Moment vorausberechnet werden können.

Darwin fügt daher zu diesem Diagramm den Kommentar hinzu: «Ich muss hier bemerken, dass ich nicht der Meinung bin, dass der Prozess jemals so regelmäßig und beständig vor sich gehe, wie er im Schema dargestellt ist, obwohl er auch da schon etwas unregelmäßig erscheint; es ist viel wahrscheinlicher, dass eine jede Form lange Zeit hindurch unverändert bleibt und dann wieder einer

---

12 *Ch. Darwin*, On the Origin of Species by Means of Natural Selection, or the Preservation of Favoured Races in the Struggle for Life, London 1859; deutsch: Über die Entstehung der Arten durch natürliche Zuchtwahl oder die Erhaltung der begünstigsten Rassen im Kampfe ums Dasein, in: Ch. Darwin, Gesammelte Werke. Nach Übersetzungen aus dem Englischen von J. V. Carus, Frankfurt am Main 2006, 347–691.

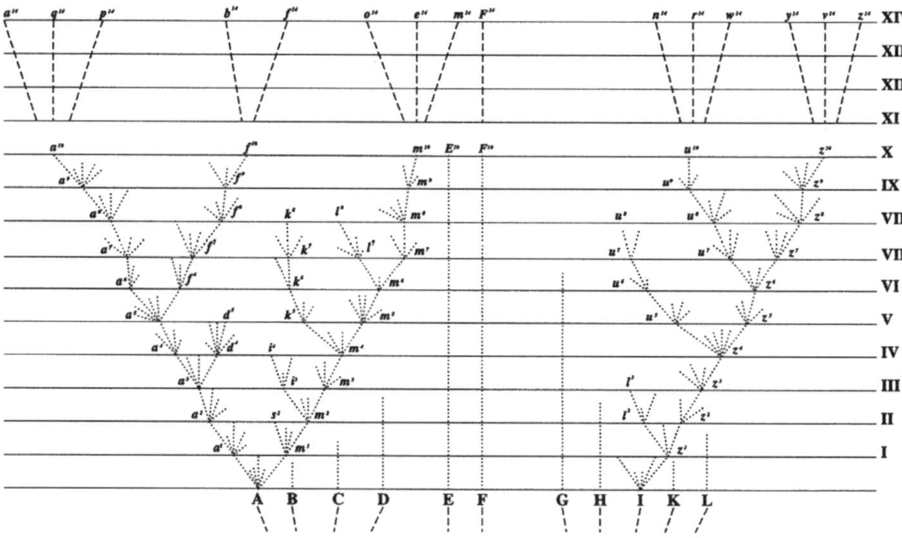

Darwins Baumduagramm aus *On the Origin of Species* (1859)

Modifikation unterliegt.»[13] Phasen der Kontinuität in der Natur werden also immer wieder von Epochen heftiger Diskontinuität unterbrochen. Das ist der *zweite* Punkt, den ich hervorheben will: Darwins Vorstellung dessen, was man später Evolutionstheorie nannte, zielt auf die *Unregelmäßigkeit* von Entwicklung, das heißt auf den Wechsel von Kontinuität und Diskontinuitäten. Auch wenn Darwin ein Gradualist war – das heißt, dass er behauptete, die Änderungen von Individuum zu Individuum, die schrittweise zur Ausbildung neuer Arten führen können, seien nur sehr geringer, eben gradueller Art, weil die Natur keine Sprünge mache –, bedeutete dies allerdings nicht, dass sich daraus eine kontinuierliche Entwicklungskurve über lange Zeiträume ergäbe. Vielmehr können sich laut Darwin Phasen der weitgehenden Stabilität mit Phasen schneller Veränderung abwechseln.

Ein *dritter* wichtiger Punkt, auf den ich hinweisen möchte, ist eine offenkundige doppelte Lücke in diesem Diagramm. Zum einen beginnt die Ausdifferenzierung zum Beispiel der Linie A dort, wo die nicht existierende römische Null einen Anfang nicht bezeichnen kann – die entsprechende horizontale Linie ist zwar da, aber ihr Name kann nicht ausgesprochen werden. Zudem fällt auf, dass die Linien A bis L entsprechend ihren Neigungswinkeln in einem hier nicht sichtbaren Punkt weiter «unten» zu konvergieren scheinen. Aber Darwin

---

13 *Darwin*, Über die Entstehung der Arten (s. Anm. 12), 437.

kann im gesamten Buch mit dem paradoxen Titel *On the* Origin *of Species* nichts über den *Origin* sagen. Das Diagramm funktioniert auch ohne jede Vorstellung eines Ursprungs, und Darwin hat explizit betont, es sei vollkommen unerheblich, wie man sich diesen Ursprung denke – konkret: ob ein erster «Keim des Lebens» einigen einfachen Organismen von Gott «eingehaucht» worden sei, wie es seit der zweiten Auflage von *On the Origin of Species* in den Schlusspassagen heißt, oder ob man annehme, dass das Leben ohne eine solche metaphysische Ursache in irgendeinem urzeitlichen Tümpel begonnen habe – wie in der ersten Auflage, wo jeder Hinweis auf Gott fehlt. Mit anderen Worten, die Beschreibung des historischen Prozesses der Entstehung und Ausdifferenzierung und permanenten Veränderung der Arten kommt vollständig *ohne* ein Wissen oder auch nur eine Hypothese über einen Ursprung aus.

Damit wird auch verständlicher, warum sich Darwin gegen die zu seiner Zeit und auch später immer wieder beliebte Vorstellung wandte, die Entwicklung der Ausdifferenzierung der Arten folge irgendeiner Logik oder gar Notwendigkeit. Das kleine Stammbäumchen von 1837 und nun auch dieses Diagramm von 1859 zeigen etwas ganz anderes: Im nicht existierenden Ursprung der Organismen ist gar nichts schon «angelegt» und ist in keiner Weise schon präfiguriert, was später werden wird; hier sind die künftigen möglichen Wesen, die einmal die Erde bevölkern, noch in keinem Keim schon enthalten. Dort, wo die Linie A sich zu differenzieren beginnt, ist noch völlig offen, zu welchen neuen Arten das führen wird. Zwar gibt es Pfadabhängigkeiten – aus Blumen entwickeln sich keine Schildkröten, und einmal etablierte erfolgreiche Strukturen wie etwa die Wirbelsäule werden ohne Not nicht aufgegeben, sondern bilden einen Pfad, auf dem sich neue Gattungen und Arten von Wirbeltieren entwickeln. Alles andere aber ist kontingent – und damit, *vierter* entscheidender Punkt, ohne jegliches Telos. Der historische Prozess, den Darwin rekonstruiert, ist zielblind und stellt auch keinen Fortschritt dar. Darwin kann nur sagen, dass eine grössere Vielfalt und Differenziertheit der Arten das Überleben einer Gattung eher sichert als eine zu starke Eingeschränktheit der organismischen Varianten. Nur insofern ist Differenziertheit «besser».

Das hat nun *fünftens* methodische Konsequenzen. Der Historiker Darwin analysiert den Prozess nicht von seinem mutmaßlichen *Origin*, sondern immer und ausschließlich von der Gegenwart her. Es ist in diesem Zusammenhang kein Zufall, dass der heute geradezu als Zauberwort für alles und jedes gehandelte Begriff «Evolution» in *Origin of Species* von 1859 nicht ein einziges Mal vorkommt. Darwin führte diesen Begriff erst in der 6. Auflage von 1872 in den Text ein. Zuvor aber verwendete er für das, was seine Theorie klären soll, andere Begriffe: «Abstammung» war für ihn das entscheidende Stichwort, und dementsprechend sprach er in erster Linie von der Deszendenz-Theorie. Von

Anfang an verwendete Darwin aber auch den Ausdruck «Genealogie» bzw. «genealogisch»: Er nannte die Abfolge der Arten eine «genealogical succession» und sprach vom «genealogical tree»; im wichtigen 14. Kapitel des *Origin* heißt es daher auch unter dem Zwischentitel «Classification»: «I believe that the *arrangement* of the groups within each class, in due subordination and relation to each other, must be strictly genealogical in order to be natural.»[14]

Was für Darwin nun genealogisch heißt und warum Genealogie natürlich sei, zeigt ein Blick ins Diagramm. Wenn wir davon ausgehen, dass die oberste Zeitlinie oder Generation die Gegenwart darstellt und die Markierungen auf dieser Linie die Organismen oder Erscheinungen, die wir kennen und sehen, dann lässt sich hier die an sich klassische historische Frage stellen: Woher kommen diese Erscheinungen, diese Formen – und was «sind» sie? Was macht ihre Eigenart, ihre so genannte Identität aus? Was sind sie «eigentlich», in ihrem «Kern», vielleicht von «Anfang an»? – und so weiter. Die traditionelle Biologie vor Darwin gab immer die Antwort, dass es einen unwandelbaren Wesenskern geben müsse, der das Spezifische einer bestimmten Art, die eben art-typischen Eigenschaften eines Organismus bestimme, ein Archetypus, wie man im frühen 19. Jahrhundert sagte.[15] In ähnlicher Weise hat auch die klassische Philosophie vor Nietzsche und Wittgenstein die Frage nach dem unwandelbaren Wesen als dem Kern der Dinge gestellt und tut dies zum Teil heute noch. Auch ein traditionelles historisches Denken geht davon aus, dass sich in der Abstammung, im historischen Ursprung das eigentliche «Wesen» einer gegenwärtigen Erscheinung enthülle – so wie zum Beispiel die Schweiz «eigentlich» immer noch das sei, was sich auf dem Rütli 1291 als brüderlicher und widerständiger Geist oder so ähnlich manifestiert habe.

Darüber mögen wir schmunzeln (oder angesichts des grassierenden islamfeindlichen Rechtspopulismus vielleicht auch nicht mehr). Die Differenz jedenfalls zwischen solcher Ursprungs- und Wesensmetaphysik einerseits und dem genealogischen Denken andrerseits wird dabei doch deutlich. Denn genealogisch denken bedeutet bei Darwin, dass Organismen zwar eine Herkunft entlang einem (vollständig kontingenten) Entwicklungspfad haben und auf diesem Pfad ihre Eigenschaften erhielten – dass aber gleichzeitig auf keiner der einzelnen Etappen dieses Herkommens weder eine *Determinierung* künftiger Entwicklungen oder Eigenschaften der Organismen erfolgte noch ein einzelner Punkt als «Ursprung» fixiert werden könne. Für Darwin gibt es *nichts*, was durch den Prozess der Entwicklung von Arten hindurch konstant bleibt, und vor

---

14 *Darwin*, On the Origin of Species (1859) (s. Anm. 12), 420.

15 Vgl. dazu als guten Überblick *Th. P. Weber*, Darwin und die neuen Biowissenschaften. Eine Einführung, Köln 2005; *A. Desmond*, Archetypes and ancestors. Palaeontology in Victorian London 1850–1875, London 1982.

allem keine stabilen Kopplungen von Funktionen und Formen – es gibt daher weder einen Ursprung noch ein Wesen biologischer Arten. Die Lunge ist eben nicht «eigentlich» eine Schwimmblase, auch wenn der Genealoge Darwin zeigen kann, dass sich die Lunge aus der Schwimmblase entwickelt hat. Und es ist, hat man dieses Diagramm vor Augen, im eigentlichen Sinne anti-darwinisch gedacht, wenn man sagt, der Mensch sei «eigentlich» doch nur ein Primat wie jeder andere auch, dem es «letztlich» nur ums Fressen und Kopulieren gehe, etc. – mit andern Worten, dass hinter dem Schleier der Kultur und der Zivilisation sich die «wahre» Natur des Menschen verberge. Der Genealoge weiß vielmehr, dass es eine solche «wahre» Natur nicht gibt.

Ich möchte daher, um damit den ersten Teil meiner Überlegungen abzuschließen, behaupten, dass wir in diesem Diagramm ein radikal modernes Bild von Geschichte erkennen: Es repräsentiert ein Geschichtsdenken, das keinen Ursprung, keinen Fortschritt und kein Ziel kennt, und damit, um das nun auch noch auszusprechen, *keinen Sinn*. Das, und nichts anderes, scheint mir der antitheologische Zug dieses Denkens zu sein.[16]

Mit dieser radikalen Zurückweisung eines jeden schon gegebenen Sinns aber stellt sich auch die Frage nach der Wahrheit in einer entschieden nachmetaphysischen Weise. Denn alles, was sich aus Darwins Perspektive über das mutmaßliche Wesen oder die überzeitliche Identität von Organismen sagen lässt, gilt analog auch für das, was wir die Wahrheit nennen. Man muss zwar aus Darwins Theorie nicht notwendigerweise den nietzscheanischen Schluss ziehen, dass alle Wahrheiten nur die Ideologien jener Mächtigen und Stärkeren seien, die sie mit Gewalt und Blutvergießen durchgesetzt haben, dass also hinter jeder Wahrheit eine Ungerechtigkeit und die Überwindung eines Gegners stehe.[17] Dieser Schluss ist deshalb nicht zwingend, weil Darwins Theorie die komplexen wechselseitigen Abhängigkeitsverhältnisse aller Organismen untereinander und mit der anorganischen Umwelt keineswegs durchgängig und einfach als *Krieg* beschreibt.[18] Was nun die Wahrheit betrifft, lässt sich aber wenigstens sagen:

---

16 Vgl. dazu – unausweichlich – R. *Dawkins*, Das egoistische Gen, Reinbek bei Hamburg 2005 (The Selfish Gene, 1976); *ders.*, The God delusion, London 2006.

17 F. *Nietzsche*, Ueber Wahrheit und Lüge im außermoralischen Sinne, in: Sämtliche Werke, Kritische Studienausgabe (KSA), hg. von G. Colli und M. Montinari, München, Berlin, New York 1980, Band 1, 873–890; *ders.*, Zur Genealogie der Moral, in: KSA, Bd. 5, 245–412.

18 Vgl. dazu insb. folgende Passage aus *Origin of Species*: «Ich will vorausschicken, dass ich diesen Ausdruck [Kampf ums Dasein, Ph. S.] in einem weiten und metaphorischen Sinne gebrauche, unter dem sowohl die Abhängigkeit der Wesen voneinander, als auch, was wichtiger ist, nicht allein das Leben des Individuums, sondern auch Erfolg in bezug auf das Hinterlassen von Nachkommenschaft einbegriffen wird. Man kann mit Recht sagen, dass zwei hundeartige Raubtiere in Zeiten des Mangels um Nahrung und Leben miteinander kämpfen. Aber man kann auch sagen, eine Pflanze kämpfe am Rande der Wüste um ihr Dasein gegen die Trockenheit, obwohl es an-

Man kann aus dieser Perspektive zumindest die These ableiten, dass es auch in der menschlichen Geschichte keine Wahrheiten gibt, die außerhalb der verschlungenen Pfade des historischen Herkommens und der kontingenten *Bedingungen* ihres Auftretens Geltung beanspruchen können. Ich vermag zwar nicht darüber zu spekulieren, ob dessen ungeachtet Wahrheiten wie zum Beispiel der zweite Hauptsatz der Thermodynamik (Entropie) für immer wahr und damit letztlich gänzlich unabhängig von ihrer historischen Genese sind, aber das ist für uns unerheblich. Als Historiker interessiert mich einzig das, was Michel Foucault mit einem Begriff, den er direkt von Darwin und einem von dessen «Vorgänger», dem französischen Paläontologen George Cuvier, übernahm, die «Existenzbedingungen» einer Wahrheit genannt hat.[19] Denn die Rekonstruktion dieser Existenzbedingungen macht das Auftreten bestimmter Organismen ebenso verständlich, wie sie das historisch kontingente Erscheinen von Wahrheiten analysier- und erzählbar macht. Dass wir bei diesen historiographischen Rekonstruktionsversuchen selbst den Anspruch erheben, eine zumindest partielle historische Wahrheit erkennen zu können, das heißt genau in diesem Moment die Sandbank, auf der wir selbst stehen, und das kulturelle Wasser, das sie umspült, *nicht* im Blick behalten und problematisieren können, ist die Paradoxie, die diesem Erkenntnis-Begehren eingeschrieben ist.[20]

3. Die Entstehung des Gewissens

1871 publizierte Darwin sein Buch über die *Abstammung des Menschen*.[21] Im weiteren Kontext seiner dort entwickelten sogenannten «Affen-Hypothese» fühlte er sich auch dazu aufgerufen, darüber zu sprechen, was den Menschen von anderen Primaten unterscheide. Für Darwin war die Antwort klar: Die Differenz liege in der Tatsache, dass Menschen ein Gewissen und moralische Gefühle entwickelt haben. Man kann die komplexe Argumentation zur Entstehung des Gewissens, die Darwin hier entfaltet, wohl ohne allzu große Verkürzung auf drei Elemente und deren Zusammenspiel reduzieren: *erstens*, die Empfindung

---

gemessener wäre zu sagen, sie hänge von der Feuchtigkeit ab. [...] In diesen mancherlei Bedeutungen, welche ineinander übergehen, gebrauche ich der Bequemlichkeit halber den allgemeinen Ausdruck ‹Kampf ums Dasein›.» (*Darwin*, Über die Entstehung der Arten [s. Anm. 12], 404).

19 *M. Foucault*, Die Situation Cuviers in der Geschichte der Biologie (Vortrag), in: *ders.*, Schriften in vier Bänden, Band II, 37–82, insb. 44.

20 Vgl. dazu auch *Ph. Sarasin*, Das Reale der Diskursanalyse. Michel Foucaults Nähe zur Genetik und Evolutionstheorie, in: Recherche, 2008, Nr. 3, 15f.

21 *Ch. Darwin*, The descent of man, an selection in relation to sex, London 1871, vol. 1+2; deutsch: Die Abstammung des Menschen [und die geschlechtliche Zuchtwahl], in: ders., Gesammelte Werke, 693–1162.

von auch schon sehr frühen Menschen, dass sie als «schwache Tiere» voneinader abhängig sind; *zweitens*, die Empfindung von «Liebe und Sympathie» für die Mitglieder der eigenen Gruppe, und *drittens*, die Entwicklung der Sprache.

Für Darwin sind Menschen soziale Tiere, weil sie körperlich schwach und nicht etwa mit besonders ausgeprägten Eckzähnen oder gar Hörnern ausgestattet sind. Wäre unser direkter Vorfahre ein Gorilla gewesen, der als Einzelgänger eine Gruppe von Weibchen und Jungtieren beherrscht, sonst aber kaum ein andere Tier fürchten muss, hätte sich der Mensch, so Darwin, nicht zu einem Wesen entwickelt, das immer in Gruppen von ähnlich Starken bzw. Schwachen zusammenlebt. Schon frühe Menschen müssen daher wechselseitige Abhängigkeit und den Zwang zu kooperieren empfunden haben, wenn sie in der Savanne überleben wollten. Damit aber entstehe *per se* ein Konflikt zwischen immer vorhandenen egoistischen Impulsen, die auf unmittelbare Befriedigung oder unmittelbares eigenes Überleben zielen, und den Anforderungen der Gruppe.[22]

Solche Konflikte sind an sich auch bei anderen sozial lebenden Tieren möglich, ja wahrscheinlich. Weil aber der Mensch eine nur sehr schwache Instinktsteuerung habe, werden diese nicht durch einen instinktbasierten Automatismus geregelt, sondern tauchen im großen Gehirn des Menschen als Konflikt auf. Gewissen kann dann, so Darwin, verstanden werden als die Wahrnehmung dieses Konflikts zwischen egoistischen Impulsen und dem Gefühl für die Abhängigkeit von der Gruppe. Das Gewissen funktioniert gleichsam als ein Indikator dafür, dass die übergeordneten Anforderungen an das Zusammenleben als Gruppe gefährdet oder verletzt wurden. Für diese Anforderungen habe sich das ausgebildet, was Darwin den «sozialen Instinkt» nennt, sowie das manifeste Gefühl von «Liebe und Sympathie», das im Inneren von menschlichen Gruppen auftrete. Ohne diese Empfindungen und Gefühle gäbe es keine wechselseitige Hilfe, und was Menschen am meisten fürchten würden, sei der Verlust der Achtung und damit des Hilfeversprechens durch die Gruppe.[23]

Man könnte hier einwenden, dass das zwar der *Theory of moral Sentiments* von Adam Smith (1759) nachempfunden sei, es dabei aber doch nur um diffuse Gefühle gehe und nicht um das Gewissen mit seinen formulierbaren Konflikten und Regeln. Darwin ist in diesem Punkt allerdings sehr explizit, denn für ihn sind die sozialen Instinkte oder Gefühle in ihrer Erscheinungsweise ausdrücklich ein Produkt der menschlichen Kultur und der Zivilisation, genauer: Sie sind durch Zeichen und Sprache geformt. Damit können die Anforderungen an gemeinsames Handeln von einzelnen Situationen losgelöst und zu all-

22 Vgl. *Darwin*, Abstammung des Menschen (s. Anm. 21), 748f.
23 *Darwin*, Abstammung des Menschen (s. Anm. 21), 783.

gemeinen Regeln, Normen und Gesetzen systematisiert werden. Dank der Sprache werden sie abstrakter, aber auch zwingender für alle Mitglieder der Gruppe in allen vergleichbaren Situationen – oder sogar in allen Lebenslagen und zu jeder Zeit. Das Gewissen ist damit, so kann man Darwins Argumentation zusammenfassen, die Möglichkeit und auch die Notwendigkeit, auf solche sprachbasierten «Gesetze» und kulturelle Normen – oder religiöse Sätze – zu referieren. In ihrem Kern geht es bei all diesen Sätzen, Normen, Regeln und Gesetzen immer und letztlich nur um die Tatsache der wechselseitigen Abhängigkeit und das Angewiesensein des Einzelnen auf die Gruppe. Die Reproduktion und das Überleben der Gruppe sind damit gleichsam der harte referentielle Kern dieser Gesetze.

Damit aber sind diese erst zur Hälfte begriffen – oder sagen wir genauer: Das ist nur jene Hälfte, die die Soziobiologie begreift, dabei aber behauptet, das sei schon das Ganze. Doch Darwin spricht ganz explizit noch von einem zweiten Aspekt, denn ihm war offensichtlich klar, dass Zeichen, Sprachen und Kulturen gleichsam ihre eigene Dynamik und ihre eigene Logik haben. Denn nicht zuletzt als zivilisierter Engländer glaubte Darwin eindeutig *nicht*, dass Menschen in ihrem Verhalten «letztlich» oder «eigentlich» von den Anforderungen der Natur ans Überleben und sich Reproduzieren determiniert werden, sondern das dieses Verhalten kulturell kodiert und damit von diesen Codes abhängig ist. Das zeigt sich an einem doppelten Beispiel, mit dem er die Wirkung von kulturellen Regeln oder religiösen Vorschriften erläuterte, nachdem er den Gedanken entwickelt hat, dass diese, wie wir gesehen haben, im Kern zwar die Tatsache der Abhängigkeit von der Gruppe reflektieren, dabei aber einer kulturellen Logik folgen; ich zitiere kurz aus *Descent of man* in der Ausgabe von 1874, wo er die Bemerkung einfügte: «Who can doubt that the refusal to fight a duel through fear has caused many men an agony of shame? Many a Hindoo, it is said, has been stirred to the bottom of his soul by having partaken of unclean food.»[24]

Zuerst fällt auf, dass für Darwin die Kultur der Ehre britischer Gentlemen offensichtlich auf einer Ebene vergleichbar ist mit der Kultur der Hindus; für ihn gab es, wenn wir von seinen Bemerkungen über die «Wilden» absehen, keine Hierarchie zwischen den großen Zivilisationen oder Kulturen der Menschheit. Wichtiger in unserem Zusammenhang ist aber ein anderer Punkt: Darwins offensichtliche und offensive Gleichstellung des englischen Ehrenkodex mit den indischen Reinheitsgeboten impliziert, dass er beide Regeln als zwar für ihre jeweiligen Gruppen verbindlich, ja zwingend ansieht – als fraglos wahr, wie

24 *Ch. Darwin*, The descent of man, and selection in relation to sex, 2nd edition, London 1874, 114.

wir beifügen müssen –, dass er aber gleichzeitig weiß, dass diese Gebote allesamt vollkommen fiktiv sind, was ihre nominellen Referenzen betrifft. Wir wissen nicht, wie Darwin bemerkt, warum dieses oder jenes Gebot in dieser oder jener Gestalt existiert; sie sind, wie man anfügen kann, nichts als Produkte der Kultur, Produkte von Zeichenprozessen. Es gibt keine nachvollziehbaren Gründe, warum Nahrungsmittel oder Duelle einen Bezug auf Ehre und Scham oder zu sonst irgendetwas haben sollten – *außer* eben die entscheidende Tatsache, dass sie die Grenzen zur Zugehörigkeit einer Gruppe regeln. Man könnte im Detail am Text zeigen, wie sehr Darwin betont, dass zivilisierte Gesellschaften genau auf dem Funktionieren solcher Regulierungen der Ehre und damit der sozialen Zugehörigkeit basieren. Die Bedingungen für das Überleben der Individuen in diesen Gesellschaften sind, mit anderen Worten, damit weitgehend kulturell determiniert.

4. Schluss

Ich habe versucht zu zeigen, wie das, was wir – oberhalb der Ebene einer bloßen faktischen Richtigkeit – eine *Wahrheit* nennen, aus der Perspektive Darwins sich in seinem überzeitlichen und überkulturellen Geltungsanspruch entscheidend relativiert. Auf der einen Seite lässt Darwins Bild von Geschichte wahrscheinlich wenig Raum für die Vorstellung, es gebe irgendetwas in der Welt, das wir als an sich wahr, ja gar als «seiend» und damit der Geschichte enthoben begreifen könnten. Sein genealogisches Konzept zumindest der Organismen zielt vielmehr darauf, dass es buchstäblich nichts gebe, was als ein konstanter Zug oder eine Wesenheit angesprochen werden kann, die gleichsam den Spielen der Geschichte erst ihren Raum oder ihre Linie gäbe, und auch nichts, was als Ursprung, Sinn oder Ziel gedeutet werden könnte.

Auf der anderen Seite haben wir gesehen, dass Darwin auch kulturelle Regeln oder religiöse Vorschriften zwar als bedeutsam ansieht, weil sie das soziale Überleben des sozialen Tieres Mensch regulieren, sie aber keinesfalls auf eine andere oder – in Anführungszeichen – «tiefere» Wahrheit beziehen wollte. Dieses Verdikt aber trifft analog alle weltlichen oder religiösen Weltdeutungen und Heilsvorstellungen: Es kann für den Genealogen Darwin keine Wahrheit geben, die nicht letztlich vom Überleben des Menschen handelt. Anders aber als der übliche Darwinismus, die Soziobiologie und ähnliche Reduktionismen wusste Darwin, dass der Mensch ein kulturelles Wesen ist, das sich seine eigenen und dabei nicht minder zwingenden Wahrheiten schafft, um sich damit nicht zuletzt von den Zwängen der Biologie zu befreien. Vielleicht, so mögen wir spekulieren, liegt hier der letzte metaphysische Kern jeder Kultur.

Votum zum Vortrag von Philipp Sarasin

Hans Weder, Zürich

Ich werde im Folgenden versuchen, die Grundlinien dieses interessanten Vortrags, für den ich vor allem anderen danken möchte, noch einmal auszuziehen. Jeweils im Anschluss daran werde ich eine oder zwei Fragen stellen, welche der Diskussion wert sein könnten. Sofern ich den Vortrag richtig verstanden habe, ist sein Gedankengang in drei Teile gegliedert.

Im sehr belangreichen *Einstieg* werden heikle Fragen (wie die des Verhältnisses von christlichem Glauben und Evolutionstheorie) angesprochen; ferner wird die Sensibilität des Wahrheitsthemas für Historiker in Erinnerung gerufen («Wir ziehen es vor, von Wahrheit*en* zu sprechen.»). Die Arbeitshypothese der Historiker besteht darin, die zeitliche Begrenztheit von Wahrheiten anzunehmen und ihnen gegenüber ein durchaus agnostisches Verhältnis zu bewahren. Allerdings kann auch der Gebrauch des Plurals nicht darüber hinwegtäuschen, dass ein Unterschied zwischen begründeten Wahrheiten und bloß subjektiven Meinungen besteht. Bei der Geschichtswissenschaft geht es nach Sarasin nicht um Wahrheit, sondern um die Suche von Spuren und die Rekonstruktion eines Herkommens. Und was ist mit der kulturellen Bedingtheit dieser genealogischen Tätigkeit? Sie wird selbstverständlich kritisch reflektiert und teilweise dekonstruiert. Dennoch können es sich die Historiker nicht leisten, die eigene, halbwegs trockene Sandbank historisch kritisch wegzuspülen. Zu den nicht belanglosen Wahrheiten zählt Sarasin Darwins Wahrheit, weil Darwin selbst nichts anderes als Historiker war.

Soweit der Einstieg, zu dem ich die folgenden Fragen stelle: Wahrheiten im Plural? Setzen sie nicht mindestens das Postulat einer unverfügbaren Wahrheit voraus, im Blick auf welche sie überhaupt als relativ bezeichnet werden können? Wenn solche Wahrheiten nicht Meinungen sein sollen, was unterscheidet sie dann von diesen? Und wie ist, wenn denn ein Unterschied besteht, dieser zu formulieren, und aufgrund welcher Kriterien? Was ist der Grund dafür, dass Darwins Wahrheit keine belanglose ist? Die Frage stellt sich gerade für den, der die Aussage Sarasins richtig findet.

Im *ersten Hauptteil* wird Darwins Wahrheit, nämlich sein Konzept eines modernen Geschichtsdenkens exemplarisch entwickelt. Erstens sind die Prozesse zufällig. Sie sind zweitens geprägt durch den Wechsel von Kontinutät und Diskontinuität. Sie haben drittens keinen Anfang und kein Ende. Sie sind viertens zielblind, ohne jedes Telos. Daraus folgt fünftens in methodischer Hisicht, dass man nur genealogisch fragen kann, woher die gegenwärtigen Phänomene kommen. In solchem Fragen kann man das Wissen bewahren, dass es eine «wahre Natur» der Dinge nicht gibt. Darwins Wahrheit besteht also in der Modernität seines Geschichtsdenkens, das keinen Ursprung, keinen Fortschritt und kein Ziel kennt und darum auch von keinem Sinn der Geschichte reden kann. Deshalb kann es aus diesem Prozess keine Wahrheiten geben, die Geltung beanspruchen können.

Und was ist mit Darwins Wahrheit selbst? Sarasin hält sich an sie und will deshalb nichts mit den Kreationisten zu tun haben. Im zweiten stimme ich ihm ohne Vorbehalt zu, freilich nicht dank Darwin, sondern aus theologischen Gründen: Der Kreationismus verwechselt die Schöpfungsaussagen, welche das Gewicht alles Wirklichen zur Sprache bringen wollen, mit Theorien über dessen Entstehung. Doch mir selbst und Sarasin stelle ich die Frage, was mich und ihn veranlasst, die Kreationisten zu meiden. Verdankt es sich bloßer Willkür, deren Wahrheit oder eine theologische oder die Darwin'sche für gültig zu erachten?

Die Geschichte kenne, sagt Sarasin, keinen Ursprung. Doch wer will die Neugier des Menschen so zähmen, dass er den Ursprung nicht mehr suchen will? Gerade die zeitgenössische Kosmologie zeigt, dass die Extrapolation der Inflationskurve des Universums bis zum Ursprung unvermeidlich ist. Gehört sie nicht gerade zur genealogischen Aktivität?

Die Geschichte habe, sagt Sarasin, keinen Sinn. Welchen Sinn kann dann aber die Geschichtswissenschaft noch haben? Hat die Geschichte auch keine *Bedeutung*? Und würde die Geschichtswissenschaft die Bedeutungslosigkeit der Geschichte teilen? Was bringt uns dazu, die Herkunft von Phänomenen für interessant zu halten? Was bedeutet die historische Einsicht, dass wir nicht mit uns selbst angefangen haben? Und was brächte uns dazu, vollständig Vergessenes in Erinnerung zu rufen, wenn wir nicht nur genealogisch arbeiten würden?

Es gebe, so Sarasins Darwin-Interpretation, nur ein zufälliges Gemenge von Kontinutiät und Diskontinuitäten, keinen roten Faden, keine Wahrheit, die dem Wechsel nicht unterworfen wäre. Was aber ist mit jener Wahrheit, die den Wechsel bedingt? Was ist mit dem Aufbau immer höherer Komplexität, dem großen und umfassenden Prozess der Evolution, welcher im menschlichen Gehirn und dessen Kraft zur Reflexion, dessen Nachdenklichkeit, vorläufig gipfelt? Ob der zweite Hauptsatz der Thermodynamik eine dauerhafte Wahrheit ist, wird in der Kosmologie insofern bezweifelt, als nahe dem Urknall *per definitionem* eine ganz andere Physik gegolten haben muss. Das Interessante daran ist, dass jene Physik unendlich viele Gestalten gehabt haben kann, ohne dass dies die Physik des gegenwärtigen Universums tangieren würde, in welcher der genannte Hauptsatz universal gilt. Als Historiker würde ich fragen: Hat nicht der Aufbau von Komplexität den Status einer *Wahrheit*, die die Wahrheit*en* überhaupt erst entstehen lässt (und insofern einen ähnlichen Status wie der zweite Hauptsatz)? Und als Theologe würde ich fragen: Und was verspricht jener Aufbau von Komplexität? Welches Versprechen birgt die Tatsache, dass Vielfalt der Einfalt überlegen ist? Was bedeutet die Tatsache, dass Komplexität verletzlich macht, eine Verletzlichkeit, die am Lebendigen klar zur Erkenntnis kommt, während die Einfalt der Diamanten krude Unverletzlichkeit aufweist?

Die Theologie, das wäre noch eine Fußnote zu den heiklen Fragen des Einstiegs, produziert kein Wissen, welches das Wissen der Wissenschaft ersetzt. Sie ist vielmehr ein nachdenklicher Umgang mit dem Wissen – auch dem historischen. Sie wird aber durchaus affiziert durch wissenschaftliche Erkenntnis, nicht zuletzt durch ihre eigene. Denn wahre Lebendigkeit wird theologisch verstanden als Reichtum der Beziehung zu Gott und zu den Menschen. Dieses Verständnis würde gewaltig affiziert, wenn die Biologie Leben als geschlossenes, auf keine Relationen angewiesenes System zu erkennen gäbe, statt – wie sie es faktisch tut – als offenes System, das von der Zufuhr von Energie und vom Austausch mit der Mitwelt lebt.

Der *zweite Hauptteil* widmet sich Darwins Ausführungen zum Gewissen, und also der Entwicklung von Kultur und Moralität. Ich lasse jetzt den Ehrenkodex englischer Gentlemen auf sich beruhen und richte meinen Blick auf das zentrale Moment des Gewissens, nämlich die Entwicklung von Altruismus, von Liebe und Sympathie für die eigenen Gruppe. Zur Reflexivität, welche das Gewissen entstehen ließ, gehört auch die Entdeckung des Heiligen (welche manche Anthropologen als Punkt betrachten, der die Emergenz des *homo sapiens* markiert). Die Entdeckung des Heiligen steht am Anfang der kulturellen Entwicklung der Religionen. Wären wir ein Jahrhundert früher in diesem Saal, wendeten wir Darwins Wahrheit ganz selbstverständlich auch auf die Religion an. Wir konstruierten eine Entwicklung von Animismus und Magie über den Polytheismus bis hin zum reinen Monotheismus und verstünden diesen Prozess als ständige Annäherung an die (unverfügbar bleibende) Wahrheit der Religion. Wir wagen das nicht mehr, vielleicht ist es besser so.

Doch was den Altruismus betrifft, ist dieses Produkt der Evolution von mindestens einer Religion aufgenommen und bearbeitet worden: Der Altruismus wurde – etwa bei Jesus – so weit reflektiert, dass es zu einer neuen Einsicht kam: Wenn du Altruismus denkst, so Jesus, musst du ihn unbegrenzt denken (zu vergleichen ist die sechste Antithese der Bergpredigt, Mt 5,43–48). Die eigene Gruppe zu lieben, ist nichts Besonderes, erst wenn du deine Feinde liebst, ist dein Altruismus wahr. Ist das eine der Wahrheiten, die man besser als Meinung bezeichnen würde? Oder ist es eine Wahrheit, welche die *Vielfalt altruistischer Wahrheiten zu ordnen erlaubt*? Interessant scheint mir, dass Darwin in diesem Punkt nicht genealogisch dachte: Das Gewissen – immer nach Sarasins Interpretation – beschreibt er, ohne den Zufall zu berücksichtigen, den Jesus darstellt. Das beweist nur noch einmal, dass Darwins Zeichnung wahr ist, nämlich dass es in der Entwicklung der Nachdenklichkeit durchaus Diskontinuitäten gibt.

Perspektiven eines engen Wahrheitsbegriffs

Konrad Haldimann, Zürich

Das komplexe Thema «Wahrheit und Geschichte» soll im folgenden Beitrag aus einer unter anderen möglichen, spezifisch orientierten Perspektive beleuchtet werden. Jean Zumstein, dem dieser Tagungsband gewidmet ist, hat stets darauf aufmerksam gemacht – und wird es bestimmt weiter tun –, dass die Schriften des Neuen Testaments aus sachlichen Gründen auf die Frage nach einem adäquaten menschlichen Selbstverständnis hin ausgelegt werden müssen. Ein Selbstverständnis ist für den Menschen nur zu gewinnen, wenn er sich als ein zeitliches, in die Geschichte eingelassenes und darin verstricktes Wesen versteht, und dieses Selbstverständnis ist nur dann adäquat, wenn es in der Wahrheit gründet. Formuliert man den Zusammenhang von Wahrheit und Geschichte in dieser Weise, so legt es sich nahe, von einem Wahrheitsbegriff ausugehen, wie er von Heidegger oder Gadamer resp. in deren Tradition oder geistigem Umfeld ausgearbeitet worden ist. Im folgenden Beitrag wird ein anderer Weg gewählt: Ich gehe von einem «engen» Wahrheitsbegriff aus, wie er in verschiedenen Strömungen der analytischen Philosophie vertreten wird (1). Dieser Wahrheitsbegriff wird auf einen die Methodologie besonders reflektierenden gegenwärtigen Entwurf zur Problematik der Erfassung neutestamentlicher Geschichtsverständnisse bezogen, wie er von Jens Schröter vorgelegt worden ist (2). Die dabei zu Tage tretenden Probleme werden im Horizont von Bultmanns Geschichtsverständnis weiter thematisiert, indem der Versuch unternommen wird, den Wahrheitsbegriff von Bultmann derart umzuformulieren, dass er auf das Verstehen historischer Aussagen bezogen werden kann (3). Dadurch werden Konvergenzen und Differenzen zwischen objektivierenden historischen Aussagen und subjektiv ansetzenden Sinnaussagen erkennbar, die in einer Schlussbetrachtung verdeutlicht werden sollen (4).

1. Enger Wahrheitsbegriff

Was ist unter einem «engen» Wahrheitsbegriff zu verstehen, wie er in verschiedenen Strömungen der analytischen Philosophie vertreten wird? Ich benenne zunächst drei Merkmale, die danach kurz ausgeführt werden sollen. (1) Die primäre, sprachlich grundlegende Verwendung ist nicht diejenige des Substantivs ‹Wahrheit›, sondern diejenige des Adjektivs «wahr». (2) Das Adjektiv ‹wahr› hat seinen Ort in der Sprache grundsätzlich als Prädikat von Aussagesätzen; es sind assertorische Sätze, die wahr (oder falsch) sein können. (3) Das Prädikat «wahr» ist bezogen auf sein Gegenüber, das Prädikat «falsch». Es gehört in einen Begründungs- und Rechtfertigungszusammenhang, der für assertorische Sätze konstitutiv ist.

(ad 1) Die Wahl, beim Adjektiv und nicht beim Substantiv anzusetzen, verweist auf eine lange Tradition der philosophischen Diskussion (Universalienstreit) und verrät einen dezidiert nominalistischen Standpunkt. Dieser lässt sich unter sprachphilosophischen Gründen insbesondere dadurch rechtfertigen, dass die Frage, ob Begriffe wie «Schönheit», «Gerechtigkeit» usw. in einem konkreten Zusammenhang zutreffend gebraucht werden, immer wieder zurückverweist auf die Frage, ob die betreffenden Sätze «Dies ist schön» oder «Das ist gerecht» wahr sind.[1] Es legt sich deshalb nahe, bei den Begriffen «Wahrheit» und «wahr» gleich vorzugehen.

(ad 2) Nimmt man die Alltagssprache zum Ausgangspunkt, so gibt es neben der Verwendung von «wahr» als Prädikat von Aussagesätzen («Dass es gestern geregnet hat, ist wahr») insbesondere zwei weitere Verwendungen. Die eine benutzt «wahr» als Attribut von substantivierten Prädikaten («ein wahrer Freund»), die andere als singulären Terminus bezogen auf Aussagenzusammenhänge («Das ist die ganze Wahrheit»). Es wird ein zentrales Anliegen von Kap. 3 sein zu zeigen, inwiefern die attributive Verwendung («ein wahrer Freund») auf die Verwendung von «wahr» als Prädikat von Aussagesätzen zurückverweist. Die andere Alternative, die auf ganze Aussagenzusammenhänge bezogene Verwendung, müsste Gegenstand eines eigenen Gedankenganges sein.[2]

---

1 Vgl. dazu die exemplarische Auseinandersetzung von Tugendhat mit Husserls Konzeption einer gegenständlichen Auffassung der Prädikate in *E. Tugendhat*, Vorlesungen zur Einführung in die sprachanalytische Philosophie, stw 45, Frankfurt a. M. 1976, 164–174.

2 Dieser sprengt den Rahmen der vorliegenden Überlegungen und müsste textlinguistische Verfahren einbeziehen, da sich die sprachanalytischen Methoden prinzipiell auf die Ebene des Satzes beziehen.

(ad 3) Das Prädikat «wahr» bezeichnet nicht eine äußerliche Eigenschaft von assertorischen Sätzen, sondern gehört, wie sein Antipode «falsch»[3], konstitutiv zur logisch-semantischen Struktur von Aussagesätzen.[4] Es zeichnet assertorische Sätze (anders als Sätze, die Fragen, Befehle, Wünsche, Absichten usw. zum Ausdruck bringen) aus, dass sie wahr oder falsch sind. «Wahr» ist dabei als eine spezielle Weise von «richtig» zu verstehen: Wörter werden richtig oder falsch verwendet, die Äußerung von Sätzen ist berechtigt oder unberechtigt, und assertorische Sätze sind wahr oder falsch.[5] Sie werden nicht zuerst verstanden und dann wird über ihre Wahrheit entschieden, sondern das Verständnis der Wahrheitsbedingungen ist identisch mit dem Verstehen der assertorischen Sätze.[6]

2. Das Verstehen historischer Aussagen

Was versteht jemand, der eine historische Aussage versteht? «Das Ziel von Geschichtsschreibung ist [...] nicht *Rekonstruktion der Vergangenheit*, sondern *Konstruktion von Geschichte*.»[7] Was jemand versteht, wenn man dieser Linie von Jens Schröter folgt, ist nicht die Vergangenheit als solche (in Schröters Sprache: ihre Rekonstruktion), sondern die Konstruktion von Geschichte, den Entwurf eines Bildes der Vergangenheit, das für uns in der Gegenwart plausibel ist. Schröter lenkt den Blick auf die Tätigkeit des Historikers, der Erinnerungsspuren sammelt, kritisch analysiert, bewertet und ordnet und so Ereignisse erst zu dem macht, was sie (dann) sind. Denn «Ereignisse, die sich zutragen, [...], sind nicht identisch mit ihrer späteren Darstellung innerhalb der historischen Erzählung, denn erst durch die letztere gewinnen sie eine Bedeutung, die zwischen Gegenwart und Vergangenheit vermittelt und die letztere als bedeutsam erscheinen lässt».[8]

---

3 Der Gegensatz ‹wahr› – ‹falsch› ist der logischen Tradition entnommen und findet sich so in der Alltagssprache nicht. In dieser wird am ehesten davon gesprochen, dass ein bestimmter (assertorischer) Satz wahr oder nicht wahr ist.

4 Siehe *Tugendhat*, Vorlesungen (s. Anm. 1), 246–263.

5 Vgl. *A. Wellmer*, Sprachphilosophie. Eine Vorlesung, stw 1692, Frankfurt a. M. 2004, 123f.

6 Die in der analytischen Philosophie klassisch gewordene Formulierung stammt vom frühen Wittgenstein: «Einen Satz verstehen, heißt, wissen, was der Fall ist, wenn er wahr ist.» (*L. Wittgenstein*, Tractatus logico-philosophicus/Logisch-philosophische Abhandlung 4.024, in: ders., Schriften [I], Frankfurt a. M. 1960, 7–83).

7 *J. Schröter*, Konstruktion von Geschichte und die Anfänge des Christentums: Reflexionen zur christlichen Geschichtsdeutung aus neutestamentlicher Perspektive, in: ders./A. Eddelbüttel (Hg.), Konstruktion von Wirklichkeit. Beiträge aus geschichtstheoretischer, philosophischer und theologischer Perspektive, TBT 127, Berlin/New York 2004, 201–219: 203 (Hervorhebungen im Original).

8 *Schröter*, Konstruktion (s. Anm. 7), 201.

Schröter spricht dabei dem Vorgang der Versprachlichung eine entscheidende Rolle zu: «Erst der aktive, eine Geschichte konstruierende Bezug auf die Vergangenheit verleiht den Ereignissen Sinn, indem er sie versprachlicht und in einen Zusammenhang einordnet.»[9] Was also von jemandem, der eine historische Aussage versteht, verstanden wird, ist das Ergebnis eines Versprachlichungsprozesses, durch den «Ereignisse» der Vergangenheit zu Ereignissen für uns geworden sind.

Lässt man sich von diesen Überlegungen von Jens Schröter leiten, so wird augenfällig, dass es sinnvoll ist, auch auf historische Aussagen anzuwenden, was in verschiedenen Strömungen der analytischen Philosophie für alle assertorischen Sätze gilt: Historische Aussagen werden von einem Rezipienten dann verstanden, wenn dieser weiß, unter welchen Bedingungen sie wahr sind. Was die Aussage «Rom ging im Jahr 476 n. Chr. unter» bedeutet, weiß ich, wenn ich angeben kann, was der Fall sein muss, damit die Aussage wahr ist. Dies heißt insbesondere, dass ich eine richtige Vorstellung davon habe, worauf sich der singuläre Terminus des Satzes (Rom) bezieht, wie das (erweiterte) Prädikat (ging im Jahr 476 n. Chr. unter) verwendet wird und wie die Zusammensetzung von singulärem Terminus und Prädikat zu verstehen ist.[10] Das Verstehen dieses Satzes setzt die allgemeine Sprachkompetenz des Rezipienten voraus und seine Fähigkeit, am historischen Diskurs teilzunehmen. Er muss nicht dazu Stellung nehmen können, ob der Satz wahr oder falsch ist, er muss aber Stellung nehmen können zur Frage, welche (weiteren) Aussagen relevant sind, um über die Wahrheit des Satzes zu entscheiden.

Wenn historische Aussagen dem Muster des Beispielsatzes «Rom ging im Jahr 476 n. Chr. unter» folgen, verlangen sie vom Rezipienten zu ihrem Verständnis zwar eine komplexe Urteilsfähigkeit, sie verlangen von ihm aber keine persönliche Stellungnahme in dem Sinn, dass er dieses Ereignis für gut (oder schlecht) hält, es als moralisch gerechtfertigt (oder nicht gerechtfertigt) betrachtet oder ihm einen Sinn für seine eigene Existenz zuschreibt (oder abspricht). Der Verzicht auf solche Stellungnahmen ist heutzutage unverzichtbarer Bestand des historischen Geschäfts. Lässt sich die Kompetenz eines Rezipienten historischer Aussagen jedoch ebenso beschreiben, wenn historische Aussagen Rekonstruktionen von Geschichtsentwürfen oder von Geschichtsdeutungen enthalten?

Der Entwurf von Schröter zielt darauf, nicht nur historische Ereignisse, sondern ebenfalls frühchristliche Geschichtsentwürfe und -deutungen zu (re-) konstruieren. Schröter hebt hervor, dass diesen prinzipiell der gleiche Status

---

9 *Schröter*, Konstruktion (s. Anm. 7), 201.

10 Siehe *Tugendhat*, Vorlesungen (s. Anm. 1), 139–141.

zukommt wie modernen Geschichtskonstruktionen. Die Evangelien z. B. unterscheiden sich nach Schröter insofern nicht von modernen Jesusdarstellungen, als historische Wirklichkeit «ohne derartige Deutungen, die das Überlieferte zusammenfügen, Lücken ausfüllen und so Vergangenheit, Gegenwart und Zukunft miteinander in Beziehung setzen, niemals zu haben» ist.[11] Wie sind die Rekonstruktionen dieser historisch vorliegenden Deutungen zu verstehen? Schröter charakterisiert die Geschichtsschreibung der Evangelien (im Unterschied zu antiken biographischen Darstellungen) in folgender Weise: «Im Zentrum steht bei ihnen freilich der mit dem Geist Gottes begabte Lehrer und Wundertäter Jesus von Nazaret, dessen Wirken die Aufrichtung der Gottesherrschaft bedeutet.»[12] Schröter will mit dieser Aussage nicht behaupten, dass das Wirken Jesu die Aufrichtung der Gottesherrschaft bedeute (resp. bedeutet habe), sondern dass die Evangelien das Wirken Jesu so verstanden haben. Seine Rekonstruktion eines wesentlichen Merkmals des Geschichtsentwurfs der Evangelien will also wie ein Zitat verstanden werden. Doch wie sind solche Zitate zu verstehen?

Schröters Beispiel lässt sich auf das Markusevangelium ausrichten[13] und (in Anspielung auf Mk 1,15) zuspitzen: «Der markinische Jesus sagt, das Reich Gottes sei in die Nähe gekommen.» Das Zitat soll als eine komprimierte Rekonstruktion der Geschichtsdeutung des markinischen Jesus resp. des Markusevangeliums gelten. Was muss der Fall sein, um von einem Rezipienten sagen zu können, er verstehe diese Aussage? Die Beantwortung der Frage lässt sich primär (im Blick auf ihre Bestandteile) auf zweierlei Weise denken: (a) Der Rezipient muss fähig sein anzugeben, unter welchen Bedingungen der Satz «Der markinische Jesus sagt, dass p» wahr ist, ohne angeben zu können, unter welchen Bedingungen der Satz p wahr ist. (b) Der Rezipient muss fähig sein anzugeben, unter welchen Bedingungen die Aussage «Der markinische Jesus sagt, dass p» wahr ist und unter welchen Bedingungen p wahr ist.

Schröter gibt Hinweise, die zu der Vermutung Anlass geben könnten, er bevorzuge Antwort (a). Er unterscheidet zwischen einer «historischen Wahrheit», die er als regulative Idee versteht, der sich historische Konstruktionen zu nähern versuchen,[14] und einer Wahrheit der sinnstiftenden Deutungen selbst: «Historische Kritik kann somit die Plausibilität sinnstiftender Entwürfe überprüfen, nicht jedoch ihre Wahrheit beweisen oder widerlegen.»[15] Die Wahrheit,

---

11 *Schröter*, Konstruktion (s. Anm. 7), 212.

12 *Schröter*, Konstruktion (s. Anm. 7), 210.

13 Vgl. Schröters eigenen, etwas anders ausgestalteten Vorschlag in *Schröter*, Konstruktion (s. Anm. 7), 210–212.

14 Siehe *Schröter*, Konstruktion (s. Anm. 7), 218.

15 *Schröter*, Konstruktion (s. Anm. 7), 218. – Der Begriff «Plausibilität» bezieht sich, wie aus dem

bezogen auf den Inhalt, kann historische Kritik in der Tat nicht beweisen oder widerlegen; kann sie die sinnstiftenden Entwürfe aber überhaupt verstehen, wenn die so verstandene Wahrheitsfrage ausgeklammert wird? Kann sie ihrem Geschäft, Konstruktionen sinnstiftender Entwürfe auf ihre historische Plausibilität zu überprüfen, auf diese Weise überhaupt nachkommen? Würde man sich für Lösung (a) entscheiden, so wäre die Arbeit des Historikers so zu verstehen, dass er das Beispiel «Der markinische Jesus sagt, das Reich Gottes sei in die Nähe gekommen» nicht nach dem Typus «Der markinische Jesus sagt, dass p» versteht (wobei p die metasprachliche Wiedergabe dessen ist, was der Historiker als Geschichtsdeutung des markinischen Jesus rekonstruiert hat), sondern nach dem Typus «Der markinische Jesus sagt: xyz» (wobei xyz für eine Aussage resp. Aussagen des markinischen Jesus steht). Fragt man diesen Historiker, was in seiner metasprachlichen Rekonstruktion die Inhaltsangabe, das Reich Gottes sei gekommen, bedeute, so verweist er zurück auf die Bedeutung (resp. die Wahrheitsbedingungen) des objektsprachlichen Satzes xyz. Der Historiker hat dann zwar präzise zwischen Metasprache und Objektsprache resp. zwischen seiner Rekonstruktion der historisch vorliegenden Geschichtsdeutung und dieser Deutung selbst unterschieden. Der Witz der Unterscheidung zwischen Metasprache und Objektsprache ist aber verlorengegangen: Die metasprachlichen Erläuterungen sollen den Sinn der objektsprachlichen Ausdrücke erklären. In unserem Fall verweist der Historiker aber zur Erklärung seiner metasprachlichen Erläuterungen zurück auf die objektsprachlichen Ausdrücke. Der Historiker ist dann zum reinen Tradenten oder Archivar geworden. Dies kann in gewissen Fällen der historischen Arbeit (z. B. bei der Edition von Inschriften oder Texten, deren Sinn noch nicht wirklich geklärt ist) sinnvoll oder gar geboten sein. Doch dies will Schröter nicht, denn er verweist immer wieder darauf, dass die historischen Konstruktionen ja Konstruktionen für uns sind, dass sie die Vergangenheit mit der Gegenwart verbinden, ja dass es der Beitrag der neutestamentlichen Wissenschaft sei, auf der Grundlage der frühchristlichen Geschichtsdeutungen «Sinnkonzepte zu entwickeln und diese gemeinsam mit den anderen theologischen Disziplinen mit konkurrierenden Geschichtsdeutungen ins Gespräch zu bringen».[16]

Ich vermute, dass Schröter weder Antwort (a) noch (b) bevorzugen würde, sondern eigentlich eine Lösung (c) im Sinn hat. Auf den zuletzt zitierten Satz folgt nämlich noch ein letzter, den Aufsatz abschließender Satz: «Dass die dabei zutage geförderte Sicht auf die Geschichte wahr sei, kann sie [*scil.* die neutestamentliche Wissenschaft] nicht beweisen, sie kann jedoch zur Sprache bringen,

---

Kontext hervorgeht, nicht auf die interne Stimmigkeit der sinnstiftenden Entwürfe, sondern auf deren Rückbindung an die Spuren der Vergangenheit.

16 *Schröter*, Konstruktion (s. Anm. 7), 219.

dass es Menschen gegeben hat und gibt, für die sie die Grundlage ihres Lebens und Handelns darstellt.»[17] Schröter geht also davon aus, dass sich eine bestimmte Sicht von Geschichte historisch rekonstruieren und insofern inhaltlich (mehr oder weniger) genau bestimmen resp. umreißen lässt (Stichwort «historische Wahrheit»), dass sich die (inhaltliche) Wahrheit dieses Konzepts jedoch nur insofern erweisen lässt, als gezeigt wird, inwiefern es für andere Menschen (oder auch für einen selbst) lebensbestimmend geworden ist (oder wird), d. h. inwiefern es für diese Menschen in einem lebenspraktischen Sinn wahr ist. Dies bedeutet: Der Sinn des Konzepts lässt sich nach historischen Standards nachzeichnen, seine Wahrheit lässt sich jedoch nur insofern spiegeln, als auf seine «Wahrheit für andere»[18] verwiesen wird. Diese Aufteilung der Verstehensfrage in eine objektivierbare Frage nach dem «Sinn für mich» und in eine nur praktisch zu beantwortende Frage nach der »Wahrheit für andere» ist jedoch nicht plausibel. Es wird dabei der Eindruck erweckt, als ob sich die Sinn- resp. Bedeutungsfrage vor der Wahrheitsfrage stellen und beantworten ließe. Damit wird das Grundproblem der Konzeption von Schröter sichtbar: Aus der richtigen Aussage, dass der Historiker nicht für die inhaltliche Wahrheit der rekonstruierten Deutung aufkommen muss, wird geschlossen, dass er auch nicht deren Wahrheitsbedingungen rekonstruieren muss, sondern (im weitestgehenden Fall) auf das lebensweltliche Für-wahr-Halten dieser Deutung durch andere Rezipienten (oder sich selbst als einen möglichen Rezipienten) verweisen kann. Mit der Aufteilung der Wahrheitsfrage in einen objektiv orientierten Begriff der historischen Wahrheit und einen subjektiv orientierten Begriff der lebenspraktischen Wahrheit als gelingender Sinnstiftung wird das Problem des Verstehens unterschätzt.

Will man an einem anspruchsvollen Begriff des Verstehens festhalten und ihn auch für historische Aussagen geltend machen, so gibt es m. E. zur Antwort (b) keine Alternative. Der Historiker muss sich selbst, seine Person und Lebenswelt, mit ins Spiel bringen, wenn er die Geschichte nicht nur im Sinn der Ereignis- oder Strukturgeschichte, sondern auch als Geschichte der Selbstinterpretation des Menschen verstehen will. Man muss historische Arbeit nicht so verstehen; wenn man es aber tut, reicht der von Schröter benutzte Wahrheitsbegriff nicht aus. Paradoxerweise ergibt sich dieses Ergebnis, wenn man von einem «engen» Wahrheitsbegriff ausgeht, diesen aber konsequent anwendet. Der Wahrheitsbegriff kommt bei Schröter gegenüber dem Verstehens-

17 *Schröter*, Konstruktion (s. Anm. 7), 219.

18 Dass mit «andere» auch die jeweilige Person des Historikers gemeint sein kann, spielt keine Rolle. Die Person des Historikers kommt in diesem Grenzfall in zwei voneinander getrennten Rollen vor: in der des wissenschaftlich arbeitenden Historikers und in der des Mitglieds einer Lebenswelt und Wertegemeinschaft.

problem zu spät ins Spiel, und der lebensweltlich-praktisch ausgerichtete Teil des Wahrheitsbegriffs wird nicht mehr auf den Kern des Wahrheitsproblems (nämlich auf den Konnex von Wahrheit und Verstehen) zurückgelenkt. Wenn sich historische Aussagen, verstanden als Rekonstruktionen von Selbstinterpretationen des Menschen, nicht abgesehen von der Selbstinterpretation des Interpreten verstehen lassen, so kann der Rückgriff auf Bultmanns Geschichtsverständnis aufschlussreich sein, ohne dass man Bultmanns existenzphilosophische Voraussetzungen teilen muss. Bultmanns Ansatz führt insofern weiter, als in ihm das Subjekt des Interpreten unmittelbar mit der Wahrheitsfrage verbunden und von Anfang an in den Interpretationsprozess einbezogen wird.

3. Der subjektive Sinn von Geschichte

Der Sinn der Beschäftigung mit der Geschichte liegt nach Bultmann nicht darin, dass wahre Aussagen über geschichtliche Ereignisse gemacht werden oder der geschichtliche Prozess in seiner Dynamik sinnvoll nachgezeichnet wird, sondern darin, dass sich derjenige, der sich mit Geschichte befasst, seiner eigenen Daseinsmöglichkeiten bewusst wird und sich diesen durch die eigene existentielle Wahl stellt. Die Beschäftigung mit der Geschichte zielt auf die Wahrnehmung der je eigenen Geschichtlichkeit des Menschen, «die Geschichte ist ein Ruf zur Geschichtlichkeit»[19]. Der von Bultmann zu Beginn seiner Abhandlung «Geschichte und Eschatologie» in den Mittelpunkt gestellte Begriff der «true existence»[20] zeichnet sich durch einen stark formalen Charakter aus: Der Sinn von Geschichte wird dann erfasst, wenn ein Subjekt in und trotz all seiner Abhängigkeit von geschichtlichen Umständen und Verstrickungen seiner eigenen Existenz durch die Wahl seiner Seinsmöglichkeiten und die Übernahme der eigenen situationsbezogenen Verantwortung einen «wirklichen Sinn» zu geben vermag.[21] Wahr ist die Existenz nicht, wenn sie inhaltlich definierbaren, deskriptiven Kriterien folgt, sondern wenn sie der Offenheit der Geschichte und den Möglichkeiten und der Verantwortung des Subjekts gerecht wird. Es wird sich im Folgenden zeigen, dass dieser formale Charakter der Bultmann'schen Beschreibung kein Nachteil, sondern im Gegenteil ein Vorteil ist, wenn es darum geht, das Subjekt des Hörers von historischen Aussagen von Anfang an in

19 R. *Bultmann*, Geschichte und Eschatologie, Tübingen 1958, 162.

20 *Bultmann*, Geschichte (s. Anm. 19), 1–12. – Bultmann hat den Begriff übernommen von Erich Frank (siehe *Bultmann*, Geschichte [s. Anm. 19], 4).

21 Siehe den Satz, der unmittelbar vor der Einführung des Begriffs der «true existence» steht: «Daher erwacht die Frage, ob unsere persönliche Existenz noch einen wirklichen Sinn hat, wenn unsere eigenen Taten uns sozusagen nicht angehören.» (*Bultmann*, Geschichte [s. Anm. 19], 4).

den Verstehensvorgang einzubeziehen und die Wahrheitsfrage mit der Verstehensfrage intrinsisch zu verbinden.

Zuerst ist jedoch zu klären, wie Bultmanns Auffassung der Geschichte mit den in Kap. 2 vorgenommenen Überlegungen zusammenhängt. Bultmann geht es offensichtlich, anders als Schröter, nur in zweiter Linie um die Methoden, Probleme und Perspektiven der Geschichtswissenschaft. Bultmann fragt primär nach dem «Wesen» der Geschichte und nach dem «Sinn» der Beschäftigung mit der Geschichte, und zwar nach dem Sinn für das Individuum als Subjekt dieses Tuns. Lässt sich diese Fragestellung als geschichtswissenschaftliche verstehen? Näher liegt es, sie als geschichtsphilosophische oder anthropologische Fragestellung aufzufassen, geht es Bultmann doch primär um die Selbsterkenntnis des Menschen. Diese systematische Ausrichtung der Frage gewann Bultmann nicht primär aus der Beschäftigung mit der Geschichte. Es gibt mehrere Hinweise darauf, dass Bultmanns Fragestellung eigentlich anders motiviert und konzipiert ist. (1) Bultmann betont, dass sich menschliches Sein nicht in der Zeit als einem Raum abspielt, sondern dass es grundsätzlich ein zeitliches ist. Dabei unterstreicht er (in expliziter Anlehnung an Heidegger): «Dies immer Zukünftigsein ist die Geschichtlichkeit des menschlichen Seins oder genauer: seine *Zeitlichkeit*, in der seine Geschichtlichkeit gründet.»[22] Die Geschichtlichkeit ist zwar eine wichtige Kategorie, sie stützt sich aber auf die fundamentalere Kategorie der Zeitlichkeit, die nicht aus geschichtstheoretischen Überlegungen, sondern aus der existentialen Analyse des menschlichen Daseins entwickelt wird. (2) Bultmann kritisiert andere Geschichtskonzeptionen (insbesondere diejenige von Croce) zu einem wesentlichen Teil aus anthropologischen Gründen. Croce klammere das Leiden aus dem Bereich der Geschichte aus, «weil nach ihm das eigentliche Wesen des Menschen Vernunft, nicht primär Wille ist», wohingegen bei einer genaueren Betrachtung des spezifisch menschlichen Leidens als einer Willensäußerung (Ertragen, Geduld) «der Wille als der bestimmende Faktor» des Menschen zu gelten habe.[23] (3) Bultmann gewinnt den Begriff der Verantwortung resp. der Verantwortlichkeit nicht aus der Reflexion auf die Geschichte als Gegenstand der Geschichtswissenschaft, sondern aus der Reflexion auf die Zeitlichkeit des Menschen, der ein offenes, zukunftsorientiertes, sich nie am Ziel befindendes Wesen ist.[24] (4) Bultmann entwickelt den für das Verständnis des Menschen wesentlichen Begriff «Personalität» aus dem Nach-

---

22 *Bultmann*, Geschichte (s. Anm. 19), 168 (Hervorhebung im Original).

23 *Bultmann*, Geschichte (s. Anm. 19), 170.

24 Vgl. *Bultmann*, Geschichte (s. Anm. 19), 172: «Geschichtlichkeit ist das Wesen des Menschen, der in keinem Jetzt in der Erfüllung seines eigentlichen Seins steht, sondern der immer unterwegs ist, [...].»

denken über das Problem der Identität des Menschen,[25] aus der Reflexion darüber, was die Biographie des Menschen auszeichnet.[26] Erst über die gedanklichen Zwischenglieder des Selbstverständnisses und der Weltanschauung gelingt es Bultmann, die Kategorie der Personalität mit der allgemeinen Geschichte zu verbinden.[27] Die vier erwähnten Punkte lassen erkennen, dass Bultmanns Einbeziehen des Subjekts in das Nachdenken über die Geschichte ganz anders motiviert ist als die von mir herausgearbeitete Notwendigkeit, das Subjekt des Verstehens von historischen Aussagen in den Verstehensprozess einzubeziehen. Die Anlehnung an Bultmann kann jedoch die logisch-semantische Analyse befruchten, weil sie die Aufmerksamkeit auf Aspekte lenkt, die zutiefst mit der Sprachlichkeit des Menschen verbunden sind.

Knüpft man nun an Bultmanns Begriff der «true existence» an und versteht die Begriffe «wahr» und «Existenz» im Sinn der analytischen Philosophie, so wird man Bultmanns Verwendung der Begriffe erläutern resp. umschreiben müssen. Der Begriff «Existenz» ist bei Bultmann (im vorliegenden Zusammenhang) nicht im Sinn des Existenzoperators zu verstehen, sondern könnte umschrieben werden mit «spezifisch menschliche Lebensform», «menschliches Dasein», «menschliche Lebensgestaltung». Die Schwierigkeiten sind (aus analytischer Sicht) beim Begriff «wahr» größer, da Bultmann ihn nicht als Prädikat von Aussagesätzen, sondern als Attribut eines singulären Terminus verwendet. Um den Begriff aus analytischer Sicht beschreibbar und interpretierbar zu machen, legt sich eine Transformation nahe, die im Folgenden in drei Schritten durchgeführt werden soll.

Die attributive Verwendung von «wahr» in der Wortfügung «wahre Existenz» lässt sich analog zu «wahrer Freund» umformulieren. Ein wahrer Freund ist ein Freund, auf den der Begriff «Freund» im vollen Sinn des Wortes zutrifft, der all das erfüllt, was man sich unter einem Freund vorstellt. Diese umgangssprachliche Beschreibung lässt sich – in einem ersten Schritt der Transformation – folgendermaßen formalisieren:[28] x sei die Individuenvariable, A sei das Prädikat «ist ein Freund», und F, G und H seien die Prädikate, die sich aus A ableiten lassen. Dann lässt sich das Prädikat «ist ein wahrer Freund» quantorenlogisch darstellen: (Für alle x gilt: Wenn Ax, dann Fx und Gx und Hx). Der Begriff «wahr» tritt nun nicht mehr als Attribut (ist ein wahrer Freund) auf, sondern als Prädikat von Aussagesätzen: Wenn Ax wahr ist, dann sind Fx und

25 Vgl. *Bultmann*, Geschichte (s. Anm. 19), 174: «Ein Zeichen für diese Identität des Ich in dem Strom der Entscheidungen sind Erinnerung und Gewissen und das Phänomen der Reue.»

26 Vgl. *Bultmann*, Geschichte (s. Anm. 19), 175f.

27 Vgl. *Bultmann*, Geschichte (s. Anm. 19), 176f.

28 Zur folgenden formal-semantischen Darstellung siehe *E. Tugendhat*/*U. Wolf*, Logisch-semantische Propädeutik, Stuttgart 1983 (durchgesehene Ausgabe 1986), 92–100.

Gx und Hx ebenfalls wahr. Was ist in dieser Betrachtungsweise die Bedeutung von «wahr» in der Wortfügung «wahrer Freund»? Diese lässt sich nun rekursiv[29] angeben durch die Wahrheitsbedingungen der drei Sätze Fx, Gx und Hx. Betrachtet man die vier Sätze Ax, Fx, Gx und Hx als eine vollständige kleine Sprache, so lässt sich der Wahrheitsbegriff in dieser Sprache auf die folgende Weise darstellen:

Fx ist wahr genau dann, wenn p
Gx ist wahr genau dann, wenn q
Hx ist wahr genau dann, wenn r
Ax ist wahr genau dann, wenn p und q und r,

wobei p, q und r metasprachlich die Wahrheitsbedingungen von Fx, Gx und Hx angeben. Was ist damit gewonnen? Was ein Freund ist, wird nun durch die drei Sätze Fx, Gx und Hx beschrieben, und was «wahr» heißt, wird nun nicht durch Synonyme wie «adäquat», «entsprechend» usw. umschrieben, sondern konkretisiert durch die Menge der Wahrheitsbedingungen (p und q und r), die erfüllt sein müssen, damit der Satz «x ist ein Freund» wahr ist.

Die bisherige Beschreibung lässt sich auf eine formalisierte Sprache, in der die Bedeutungen und logischen Beziehungen der Termini auf dem Weg der Definition festgelegt werden, problemlos anwenden. Die Prädikate F, G und H sollen jedoch den Begriff der «true existence» (A) beschreiben, der sich gerade nicht definitorisch festlegen lässt;[30] die genannten Prädikate lassen sich also nicht aus diesem Begriff ableiten, sondern wollen ihn exemplifizieren: Sie geben an, was A unter jeweils neuen Umständen bedeutet. Sie legen nicht den Bedeutungsumfang (die Extension) von A fest, sondern stellen den Beginn einer offenen Reihe dar, sind also im Sinn einer Exemplifikation der Intension von A zu lesen. Sie sind deshalb – dies nun der zweite Schritt der Formalisierung – als alltagssprachliche Prädikate zu fassen. Dazu lässt sich auf sie anwenden, was Wittgenstein als Lösung des Problems der Anwendung von Prädikaten vorgeschlagen hat. F, G und H sind nicht deshalb als Exemplifikationen von A zu verstehen, weil sie untereinander und mit A durch ein ihnen allen gemeinsames Element (oder durch ein gemeinsames Konzept, eine gemeinsame Idee oder Anschauung) verbunden wären, sondern weil sie durch sich überschneidende Elemente zusammengehalten werden wie ein Faden, dessen Stärke nicht darin liegt, «dass irgend eine Faser durch seine ganze Länge läuft, sondern darin, dass

29 Vgl. *Tugendhat/Wolf*, Propädeutik (s. Anm. 28), 228f.

30 Das Verfahren einer rekursiven Wahrheitsdefinition ist insbesondere von Davidson benutzt und modifiziert worden, um natürliche Sprachen zu analysieren; vgl. die Aufsätze im Sammelband *D. Davidson*, Inquiries into Truth and Interpretation, Oxford 1984.

viele Fasern einander übergreifen»[31]. Was ist dann das Kriterium dafür, dass neue Prädikate (I, J, K ...) zu derselben Reihe gehören, also zu Recht als Exemplifikationen von A angeführt werden? Wittgenstein versteht die Anwendung von Prädikaten als regelgeleitete Tätigkeit: Die Reihe der Anwendungen eines Prädikats (resp. hier die Reihe der Exemplifikationen des Prädikats A) wird nicht willkürlich gebildet, sondern dadurch, dass man einer Regel folgt. Dieser Regel folgt man zumeist blind,[32] weil ihre Befolgung in einer sozialen Praxis wurzelt. Müsste man in jedem Einzelfall die Regel bewusst anwenden, so gäbe es einen interpretatorischen *regressus ad infinitum*, da im Zweifelsfall keine Regel ihre eigene Anwendung regelt. Die Anwendung eines Wortes ist deshalb «nicht überall von Regeln begrenzt».[33] Dies bedeutet nicht, dass die Anwendung willkürlich ist, sondern dass es an einem gewissen Punkt eines Übergangs in die soziale Praxis bedarf, in der die Sprachbenützer aufgrund der bisherigen Anwendung eine Festlegung treffen, die sich nun ihrerseits nicht wiederum als die «richtige» Anwendung der Regel verstehen lässt, sondern als die sinnvolle, zweckdienliche, Verständigung schaffende Entscheidung in einer offenen Situation. Auf unser Beispiel angewandt: In den (metasprachlichen) Sätzen p, q und r wird jeweils die Regel angegeben, nach der die Prädikate (der Objektsprache) F, G und H verwendet werden. Da wir den Sinn von F, G und H in unserer Alltagssprache wiedergeben wollen, ist diese als Metasprache zu wählen, so dass die Objektsprache zu einem Teil der Metasprache wird. Gehaltvoll sind die Regelbeschreibungen nur dann, wenn angegeben wird, unter welchen Bedingungen die Prädikate F, G und H zu Recht als Exemplifikationen des substantivierten Prädikats «Existenz» verstanden werden.[34] Die Regelbeschreibungen sollen die Bedeutungen der Prädikate explizieren, soweit diese wahrheitsrelevant sind. Dann stellen die Sätze p, q und r eine offene Reihe von Regelbeschreibungen dar, die in immer neuen Schritten angeben, was das Prädikat A bedeutet.

Die Verwendung von Prädikaten lässt sich nach dieser Darstellung nie losgelöst von einer Sprachgemeinschaft verstehen, die in neu auftretenden Situationen nach der angemessenen Verwendung sucht resp. darüber nachdenkt, argumentiert, streitet. Im Fall der Auslegung des Wortes «wahr» in der Verbindung «wahre Existenz» bekommt dieser Aspekt der Verwendung von Prädikaten einen speziellen Akzent. Beschrieben werden soll ja, was zwar in einer

---

31 *L. Wittgenstein*, Philosophische Untersuchungen, § 67, in: ders., Schriften [I], Frankfurt a. M. 1960, 279–544.

32 Vgl. *Wittgenstein*, Philosophische Untersuchungen (s. Anm. 31), § 219: «Wenn ich der Regel folge, wähle ich nicht. Ich folge der Regel *blind*.» (Hervorhebung im Original).

33 *Wittgenstein*, Philosophische Untersuchungen (s. Anm. 31), § 84.

34 Vgl. die Formulierung der Wahrheitsbedingung für singuläre prädikative Sätze bei *Tugendhat/Wolf*, Propädeutik (s. Anm. 28), 229.

Sprachgemeinschaft als wahre Existenz gilt, was aber je situativ nur von einem Einzelnen (aufgrund seiner Situation, seiner Möglichkeiten, seines Vorverständnisses) realisiert wird. Es legt sich deshalb – als dritter Schritt der Formalisierung – nahe, nicht wie bisher Sätze mit Individuenvariable zu bilden (Fx, Gx, Hx), sondern konkrete singuläre Sätze (Fa, Gb, Hc). Es geht nicht darum anzugeben, welche Prädikate für ein beliebiges Individuum das beschreiben, was seine Existenz ausmacht, sondern welches Prädikat dies für ein spezielles Individuum in einer einmaligen Situation leistet. Muss es wissenschaftlichen Aussagen um die größtmögliche Verallgemeinerung gehen, so individuellen Aussagen um die größtmögliche Spezifizierung. Wie ist dann der Wahrheitsbegriff darzustellen? Es kann nicht der Sinn sein, das Wahrheitsprädikat so zu formulieren, dass es sich zwar auf eine Reihe individueller Aussagen (Fa, Gb, Hc) bezieht, dass die Existenz aber als wahr gilt, wenn alle Individuen ihr entsprechendes Prädikat erfüllen. In diesem Fall wäre der Begriff «Existenz» zwar zunächst individuell bestimmt, würde aber unter dem Gesichtspunkt der Wahrheit der Summe aller Realisierungen untergeordnet. Damit «Existenz» nicht, quasi in einem zweiten Schritt, doch wiederum allgemein gefasst wird, müssen die Glieder der Reihe Fa, Gb, Hc ... mit dem Junktor «oder» verknüpft werden. In diesem Fall ist die Existenz jeweils wahr, wenn eine, nämlich die im Blick stehende Existenz, wahr ist. Das Wahrheitsprädikat in Bezug auf «Existenz» nimmt demnach folgende Gestalt an: (Für alle x gilt: Ax ist wahr genau dann, wenn Fa oder Gb oder Hc ...). Durch diese Formulierung wird das Prädikat «wahr» auf das Individuum und die individuelle Situation bezogen, ohne seine Anwendung einer willkürlichen Entscheidung des Individuums zu überlassen. Denn das Individuum ist zurückgebunden an die das Prädikat «Existenz» interpretierenden Reihe Fa, Gb, Hc ..., über deren Sinnhaftigkeit die Sprachgemeinschaft nachdenkt, diskutiert, streitet.

Was hat die Auseinandersetzung mit Bultmann für die Wahrnehmung des Problems, wie historische Aussagen zu verstehen sind, ergeben? Durch die Anknüpfung an Bultmanns Wendung «true existence» sind sowohl der Begriff des Subjekts als auch derjenige der Wahrheit intrinsisch mit dem Verstehensvorgang verknüpft worden. Durch die Umformulierung dieser Begriffsverbindung haben sich die beiden Elemente so voneinander lösen und neu aufeinander beziehen lassen, dass Strukturen des Verstehens subjektbezogener prädikativer Ausdrücke sichtbar geworden sind, deren Übertragung auf das Verstehen historischer Aussagen aufschlussreich sein könnte. Dieser Weg ist nur am Beispiel eines einzigen Prädikats durchschritten worden. Insofern dieses aber für die vorliegende Fragestellung zentral ist und der Verwendung des Prädikats bei den elementaren assertorischen Sätzen, den singulären prädikativen Sätzen, für die Festlegung der Wahrheitsbedingungen eine entscheidende Rolle zukommt,[35] ist es berechtigt, die dabei gewonnenen Einsichten probehalber auf das Verstehen historischer Aussagen insgesamt zu übertragen.

4. Konvergenzen und Differenzen

Der Gewinn der Verschränkung der beiden Ansätze von Schröter und Bultmann besteht im Rahmen der von mir verfolgten Fragestellung darin, dass sich eine Perspektive abzeichnet, in der objektivierende und subjektorientierte historische Aussagen auf einer logisch-semantischen Ebene miteinander in Beziehung gesetzt werden können. Ich möchte die dabei sichtbar werdenden Konvergenzen der beiden Aussagetypen, aber auch die (weiterhin bestehenden) Differenzen unter vier Gesichtspunkten zur Sprache bringen.

(a) Wahrheitsbedingungen: Sowohl bei den objektivierenden historischen Aussagen als auch bei den subjektorientierten, auf den Sinn von Geschichte zielenden Aussagen kommt den Wahrheitsbedingungen eine entscheidende Rolle für das Verstehen der Aussagen zu. In beiden Fällen lässt sich nicht zuerst der Sinn der Aussagen klären, um danach, quasi in einem zweiten Schritt, die Frage nach ihrer Wahrheit zu stellen. Beide Sprechmodi konvergieren in der Notwendigkeit, auf Wahrheitsbedingungen hin ausgerichtet zu werden, solange sie als intersubjektive Äußerungen verstanden werden sollen. Die gemeinsame Ausrichtung auf Wahrheitsbedingungen bedeutet aber nicht, dass beide Aussagetypen auf die gleiche Art zu verifizieren sind. Objektivierende historische Aussagen beziehen sich auf eine allen rationalen Wesen prinzipiell in gleicher Weise zugängliche Welt; subjektorientierte historische Aussagen beziehen sich auf einen individuellen Kosmos von Sinnerfahrungen und Wertsetzungen, der zwar über das Medium der Sprache intersubjektiv vermittelt ist (auch für das Subjekt selbst), der aber in einer eigentümlich asymmetrischen Weise an die Perspektive der ersten Person gebunden bleibt.[36] Was objektivierende und subjektorientierte historische Aussagen verbindet, ist ihre Lokalisierung in einem «Raum der Gründe», was sie trennt, ist ihre unterschiedliche Art der Verifikation.

(b) Einbezug des Subjekts: Historische Aussagen beziehen das Subjekt des Verstehens über die Wahrheitsbedingungen in den Verstehensprozess ein; objektivierende historische Aussagen tun dies aber zunächst in einer generellen Form: Die Wahrheitsbedingungen sind zwar für jedes Subjekt an seine eigene Sprache zurückzubinden, sie stellen sich aber prinzipiell für jedes Subjekt gleich dar. Beziehen sich objektivierende historische Aussagen jedoch, wie das oft der

35 Siehe *Tugendhat/Wolf*, Propädeutik (s. Anm. 28), 232–235.

36 Vgl. *D. Davidson*, First Person Authority, in: ders., Subjective, Intersubjective, Objective, Oxford 2001, 3–14.

Fall ist, auf individuelle Personen, Gegenstände oder Ereignisse, so geschieht dies in der Form von singulären prädikativen Sätzen, die zumeist Eigennamen enthalten oder auf solche zurückverweisen. Da diese zwar (in Freges Sprache ausgedrückt) eine «Bedeutung», aber keinen «Sinn» haben, lassen sie sich nur dadurch identifizieren, dass die Kausalketten, die den Gegenstand mit den Sprechern/Hörerinnen verbinden, rekonstruiert werden,[37] was nur dadurch gelingen kann, dass die konkreten Sprecherinnen resp. Hörer dieser Aussagen als der eine Endpunkt der Kausalketten in die Interpretation mit einbezogen werden. Subjektive, auf den Sinn von Geschichte bezogene Aussagen setzen dagegen prinzipiell beim Subjekt ein, da es um die individuelle Aneignung von Sinn geht, in Bultmanns Sprache: um eine (individuelle) Entscheidung. Soweit diese Aussagen aber Teil der Sprache sind und im Medium öffentlicher Kommunikation erfolgen, zielen sie auf intersubjektive Verständigung – und nur so kann Bultmanns Begriff der Verantwortung einen präzisen Sinn gewinnen. Sie zielen auf das Verstehen durch andere und auf einen gemeinsamen Verstehenshorizont, in dem Erfahrungen, Gründe, Selbstinterpretationen und Fremdwahrnehmungen ausgetauscht werden können. Objektivierende und subjektorientierte historische Aussagen verknüpfen demnach beide eine objektive, allen zugängliche Welt mit einer subjektiven, individuellen Welt, tun dies aber gerade in entgegengesetzten Bewegungsrichtungen.

(c) Holistischer Charakter: Bei den subjektiven, auf den Sinn von Geschichte zielenden Aussagen zeigt sich der holistische Charakter bereits in der komplizierten Formulierung des Wahrheitsprädikats. Dieses lässt sich auch bei eingliedrigen Begriffen (Existenz) nur in einer vielgliedrigen, offenen Reihe formulieren. Die Wahrheit der mit den einzelnen Gliedern verbundenen Aussagesätze (p, q, r ...) hängt mit der Wahrheit der mit den andern Gliedern verbundenen Sätze auf eine komplexe Weise zusammen. Demgegenüber zielen objektivierende Aussagen auf eine wesentlich einfachere Fassung des Wahrheitsprädikats, nämlich auf die Beantwortung der Frage nach dem Zutreffen des Prädikats auf den singulären Terminus. Dennoch verweist jede objektivierende historische Aussage auf ein komplexes Netz von Aussagen, die ebenfalls wahr sein müssen, damit die entsprechende Aussage wahr ist. Beide Typen von historischen Aussagen lassen erkennen, dass historische Aussagen in besonderer Weise auf elementare Vernetzungen unserer Sprachkompetenz hinweisen: auf die Relation der ersten, zweiten und dritten Person, auf die Konstituierung von Gegenständen unter Zugrundelegung eines Raum-Zeit-Netzes, auf die Herausbildung von Fremdwahrnehmung und Selbstvergewisserung, auf die Interdependenz

37 Vgl. *E. Runggaldier*, Analytische Sprachphilosophie, UB 395, Stuttgart/Berlin/Köln 1990, 104–120.

von objektivierenden, intersubjektiven und subjektzentrierten Sprechmodi. Falls sich zeigen lassen sollte, dass das begriffliche Schema aller Menschen zu einem einzigen Begriffsschema tendiert, zu dem es keine radikale, für uns unverständliche Alternative gibt,[38] wären die Beobachtungen, die sich an historischen Aussagen machen lassen, ein wichtiges Indiz für einen «starken» Holismus. Dies bedeutet: Auch unsere subjektiven Präferenzen, Werte und Entscheidungen sind intersubjektiv verstehbar und müssen nicht in ein völlig fremdes Begriffsschema übersetzt werden – ein Versuch, dessen Scheitern zeigen würde, dass subjektorientierte Aussagen für andere letztlich nicht verstehbar sind.

(d) Projektion und Revision: Jede neue Verwendung von sprachlichen Ausdrücken stellt ein Wagnis dar. Was sich bisher als Regelauslegung bewährt hat, kann in neuen Situationen als unangebracht erscheinen; die Regel kann von anderen unter neuen Bedingungen auf eine für uns überraschende Weise ausgelegt werden; es können Brüche und Inkonsistenzen sichtbar werden, wenn man auf einen längeren Zeitraum der Verwendung zurückblickt. Die prinzipielle Unabgeschlossenheit der Sinnerfassung, ja bereits der sprachlichen Benennung historischer Ereignisse[39] gibt auch den objektivierenden historischen Aussagen den Charakter von Vorschlägen, die die bisherige Sprachverwendung in die Zukunft projizieren und an neue Situationen anpassen; sie sind grundsätzlich auf Revision angewiesen. Diese Offenheit ist aber nicht als Mangel anzusehen;[40] sie gibt dem Subjekt vielmehr die Würde, im eigenen Sinnhorizont neue Aspekte und Bedeutungen vergangener, zu Geschichte geronnener Erfahrungen zu entdecken und auf neue Situationen und Erfahrungen in unverwechselbarer, einmaliger und persönlicher Weise zu reagieren.[41] Bei subjektorientierten historischen Aussagen verdoppelt sich dieser Grundzug: Auch das Subjekt ist sich selbst immer nur in neuen Entwürfen der Identitätsfindung gegeben. Die subjektorientierten historischen Aussagen lassen die Komplexität der Verflochtenheit von Welt-, Selbst- und Fremdwahrnehmung in besonders deutlicher Weise erkennen. Sie sind insofern, logisch-semantisch gesehen, der Standardfall historischer Aussagen, als bei ihnen offensichtlich wird, was bei objektivierenden Aussagen teilweise verdeckt bleibt, aber nicht minder wirksam ist.

---

38 Siehe *D. Davidson*, The Myth of the Subjective, in: ders., Subjective (s. Anm. 36), 39–52.

39 Vgl. *H. Weder*, Das Kreuz Jesu bei Paulus. Ein Versuch, über den Geschichtsbezug des christlichen Glaubens nachzudenken, FRLANT 125, Göttingen 1981, 93–103.

40 Vgl. *Wellmer*, Sprachphilosophie (s. Anm. 5), 66.

41 In diesem Sinn ist Bultmanns Festhalten an einem rein formalen Kriterium bei der Frage nach dem legitimen Selbstverständnis m. E. unhintergehbar. Vgl. *Bultmann*, Geschichte (s. Anm. 19), 178: «Eine Weltanschauung ist um so mehr legitimiert, je mehr sie die Geschichtlichkeit des menschlichen Seins zum Ausdruck bringt. Ein Selbstverständnis ist umso mehr verfehlt, je mehr es diese Geschichtlichkeit verkennt, je mehr es Flucht aus der eigenen Geschichte ist.»

Versuchen, in der Wahrheit zu leben

Eine philologische Annäherung*

Hans-Ulrich Rüegger, Zürich

1. Vom Wunsch, zu verstehen

Die Formulierung des Titels lässt mich nicht los, seit ich Václav Havels Buch vor dreißig Jahren mit Begeisterung gelesen habe: «Versuch, in der Wahrheit zu leben».[1] Anders betonte die Überschrift des tschechischen Originals das politische Engagement: «Die Macht der Ohnmächtigen».[2] Auch das Thema beschäftigt mich – die Macht eines Systems und die Rolle des Einzelnen.[3] Aber es ist gewissermaßen nur die Kehrseite dessen, worum es mir eigentlich und worum es hier und jetzt geht – um den Menschen, der versucht, in der Wahrheit zu leben.

Es ist mir nicht klar, wieso mich das so beschäftigt, noch nicht einmal, was ich darunter verstehen soll. Ich suche eine philologische Annäherung, indem ich nachdenke über die Bedeutungen der Wörter, über den Sinn von Sätzen, über den Weltentwurf von Texten.[4] Ich nähere mich zunächst intuitiv mit der Anschauung einiger literarischer Inszenierungen der Antike.

---

* Maur, 3. Juli 2011. Philosophische und philologische Anregungen in freundschaftlichen Gesprächen verdanke ich Konrad Haldimann. Ferner danke ich Annelies Hämmig für Kommentare und Vorschläge zur Übersetzung der attischen Texte, Heinz Müller-Pozzi für Hinweise aus psychoanalytischer Sicht und eine Kritik meiner Interpretation der Antigone sowie Hans Weder für hermeneutische Rückfragen.

1 *V. Havel,* Versuch, in der Wahrheit zu leben. Von der Macht der Ohnmächtigen, aus dem Tschechischen von G. Laub, Reinbek bei Hamburg 1980.

2 *V. Havel,* Moc Bezmocných, Praha 1978.

3 *H.-U. Rüegger,* System und Anpassung, in: B. Blöchlinger/T. Wirz (Hg.), Hinhören – Hinsehen – Handeln. Zivilcourage und Wissenschaft, universelle 9, Mai 2009, 56–59.

4 Für ein Beispiel im Dienst der neutestamentlichen Wissenschaft s. *H.-U. Rüegger/A. Hämmig,* «Mein gott: varzuo hastu mich gelassen?» Philologische Annäherung an eine theologische Frage (Mk 15,34), ZNW 102 (2011), 40–58.

2. Literarische Streiflichter

«Der Einzelne richtet sich auf und lebt –
als Einzelner – würdiger.»
Václav Havel[5]

Die *Antigone des Sophokles* ist ein wunderbares Beispiel, um probeweise zu erahnen, was es bedeuten könnte, in der Wahrheit zu leben. Ihre beiden Brüder haben sich im Kampf um Theben gegenseitig erschlagen, der eine als Verteidiger und der andere als Angreifer der Stadt. Auf Anordnung ihres Onkels Kreon, an den die Herrschaft gefallen ist, wird der eine Bruder als Held in Ehren bestattet, der andere als Verräter unbeklagt und unbestattet der Verwesung und den wilden Tieren preisgegeben. Dies kann Antigone nicht akzeptieren. Trotz Androhung der Todesstrafe beschließt sie, ihrem Bruder die letzte Ehre zu erweisen. Auf frischer Tat ertappt, wird sie Kreon vorgeführt. In der bewegenden Konfrontation der beiden hält sie ihm entgegen:

> «... ich glaubte auch nicht, dass so stark seien deine
> Bekanntgaben (σὰ κηρύγματα), dass sie, vergänglich wie sie sind,
> die ungeschriebenen und unumstößlichen
> Bestimmungen der Götter (θεῶν νόμιμα) zu übertreffen vermöchten.
> Denn keineswegs jetzt und gestern, sondern immerzu
> leben diese, und niemand weiß, wann sie erschienen.
> Derentwegen hätte ich nicht – keines Mannes
> stolze Gesinnung fürchtend – gegenüber den Göttern Rechenschaft
> geben wollen.»
> (τούτων ἐγὼ οὐκ ἔμελλον, ἀνδρὸς οὐδενὸς
> φρόνημα δείσασ', ἐν θεοῖσι τὴν δίκην
> δώσειν.)[6]

Für Antigone geht es nicht bloß um einen Konflikt zwischen familiärer Verpflichtung und Gehorsam gegenüber dem Staat.[7] Ihre Entscheidung, dem

5 *Havel,* Versuch (s. Anm. 1), 55 (orthographisch angepasst).
6 *Sophokles,* Antigone 453–460 (Fabulae, ed. H. Lloyd-Jones/N. G. Wilson, Oxford 1990). Die Übersetzung folgt dem Duktus derjenigen von N. Zink (Stuttgart 1981), die ich mit Hilfe von Annelies Hämmig bearbeitet habe. Gern habe ich auch die Übersetzung von W. Schadewaldt zu Rate gezogen (*Sophokles,* Tragödien, hg. v. B. Zimmermann, Düsseldorf/Zürich 2002).
7 Vgl. *G. W. F. Hegel,* Vorlesungen über die Philosophie der Religion [1821–31] II, Werke XVII, stw 617, Frankfurt a. M. 1986, 133: «Auf eine plastische Weise wird die Kollision der beiden höchsten sittlichen Mächte gegeneinander dargestellt in dem absoluten Exempel der Tragödie, *Antigone;* da kommt die Familienliebe [...] mit dem Recht des Staats in Kollision.»

Bruder die letzte Ehre zu erweisen, gründet in einem Brauch, den sie vorgeschichtlich und zeitlos von den Göttern eingesetzt glaubt – und der sich durch eine staatliche Anordnung nicht außer Kraft setzen lässt. In der Wahrheit zu leben, bedeutet für Antigone, dafür einzustehen, dass der Erweis dieser Ehre trotz der politischen Parteiungen und moralischen Vergehen ihrem verstorbenen Bruder zusteht: dass er trotz seines verfehlten Handelns nicht aus der von den Göttern eingesetzten Ordnung herausfällt. Für diese Überzeugung ist sie bereit, in den Tod zu gehen.

Gegen die herrschaftskonforme Bürgerschaft Thebens macht Antigone geltend, dass diese im Grunde ihres Herzens die Überzeugung teilt, es gehöre sich, den Bruder zu bestatten:

> «… Dass diesen allen dies gefällt,
> könnte ich behaupten, wenn nicht Furcht ihre Zunge einschlösse.
> Aber die Alleinherrschaft (ἡ τυραννίς) hat es in vielem gut,
> und ihr ist es erlaubt, zu tun und zu sagen, was sie will.»[8]

Antigones Haltung und ihre ironische Rede über die autokratische Macht tragen Züge dessen, was wir Zivilcourage nennen. Die Bürger, meint sie, schweigen nicht deshalb, weil sie die Staatsmeinung teilten, sondern weil sie nicht zu widersprechen wagen. Wenn der Versuch Antigones, in der Wahrheit zu leben, mit Beherztheit einhergeht, ist er gleichwohl nicht mit dieser zu verwechseln. Es ist aber gewiss so, dass die Treue gegenüber dem, was ein Mensch für nicht hintergehbar hält, sich dort in aller Schärfe zeigt, wo sie sich gegen das obrigkeitskonforme Schweigen artikuliert. Gegen die von Kreon geforderte Räson steht Antigone mit ihrem Leben dafür ein, wovon sie überzeugt ist, dass es ihre Verantwortung sei:

> «Antigone: Nicht ein Sklave fand den Tod, sondern mein Bruder.
> Kreon: Verheeren wollt' er dieses Land, der andere trat ihm für es entgegen.
> Antigone: Gleichwohl fordert Hades gleichen Brauch.
> Kreon: Aber der Gute kann nicht Gleiches erlangen wie der Schlechte.
> Antigone: Wer weiß, ob dort unten dies als heilig gilt?
> Kreon: Doch nie wird, wen man hasst, auch wenn er stirbt, zu einem, den man liebt.
> Antigone: Doch nicht mithassen, sondern mitlieben ist mir bestimmt.»
> (Κρέων· οὔτοι ποθ' οὑχθρός, οὐδ' ὅταν θάνῃ, φίλος.
> Ἀντιγόνη· οὔτοι συνέχθειν, ἀλλὰ συμφιλεῖν ἔφυν.)[9]

---

8 *Sophokles,* Antigone 504–507.

9 *Sophokles,* Antigone 517–523. Schlicht wäre 522: «Doch nie wird der Feind, auch wenn er stirbt, zu einem Freund.» Mit der umständlichen Übersetzung versuche ich das griechische Wort-

Womöglich vollzieht sich in dieser Konfrontation der Anschauungen die entscheidende Wende. Antigone unterläuft Kreons Dogma der Unüberwindlichkeit von Hass und Feindschaft mit einem letzten Argument – das allerdings nicht einfach zu verstehen ist: Nicht mithassen, sondern mitlieben «bin ich (geboren)» (ἔφυν). Zunächst gilt es zu vermeiden, aus christlicher Sicht ein Missverständnis einzutragen. Es geht *nicht* um ein teleologisches Verständnis ihres Daseins in dem Sinn, dass Antigone sagte: «dazu bin ich geboren».[10] Es geht um ein (vor-)ontologisches Verständnis des Soseins ihres Daseins. Nachdem Antigone der Schwester Ismene ihr Vorhaben eröffnet hat, erinnert diese ihrer beider Herkunftsgeschichte und wendet ein:

> «Aber es ist nötig das zu bedenken: Als Frauen
> *sind wir geboren* (ἔφυμεν), die nicht gegen Männer kämpfen.»[11]

In diesem Zusammenhang ist die ursprüngliche Bedeutung der natürlichen Herkunft durchaus mitzuhören: Nicht gegen Männer zu kämpfen, ist uns Frauen durch unsere Geburt bestimmt.[12] Ismene akzeptiert die ihr mit der Geburt in der Gesellschaft zugewiesene Rolle. Auf die Ehrfurcht vor dem göttlichen Recht angesprochen, entgegnet sie der Schwester:

> «Ich schätze es der Achtung nicht unwert, aber
> gegen den Staatswillen zu handeln, das bringe ich, *so wie ich geboren bin*, nicht fertig (ἔφυν ἀμήχανος)».[13]

Es ist nicht so, dass Ismene ihre Haltung mit ihrem Naturell begründen wollte, als würde sie sagen, sie sei von Natur aus nicht mutig. Sondern sie bleibt in der Anerkennung der durch die Geburt bestimmten Gesellschaftsordnung, gegen die sich aufzulehnen sie sich außerstande sieht. Dementsprechend ist auch bei Antigone das ausschlaggebende Argument nicht in der Begründung ihres Naturells zu sehen: «Ich bin nun einmal so, ich kann nicht anders.» Es ist auch

---

spiel wiederzugeben: ἐχθρός (verhasst, Feind) und συνέχθειν (mithassen), φίλος (lieb, Freund) und συμφιλεῖν (mitlieben).

10 Zink übersetzt: «Nicht um Feind, nein um Freund zu sein, ward ich geboren.» Vgl. Joh 18,37: «dazu bin ich geboren» (εἰς τοῦτο γεγέννημαι). Clemens von Alexandria, Stromateis 5,4,23,1 (GCS 52), wird den delphischen Spruch «Erkenne dich selbst» (γνῶθι σαυτόν) teleologisch auslegen: «Das heißt auch: Wozu du da bist bzw. Was der Sinn deines Daseins ist, erkenne, …» (καὶ εἰς τί γέγονας, γνῶθι, …).

11 *Sophokles,* Antigone 61f.

12 Vgl. *Sophokles,* Philoktet 88–89. In einer Weise, welche sein Sosein ausdrücklich mit seiner Abkunft zusammenbringt, entgegnet Neoptolemos dem Odysseus: «Denn so wie ich gezeugt bin (ἔφυν), ist es nicht meine Art, etwas aus Arglist zu tun (οὐδὲν ἐκ τέχνης πράσσειν κακῆς), nicht meine und, wie man sagt, auch nicht die von dem, der mich gezeugt hat (οὑκφύσας ἐμέ).»

13 *Sophokles,* Antigone 78f.

nicht so zu verstehen, dass sie wie Ismene auf die durch die Geburt bestimmte gesellschaftliche Rolle der Frau abhebt. Das tut sie im Gegensatz zu ihrer Schwester gerade nicht. Vielmehr ist zu verstehen, dass die göttliche Bestimmung, in deren Verantwortung sie ihren Bruder bestattet hat, diesem gegenüber für sie als Schwester gilt: «Nicht mithassen, sondern mitlieben ist mir durch meine Geburt bestimmt.»[14]

Von der Ausgangslage des Dramas wäre denkbar, in Kreon einen Menschen zu sehen, der in seiner Rolle als Staatsmann darum ringt, in der Wahrheit zu leben. Er hat fraglos das Recht und die Pflicht, für seine politische Überzeugung und Verantwortung einzustehen. Aber nachdem Antigone seine Doktrin mit dem Selbstverständnis ihres Soseins unterlaufen hat, lässt Sophokles seinen Kreon ihr entgegnen:

> «So geh hinunter – wenn du lieben musst, liebe
> die Dortigen; meiner Lebtag wird keine Frau mich beherrschen.»[15]

Nun geht es nicht mehr um Feindschaft oder Freundschaft, um Hassen oder Lieben, sondern um das Aufbegehren einer Frau gegen die durch Kreon repräsentierte Obrigkeit. Dass dies ein Skandalon für seine politische Räson und eine Gefahr für seine Auffassung von gesellschaftlicher Ordnung bedeutet, illustriert dasselbe Argument, das Kreon gegenüber seinem Sohn – dem Antigone zur Frau versprochen war – in Anschlag bringen wird:

> «Es gibt kein größeres Übel als den Ungehorsam gegen den Herrscher.»
> (ἀναρχίας δὲ μεῖζον οὐκ ἔστιν κακόν.)
>
> «So müssen die sich beistehen, die in Reih und Glied stehen (τοῖς κοσμουμένοις),
> und einem Weibe darf man niemals unterliegen.
> Denn besser ist's, wenn es sein muss, von einem Mann überwunden zu werden,
> und nicht etwa Weibern unterlegen zu heißen.»[16]

Nicht einmal dann mehr lässt Kreon mit sich reden, als ihn der greise blinde Seher Teiresias ermahnt:

> «Dies nun bedenke, Kind. Den Menschen nämlich
> allen ist gemeinsam, weit zu fehlen (τοὐξαμαρτάνειν).
> Wenn aber einer gefehlt hat (ἁμάρτῃ), dann ist der nicht mehr
> ein unberatener, auch ist der kein unglückseliger Mann, der, ins Schlechte
> gefallen, es wiedergutmacht und nicht unbeweglich bleibt.

---

14 In ihrem Abgesang wird Antigone darlegen, wieso ihr die Achtung des Bruders über alles geht, *Sophokles,* Antigone 905–915.

15 *Sophokles,* Antigone 524f.

16 *Sophokles,* Antigone 672.677–680.

> Selbstgefälligkeit jedoch verschuldet linkisches Verhalten.
> Sei doch nachgiebig gegenüber dem Toten, und auf einen, der vernichtet ist,
> stich nicht ein. Was ist das für eine Stärke, einen Toten noch einmal zu töten?»[17]

Zur Sache weiß Kreon nichts mehr zu sagen, er redet nur noch *contra personam.* Von der Zunft der Seher wähnt er sich verraten und verkauft, will um nichts in der Welt den Toten bestatten lassen. Sophokles zeigt Kreon als einen Menschen in der Selbstverwicklung und Erstarrung seiner Macht – an deren Ausübung er zerbrechen wird. Nachdem selbst die Bürger – repräsentiert durch den Chor der thebanischen Alten – dazu raten, besinnt sich Kreon endlich und bricht auf, um Antigone aus ihrem Kerkergrab zu erlösen. Er findet sie erhängt, muss miterleben, wie sein Sohn sich ins Schwert stürzt, und erfahren, dass auch seine Frau sich ob der traurigen Nachrichten umgebracht hat. In Kreons Geschick verdichtet sich jene tragische Existenz, bei deren Geschichte uns «Jammer und Schaudern» ergreift.[18]

Auf ganz andere Weise berührt uns die Person des *Sokrates in Platons Apologie.* Es ist dies nicht die Inszenierung einer dramatischen, sondern einer philosophischen Existenz. Während Antigone mit einem Klagelied von der Bühne abtritt,[19] bleibt Platons Sokrates überlegt, souverän, gelassen. Doch wie diese geht auch er seinen Weg unbeirrt von allen Vorhaltungen, in Klarheit und mit letzter Konsequenz:

> «So nämlich, ihr Männer von Athen, verhält es sich mit der Wahrheit (οὕτω γὰρ ἔχει τῇ ἀληθείᾳ): Wo einer sich hinstellt, wie er es für das Beste hält, oder wo er von seinem Vorgesetzten hingestellt wird, dort muss er, meine ich, standfest die Gefahr auf sich nehmen, nichts in Rechnung stellen, weder Tod noch sonst etwas, nichts eher als die Schande.»[20]

Was es bedeutet, in der Wahrheit zu leben, zeigt sich für Platons Sokrates darin, dass einer standfest bleibt in der Gefahr – ob er nun seinen Standpunkt aus Überzeugung eingenommen hat oder von seinem militärischen Vorgesetzten dort eingesetzt worden ist. Äquivalent bleibt die Alternative aber nicht. Der Gedanke mündet in einen Vergleich, der die Männer von Athen bei ihren Wertvorstellungen abholt. Sokrates hätte sich merkwürdig verhalten, wenn er

---

17 *Sophokles,* Antigone 1023–1030.

18 In Anlehnung an *Aristoteles,* Poetik 1449b 27 (δι' ἐλέου καὶ φόβου), deutsch von M. Fuhrmann (Stuttgart 1982). Sophokles verfasst die Tragödie in einer Lebenszeit, in der er selbst in den höchsten politischen Gremien Athens Verantwortung übernimmt, s. *H. Flashar,* Sophokles. Dichter im demokratischen Athen, München 2000, 34f., 58. Ich habe mit Erleichterung festgestellt, dass meine Deutung des Dramas mit derjenigen von Flashar gut zusammengeht.

19 *Sophokles,* Antigone, Kommos (κομμός) 806–875, mit Abgesang (ἐπῳδός) 876–943.

20 *Platon,* Apologie 28d (Opera I, ed. E.A. Duke *et al.*, Oxford 1995).

damals im Krieg zwar ausharrte und Todesgefahr auf sich nahm, wo die athenischen Befehlshaber ihn aufgestellt hatten,

> «wenn ich aber da, wo der Gott mich hinstellt – wie ich meinte und annahm, ich solle als Philosoph leben und mich und die Andern auf die Probe stellen –, wenn ich da aus Furcht vor dem Tod oder irgend einer andern Sache den Posten verließe».[21]

Nicht also ist es gleichgültig, ob einer steht, wo er steht, weil er aus Überzeugung da steht oder weil andere ihn dort hingestellt haben. Wenn aber erwartet wird, dass einer im Krieg den Posten nicht verlässt, auf den er vom Vorgesetzten gestellt worden ist – wie könnte er den Posten verlassen, auf den er sich zuinnerst berufen, von göttlicher Instanz gestellt glaubt?[22]

Wiederum in anderer Weise bewegt uns die Leidensgeschichte von *Jesus im Evangelium nach Markus*. Nicht überlegen und gelassen geht dieser Mann in den Tod. Vielmehr mündet sein Weg in eine dramatische Geschichte. Schon in Galiläa scheut er nicht die Konfrontation mit dem Establishment, das ihn anklagen will:

> «Ist es am Sabbat erlaubt, Gutes zu tun oder schlecht zu handeln, Leben zu retten oder zu töten?»[23]

Dabei wird Jesus leidenschaftlich. Voll Zorn (μετ' ὀργῆς) blickt er in die Runde der schweigenden Menge, bedauert sie ob ihres Unverstandes (συλλυπούμενος ἐπὶ τῇ πωρώσει τῆς καρδίας αὐτῶν).[24] Auch später in Jerusalem, als er den Tempel besucht, geht Jesus mit Leidenschaft zur Sache. Wer im Tempel etwas verkauft oder kauft, wird hinausgetrieben, die Tische der Geldwechsler und die Stühle der Taubenverkäufer werden umgestoßen, niemand mehr wird mit einer Gerätschaft durch den Tempel gelassen:

> «Steht nicht geschrieben: Mein Haus soll Gebetshaus genannt werden für alle Völker? Aber ihr habt es zu einer Räuberhöhle gemacht!»[25]

Wie er schließlich vor der Stadt seiner Gefangennahme und Hinrichtung entgegensieht, zeigt sich Jesus gegenüber seinen engsten Vertrauten zu Tode betrübt:

---

21 *Platon,* Apologie 28e–29a.

22 Die unkonventionelle Zusammenstellung ist bereits von berufener Seite vorgedacht: *Th. A. Szlezák,* Göttliches Gesetz und persönliches Daimonion: Sophokles und Sokrates, in: ders., Was Europa den Griechen verdankt. Von den Grundlagen unserer Kultur in der griechischen Antike, UTB 3394, Tübingen 2010, 195–213. Ich habe das Buch vom Verfasser geschenkt erhalten, nachdem ich meinen Text in den Glarner Bergen entworfen hatte.

23 Mk 3,4, s. *H.-U. Rüegger,* Verstehen, was Markus erzählt. Philologisch-hermeneutische Reflexionen zum Übersetzen von Markus 3,1–6, WUNT II/155, Tübingen 2002, 101–105.

24 Mk 3,5, s. *Rüegger,* Verstehen (s. Anm. 23), 106–108.

25 Mk 11,17 (vgl. LXX Jes 56,7; Jer 7,11).

> «Übertraurig ist meine Seele bis zum Tod.»
> (περίλυπός ἐστιν ἡ ψυχή μου ἕως θανάτου.)[26]

Er geht abseits, fällt zu Boden und betet, dass womöglich die Stunde an ihm vorübergehe:

> «Abba, Vater, alles ist dir möglich. Wende diesen Kelch von mir ab! Aber nicht, was ich will, sondern was du willst (ἀλλ' οὐ τί ἐγὼ θέλω, ἀλλὰ τί σύ).»[27]

Die Unumgehbarkeit, den aufgetragenen Weg zu Ende zu gehen, hatte Platons Sokrates in die militärische Sprache der athenischen Polis gefasst: dass einer seinen Posten nicht verlässt. Der markinische Jesus betet in der familiären Sprache, die seiner Gottesbeziehung entspricht, er stellt sein Leben dem Willen des Vaters anheim. Was uns berührt, ist die Offenheit, mit der er seine Angst vor dem Sterben zum Ausdruck bringt: Du, der du alles vermagst, wende den Tod von mir ab. Jesus ist im Dilemma, für die Wahrheit sein Leben zu verlieren. Er ging seinen Weg in Verantwortung für die Aufgabe, von der er glaubt, dass sie ihm aufgetragen ist. Er weiß, dass er sterben muss – und er fürchtet sich vor dem Tod. Gleichwohl stellt er sich seiner Bestimmung. Doch noch die letzten Worte, die er nach Markus am Kreuz mit lauter Stimme ruft, sind keine Worte der Gelassenheit, sondern eine Klage:

> «Mein Gott, mein Gott, wieso hast du mich verlassen?»[28]

Einer, der ihm gegenübersteht und sieht, wie Jesus sein Leben ausgehaucht hat, kommt just in dem Moment zur Überzeugung, wer dieser Mensch wahrhaftig war.[29]

Was ist aus den literarischen Beispielen, die ich intuitiv im Sinn einer Sondierung gewählt habe, für unser Thema zu gewinnen? Mir scheint, ich sollte die Beantwortung der Frage zurückstellen. Ich habe in verschiedenen Zusammenhängen von «wahr» und von «Wahrheit» gesprochen – ohne mir über die Bedeutung der Wörter Rechenschaft zu geben. Das tun wir gewöhnlich beim Reden: Wir brauchen Wörter unter Voraussetzung ihrer Bedeutungen, ohne uns dieser bewusst zu sein. Aber wenn es nötig wird, können wir versuchen, sie uns anhand des Sprachgebrauches klar zu machen.

---

26 Mk 14,34, in der Sprache der Klagepsalmen des Einzelnen (vgl. LXX Ps 41,6.12; 42,5).
27 Mk 14,36.
28 Mk 15,34, wieder in der Sprache des Klagepsalms (vgl. LXX Ps 21,2). Zum Bedeutungspotential der Frage εἰς τί s. *Rüegger/Hämmig,* «Mein gott: varzuo hastu mich gelassen?» (s. Anm. 4).
29 Mk 15,39.

3. Was bedeutet «wahr»?

Wer sich über die Verwendungsmöglichkeiten von «wahr» und «Wahrheit» ein Bild machen möchte, der findet im Deutschen Wörterbuch eine reiche Anschauung.[30] Es kann hier nicht der Ort sein, diese zu diskutieren. Ich beschränke mich auf drei, eigentlich nur zwei Verwendungsweisen von «wahr», die ich für unser Thema als aufschlussreich erachte. Ich erfinde dazu eine Geschichte.

Zwei Freunde, sagen wir Konrad und Hans, wandern auf einen Berg. Oben angekommen finden sie ein Schild: «Monte Vero, 2011 m. ü. M.». Hans sagt:

> «Schau an, wir sind auf einer Höhe von über 2000 Metern über Meer.»

Konrad, der als leidenschaftlicher Bergsteiger gut ausgerüstet ist, schaut auf seinen Höhenmesser und sagt:

> «Das ist nicht wahr. Wir sind auf einer Höhe von nur 1980 Metern über Meer.»

Das ist eine typische und fundamentale Verwendungsweise von «wahr». Wir können von einer Aussage sagen, sie sei wahr oder nicht wahr. Wir meinen damit, dass sie auf das, worüber der Satz etwas sagt, zutrifft oder nicht zutrifft. Wir können die Wahrheit des Satzes überprüfen, wenn wir die Bedingungen angeben können, unter denen seine Aussage wahr ist. Im gegebenen Fall bezweifelten wir nicht, dass es möglich ist zu wissen, auf welcher Höhe sich die beiden Freunde befinden. Es ließe sich entscheiden, welche der Aussagen zutrifft und welche nicht – oder ob beide nicht zutreffen.

Nun wandern die beiden Freunde weiter. Es ist ein strahlender Herbsttag, die Farben leuchten, wie sie an einem Herbsttag in den Bergen zu leuchten vermögen. Konrad sagt:

> «Das ist ein wunderbarer Tag, nicht wahr.»

Hans könnte zustimmen:

> «Es ist wahr, das ist ein wunderbarer Tag.»

Auch wenn diese Verwendung von «wahr» syntaktisch dem ersten Beispiel vergleichbar ist, funktioniert sie im Zusammenhang anders. Es macht wenig Sinn, nach den semantischen Kriterien zu fragen, unter denen die Aussage des Satzes wahr ist. Was Konrad sagt, basiert auf einem persönlichen Eindruck, einem Erleben, einem Empfinden. Offenbar gibt es die Erfahrbarkeit eines wunderbaren Tags. Hans könnte zustimmen, dass für ihn dasselbe zutrifft. Dies wäre ein pragmatisches Kriterium für die Wahrheit der Aussage. Es kann sich aber plötzlich sein Gesicht verfinstern und es kann aus ihm herausbrechen:

---

30 DWb XIII, 689–748 s. v. wahr; 839–911 s. v. wahrheit.

«Nein, für mich ist das kein wunderbarer Tag. Ich habe heute früh eine Notiz auf dem Küchentisch gefunden, dass meine Frau mich verlassen hat.»

Hans würde nicht sagen, Konrads Aussage treffe nicht zu. Aber er kann sagen, sie treffe für ihn nicht zu, weil er den Tag anders erlebt. Auf der andern Seite würde Konrad, wenngleich mit analytischer Philosophie vertraut, nicht Kriterien auflisten, um zu begründen, dass seine Aussage wahr ist. Es geht nicht um eine Aussage, die auf Erkenntnis abhebt und darauf angelegt ist, ihre Wahrheit zu analysieren. Sondern es geht um eine Aussage, die auf Erleben beruht und dazu einlädt, an ihrer Wahrheit zu partizipieren. Es geht nicht um eine objekt-, sondern um eine subjektorientierte Aussage, die einen persönlich angeht, ergreift, bewegt.[31] Sie kann mitgeteilt und geteilt werden – oder auch nicht. Ihre Wahrheit betrifft nicht primär epistemisch die Frage, ob die Aussage auf ihren Gegenstand zutrifft, sondern sie entscheidet sich existenziell an der Frage, ob sie für das Subjekt der Aussage zutrifft.

Die beiden Freunde machen sich an den Abstieg. Hans war so betroffen von dem, was ihm frühmorgens widerfahren war, dass er sich außerstande fühlte, darüber zu reden. Aber nun, da das Schweigen gebrochen ist, erzählt er und erzählt und erzählt. Konrad hört zu, fragt nach, versucht zu verstehen. Irgendwann sagt Hans zu ihm:

«Du bist ein wahrer Freund.»

Das ist eine Verwendung von «wahr», die sich grammatisch von den vorangehenden unterscheidet. Das Wort ist *attributiv*, nicht prädikativ verwendet. Hans würde nicht sagen:

*«Mein Freund, du bist wahr.»

Er könnte aber *adverbiell* formulieren:

«Du bist wahrhaftig ein Freund.»

Oder er könnte «wahr» als Prädikat über seine Aussage setzen:

«Du bist ein Freund, das ist wahr.»[32]

---

31 Ich wähle die Begrifflichkeit der Objekt- und Subjektorientierung in Anlehnung an den Beitrag von *K. Haldimann*, Perspektiven eines engen Wahrheitsbegriffs, in diesem Band (139–154). Wenngleich die Unterscheidung an eine grammatische anlehnt, ist sie nicht mit dieser zu verwechseln. Sie betrifft die Wahrheitsweisen von Aussagen, nicht deren Syntax. Alltagssprachlich kann ich eine objektorientierte Aussage subjektiv («Wir sind ...») und eine subjektorientierte Aussage objektiv («Das ist ...») formulieren.

32 Eine formal-semantische Analyse der Transformation leistet *Haldimann*, Perspektiven, in diesem Band.

Wir verstehen, was gemeint ist. Hans erlebt Konrad als Freund, der so ist, wie er sich einen Freund vorstellt. Die Aussage ist semantisch zu verstehen, insofern auch wir eine Vorstellung davon haben, was ein Freund ist. Die Bedeutung des Freundseins ist nicht beliebig. Aber die Wahrheit der Aussage lässt sich nur pragmatisch begründen. Sie trifft zu, wenn sie aus dem Erleben des Subjekts in persönlicher Verantwortung gesprochen ist. Dabei zeigen sich zwei Grundmomente dieser Wahrheitsweise. Zum einen geht es nicht um die Frage, welche Bedingungen erfüllt sein müssten, damit die Aussage zutrifft – zuhören, nachfragen, verstehen etc. Es geht um ein Erleben des Gegenübers – integral:

> «Wie du zu mir bist, so erlebe ich dich als Freund.»

Zum andern geht es im Grunde des Gedankens um ein zweistelliges Prädikat:

> «*Du* bist ein wahrer Freund *für mich*.»

Hans sagt nicht über Konrad, was der Fall ist, sondern er sagt zu Konrad, was er für ihn wahrhaftig bedeutet.

4. Existenzielle Wahrheit

> «Das ‹Leben in Wahrheit› hat […] eine
> existentielle Dimension (es bringt den Menschen
> zu sich selbst zurück)».
> Václav Havel[33]

Gegebenheiten wie die Höhe eines Berges kommen auch in den literarischen Beispielen vor. Es geht allerdings weniger um natürliche als um faktische Gegebenheiten – um Tatsachen: Es ist wahr, dass Antigone ihren Bruder zu bestatten versuchte, dass Sokrates mit der Jugend Athens philosophische Gespräche führte und dass Jesus am Sabbat heilte und im Tempel randalierte. (Ich beziehe diese Aussagen auf die literarisch vorgestellte Welt.) Das wird in den Verhandlungen, wo nötig, bestätigt, aber es ist nicht das, was eigentlich interessiert. Sofern die Frage der Wahrheit literarisch verhandelt wird, geht es nicht um die Feststellung dessen, was vorgefallen ist, sondern um die Frage, was einen Menschen im Selbstverständnis seines Lebens bestimmt. Die fragliche Wahrheit ist nicht eine epistemische, die so auf einen Gegenstand zutrifft, dass sie in Bezug auf diesen von allen erkannt und gewusst werden kann. Die fragli-

33 *Havel,* Versuch (s. Anm. 1), 28.

che Wahrheit ist eine existenzielle, die einen Menschen so in seinem Leben trifft, dass sie in Bezug auf dieses von ihm ergriffen und gelebt werden kann.[34]

4.1 Überpersönliche Wahrheit

4.1.1 Transzendente Begründung

Sophokles' Antigone spricht nicht von «Wahrheit» (ἀλήθεια). Aber sie ist überzeugt, dass es *richtig* ist, ihrem Bruder die letzte Ehre zu erweisen. «Richtig» oder «falsch» lautet das Urteil über eine Handlung in Bezug auf ein System, sei es der Sprache, der Moral, des Rechts.[35] Zu klären ist, auf welches System rekurriert wird und ob seine Regeln befolgt werden. Im Blick auf Kreons Verfügung hat Antigone mit ihrem Tun gegen die staatliche Ordnung verstoßen, sie hat aus seiner Sicht nicht richtig gehandelt. Aber sie rekurriert auf höheres Recht, auf unumstößliche Bestimmungen der Götter (ἀσφαλῆ θεῶν νόμιμα). Kreons Bekanntgaben (σὰ κηρύγματα) vermögen nicht, vergänglich wie sie sind (θνητά γ' ὄντα), jene außer Kraft zu setzen:

> «Denn keineswegs jetzt und gestern, sondern immerzu
> leben diese, und niemand weiß, wann sie erschienen.»
> (οὐ γάρ τι νῦν γε κἀχθές, αλλ' ἀεί ποτε
> ζῇ ταῦτα, κοὐδεὶς οἶδεν, ἐξ ὅτου 'φάνε.)[36]

Gegen die historische Verfügung beruft sich Antigone auf eine ungeschriebene Bestimmung einer göttlichen Verfassung, die zeitlos gültig ist: Der Bruder ist als Bruder liebenswert. Es gehört gleichsam zum Brudersein, geliebt zu werden. Das meint nicht eine Empfindung oder dergleichen. Es meint, dass mit dem Sosein des Daseins ein bestimmter Imperativ verbunden ist. Es gehört zum Mitgeborensein, nicht gegeneinander feind-lich zu sein (συνέχθειν), sondern

---

34 Ich wähle den Begriff einer existenziellen Wahrheit in Anlehnung an *M. Heidegger,* Sein und Zeit, § 4, (Halle 1927) Tübingen [18]2001, 12: «Das Dasein versteht sich selbst immer aus seiner Existenz, einer Möglichkeit seiner selbst, es selbst oder nicht es selbst zu sein. Diese Möglichkeit hat das Dasein entweder selbst gewählt, oder es ist in sie hineingeraten oder je schon darin aufgewachsen. Die Existenz wird in der Weise des Ergreifens oder Versäumens nur vom jeweiligen Dasein selbst entschieden. Die Frage der Existenz ist immer nur durch das Existieren selbst ins Reine zu bringen. Das *hierbei* führende Verständnis seiner selbst nennen wir das *existenzielle.*» – Die Seinsart der Wahrheit, die Heidegger beschäftigt, ist indessen nicht existenziell, sondern *existenzial* begriffen als Gegenstand ontologischen Denkens (§ 44). Existenzielle Wahrheit ist auch nicht zu verwechseln mit essenzieller Wahrheit (*essential truth*) oder mit wahrer Existenz (*real or true existence*), wie sie als Grundbegriffe eines religiösen Bewusstseins angesprochen wurden von *E. Frank,* Philosophical Understanding und Religious Truth, New York 1945, 100–101, 116.

35 Zum philologischen Begriff der Richtigkeit s. *Rüegger,* Verstehen (s. Anm. 23), 9–12.

36 *Sophokles,* Antigone 456f.

miteinander freund-lich zu sein (συμφιλεῖν).[37] Die Bestimmung kommt den Menschen von jeher und von jenseits aller menschlichen Satzung zu. Wenn von diesem Gedanken gesagt werden kann, er sei *wahr*, dann ist er das in der Bedeutung einer Wahrheit, die *transzendent* begründet ist.

4.1.2 In der Lüge leben

«Das ‹Leben in Wahrheit› ist [...] in die Struktur
des ‹Lebens in Lüge› hineingewoben».
Václav Havel[38]

Für die faktische Geltung der Wahrheit, die sie transzendent begründet glaubt, deutet Antigone auf die Akzeptanz, welche jene in der Bürgerschaft Thebens findet – und welche verlautete, wenn nicht die Furcht das Schweigen diktierte (εἰ μὴ γλῶσσαν ἐγκλῄοι φόβος).[39] Schon bei seinem ersten Auftritt redet der Chor der thebanischen Alten Kreon nach dem Mund:

> «Jedes Gesetz anzuwenden, das ist dir möglich,
> was die Toten betrifft wie auch alle, die wir leben.»
> (νόμῳ δὲ χρῆσθαι παντί, τοῦτ' ἔνεστί σοι
> καὶ τῶν θανόντων χὠπόσοι ζῶμεν πέρι.)[40]

Im Verlauf des Dramas wird entdeckt werden, dass Antigones Vermutung nicht aus der Luft gegriffen ist: Die Thebaner sagen nicht, was sie in Wahrheit meinen, aus Furcht vor dem Machthaber. Nachdem Kreon seinem Sohn das ordnungspolitische Credo vom unbedingten Gehorsam in Familie und Staat vorgetragen hat – das in die Forderung mündet, einer Frau niemals zu unterliegen –, kontestiert der Chor erneut:

> «Uns zwar, wofern wir vom Alter nicht getäuscht sind,
> scheinst du vernünftig zu reden, worüber du redest.»[41]

Der Sohn antwortet seinerseits:

> «Vater, die Götter geben von Natur den Menschen Vernunft,
> (πάτερ, θεοὶ φύουσιν ἀνθρώποις φρένας,)
> von allen Besitztümern, die es gibt, das höchste.
> Dass du nicht im Recht seist mit deiner Rede,

---

37 *Sophokles*, Antigone 523 (s. Anm. 9)
38 *Havel*, Versuch (s. Anm. 1), 29.
39 *Sophokles*, Antigone 505.
40 *Sophokles*, Antigone 213f.
41 *Sophokles*, Antigone 681f.

wäre ich nicht im Stande zu sagen, noch wollte ich es können.
[Freilich dürfte es auch der anderen zukommen, Recht zu haben.]
Aber es ist nicht deine Art, alles vorauszusehen, was
einer sagt oder tut oder zu kritisieren hat.
Dein Blick ist erschreckend für den Mann im Volke
bei solchen Worten, die du nicht magst, wenn du sie hörst.
(τὸ γὰρ σὸν ὄμμα δεινὸν ἀνδρὶ δημότῃ
λόγοις τοιούτοις, οἱς σὺ μὴ τέρψῃ κλύων·)
Mir aber ist es möglich, im Dunklen das zu hören,
wie sehr die Stadt dies Mädchen beklagt,
dass von allen Frauen die unschuldigste
aufs schlimmste zugrunde gehen soll für die rühmlichste Tat›».[42]

Haimon spricht nicht als Verlobter seiner Braut, sondern als Sohn zum Vater mit dem gebührenden Respekt. Ihm zu widersprechen, steht ihm nicht zu. Aber was er aus dem Dunkel (ὑπὸ σκότου) des gesellschaftlichen Raunens zu vernehmen vermag, meint er dem Vater sagen zu müssen.

Wenn die Thebaner vor ihrem Machthaber nicht zu sagen wagen, was sie in Wahrheit denken, dann ist, was der Chor sagt, keine wahre Rede. Sie ist nicht wahr in der Bedeutung, dass die Thebaner *nicht authentisch* reden. Sie sind gegenüber Kreon nicht sie selbst. Sie ist auch nicht wahr in der Bedeutung, dass die Thebaner *nicht wahrhaft* reden. Sie machen Kreon und sich selbst etwas vor. Wer aber spricht dann, wenn die Thebaner nicht als sie selbst sprechen? – Es spricht aus ihnen die Furcht vor dem Machthaber. Die Furcht diktiert nicht nur das Schweigen, die Furcht diktiert das Reden.[43] Sie diktiert zu sagen, was der Machthaber erwartet, dass es gesagt wird. Die Furcht vor der Macht entfremdet den Menschen sich selbst. Und der sich fremd werdende Mensch stützt die Macht durch «eine unwillkürliche Projektion seines Ichs».[44]

Unter dem Diktat von Macht und Furcht löst sich die Unwahrheit vom Bewusstsein derer, die sprechen. Die Unwahrheit beginnt sich zu verselbständigen. Sie wird zum Gemeinplatz, wo die Menge sich treffen kann und meint, sich treffen zu müssen – ohne dass da einer wäre, der verantwortet, was alle mitsagen. Die Verselbständigung der Unwahrheit ist der Anfang eines Lebens in der Lüge. Sie schafft eine

42 *Sophokles,* Antigone 683–695. Die Originalität des Satzes in 687 ist umstritten (del. Heimreich). Die *lectiones* variieren χἀτέρᾳ, χἀτέρως und χἀτέρῳ.

43 *Sophokles,* Antigone 509, σοὶ δ' ὑπίλλουσιν στόμα «vor dir ziehen sie den Mund ein» wurde schon in den alten Scholien zwiefach verstanden: Sie unterdrücken das Reden oder sie reden Kreon nach dem Mund (*Pape*, s. v. ὑπ-ίλλω).

44 *Havel,* Versuch (s. Anm. 1), 25.

> «scheinbare Art der Sichbeziehung zur Welt, die dem Menschen die Illusion bietet, er sei eine mit sich identische, würdige und sittliche Persönlichkeit, und es ihm somit möglich macht, dies alles nicht zu sein».

Die Verselbständigung der Unwahrheit bildet eine

> «Attrappe gewisser ‹überpersönlicher› und zweckfreier Werte, die es dem Menschen möglich macht, sein Gewissen zu betrügen und vor der Welt und vor sich selbst seine wirkliche Lage und seinen ruhmlosen ‹Modus vivendi› zu maskieren».

Die Verselbständigung der Unwahrheit ist

> «ein Schleier, mit dem der Mensch seinen ‹Existenzverfall›, seine Verflachung und seine Anpassung an die gegebene Lage verschleiern kann».[45]

Indessen hält sich die Anmaßung der Macht «nur so lange, solange der Mensch bereit ist, in der Lüge zu leben».[46] Was hätte Kreon wohl gesagt und getan, wenn der Chor nicht hinter dem Berg gehalten hätte damit, was die Bürger in Wahrheit meinen?

> «Uns liegt daran, dass man in Würde leben und tot sein kann,
> dass das Gesetz dem Menschen dient und nicht der Mensch dem Gesetz.»[47]

4.1.3 Konventionelle Begründung

Platons Sokrates beginnt sein Argument, indem er, was er den Athenern als wahrheitsgemäß vorführt, für diese *konventionell* voraussetzt. Interessant ist, wie die griechische Formulierung – «so verhält es sich mit der Wahrheit» (οὕτω γὰρ ἔχει τῇ ἀληθείᾳ) – im Deutschen wiedergegeben wird.[48] Es wird eine Tatsache aufgerufen – «so verhält es sich in der Tat» (Schleiermacher).[49] Oder es wird auf eine Regel rekurriert – «so ist's doch richtig» (Fuhrmann).[50] Aber textgemäß wird weder eine Tatsache vorgestellt noch wird eine Handlung an einer Regel bemessen. Vielmehr wird eine Regel selbst als wahrheitsgemäß vorgestellt: «So

---

45 *Havel,* Versuch (s. Anm. 1), 15, spricht in diesen drei Zitaten nicht von der Verselbständigung der Unwahrheit, sondern von der *Ideologie* des von ihm so genannten posttotalitären Systems.

46 *Havel,* Versuch (s. Anm. 1), 22.

47 In Anlehnung an *Havel,* Versuch (s. Anm. 1), 43: «Uns geht es darum, dass man würdiger leben kann, dass das System dem Menschen dient und nicht der Mensch dem System». – Das Vorbild des Gedankens ist das Jesuswort in Mk 2,27: «Der Sabbat ist des Menschen wegen geschaffen worden und nicht der Mensch wegen des Sabbats.» (τὸ σάββατον διὰ τὸν ἄνθρωπον ἐγένετο καὶ οὐχ ὁ ἄνθρωπος διὰ τὸ σάββατον.)

48 *Platon,* Apologie 28d.

49 *Platon,* Werke II, hg. v. G. Eigler, deutsche Übers. v. F. Schleiermacher (Berlin ^{2}1818), Darmstadt 1973, 33.

50 *Platon,* Apologie des Sokrates, übers. u. hg. v. M. Fuhrmann, Stuttgart 1986, 45.

steht es damit in Wahrheit, ihr Athener» (Rufener).[51] Wir könnten schlicht sagen: «So verhält es sich wahrhaftig».[52]

Die Regel lautet verkürzt: Ein Soldat verlässt nicht seinen Posten. Der Grundsatz, aus dem die Regel abgeleitet ist: Ein Soldat ist gehorsam gegenüber dem Befehlshaber. Es gehört gleichsam zum Soldatsein, gehorsam zu sein. Diese Wahrheit ist konventionell, insofern über ihre Geltung bei den Athenern Konsens besteht.[53] Sie ist auch konventionell, insofern sie nicht unhintergehbar ist. Seinen Verstand und sein Gewissen an einen Vorgesetzten zu delegieren, ist als wahrheitsgemäß nur annehmbar im Rekurs auf ein System, das konventionell vorausgesetzt wird – und das sich unkonventionell hinterfragen lässt.[54] Der Gehorsam eines Soldaten ist eine Bedingung, dass Krieg geführt werden kann. Was wäre, wenn da eine ist, die einen Krieg existenziell nicht als Voraussetzung akzeptiert? Wenn sie der Überzeugung ist, dieser Krieg sei nicht im Sinn ihres Lebens, nicht im Sinn des Lebens der Menschen, die davon betroffen sind?

> «Doch erstens ist überhaupt nicht nötig, Krieg zu führen.»
> (ἀλλ᾽ οὐδὲν δεῖ πρῶτον πολεμεῖν.)
> «Wir ertragen ihn mehr als zweifach. Zuallerest als die, die Söhne geboren haben
> und sie dann schwerbewaffnet wegschicken müssen. […]
> Zweitens, während wir beglückt werden und die Mannbarkeit genießen sollten,
> liegen wir allein im Bett wegen der Feldzüge (διὰ τὰς στρατιάς).»

Im zwanzigsten Jahr des Peloponnesischen Kriegs – drei Jahrzehnte nach der Aufführung der Antigone und zwölf Jahre vor dem Prozess gegen Sokrates – wird in Athen eine Komödie gegeben unter dem sprechenden Namen *Lysistrate* (Λυσιστράτη) – «Heeresauflöserin».[55] Aristophanes entwirft hierin eine Utopie, in der nicht die Männer den Kriegsdienst verweigern, sondern die Frauen verweigern den Männern die sexuelle Gefolgschaft – so lange, bis diese den Krieg beenden. Ich will das Stück nicht als pazifistisches Manifest vorstellen. Es richtet sich gegen *diesen*, den Peloponnesischen Krieg. Aber die Gedanken, die

---

51 *Platon,* Sämtliche Werke II, eingel. v. O. Gigon, übertragen v. R. Rufener, Zürich 1974, 228.

52 Zur adverbiellen Verwendung vgl. *Platon,* Protagoras 339d: «es sei schwierig, in Wahrheit ein guter Mann zu werden» (χαλεπὸν εἶναι ἄνδρα ἀγαθὸν γενέσθαι ἀληθείᾳ) referiert einen Vers des Simonides von Keos (339b): «Ein guter Mensch wahrhaftig zu werden, ist schwierig» (ἄνδρ᾽ ἀγαθὸν μὲν ἀλαθέως γενέσθαι χαλεπόν).

53 Vgl. Kreon in *Sophokles,* Antigone 666–672.

54 Vgl. *Havel,* Versuch (s. Anm. 1), 12: «[…] ein integraler Bestandteil der übernommenen Ideologie ist das Delegieren des Verstands und des Gewissens an die Vorgesetzten, das heißt das Prinzip der Identifizierung des Machtzentrums mit dem Zentrum der Wahrheit.»

55 *Aristophanes,* Lysistrate 497.589–592 (Fabulae II, ed. N. G. Wilson, Oxford 2007).

Lysistrate in Anschlag bringt, geben nicht nur im historischen Kontext zu denken. Was wäre, wenn dereinst ein Krieg gegeben wird und niemand kommt?[56]

Nun ist es für einmal nicht Sokrates' Sache, eine Konvention zu hinterfragen. Er beruft sich darauf, im Krieg gegen Sparta an diversen Schauplätzen gedient zu haben, und er braucht die gemeinhin akzeptierte Wahrheit, um die Unhintergehbarkeit einer persönlichen Wahrheit umso deutlicher herauszustellen.

4.2 Persönliche Wahrheit

Das Argument des platonischen Sokrates funktioniert über eine Vergleichung. Wenn es richtig ist, den Posten nicht zu verlassen, auf den einer vom Vorgesetzten gestellt worden ist, dann ist erst recht nicht falsch, den Posten nicht zu verlassen, auf den er vom Gott gestellt ist. Im Vergleich der zugrundeliegenden Wahrheiten bedeutet das: Wenn es am Soldaten ist, dem Befehlshaber zu gehorchen, dann ist es erst recht am Gottesfürchtigen, dem Gott zu gehorchen. Als Schlüsselargument seiner Verteidigung zielt die Überlegung in zwei Hinsichten auf die Überzeugung der athenischen Gerichtsversammlung. Zum einen ist es die Plausibilätsstruktur der Argumentation: *Wenn ..., dann erst recht ...* Sie gilt in der Rhetorik als eine Beweisführung, die das Größere aus dem Geringeren glaubhaft macht:[57]

> «Wenn Diebstahl ein Verbrechen ist, dann ist es Tempelraub erst recht.»
> (si furtum scelus, magis sacrilegium.)[58]

Bemerkenswert ist allerdings, dass bei solcher Argumentation der Unterschied zwischen dem Geringeren und dem Größeren gewöhnlich als ein grad- oder intensitätsmäßiger gedacht ist.[59] Demgegenüber bringt Sokrates ein Argument, das die Kategorie des Menschlichen hin zur Kategorie des Göttlichen übersteigt. Dass ein Soldat dem Befehlshaber gehorcht, ist eine konventionell begründete Wahrheit, die sich unkonventionell hinterfragen lässt. Sokrates wird die athenische Gerichtsversammlung selbst daran erinnern, wie er unter der Oligarchie der Dreißig deren Befehl den Gehorsam verweigerte:

---

56 In *C. Sandburg,* The People, Yes, New York 1936, 43, kommt einem kleinen Mädchen beim Anblick einer Truppenparade der Gedanke: «Sometime they'll give a war and nobody will come.»

57 Quintilianus, Institutio oratoriae 5,10,87 (hg. v. H. Rahn, Darmstadt 1988): comparativa [argumenta], quae [...] maiora ex minoribus [...] probant.

58 *Quintilianus,* Institutio oratoriae 5,10,89.

59 *H. Lausberg,* Handbuch der literarischen Rhetorik. Eine Grundlegung der Literaturwissenschaft, Stuttgart (1969) [3]1990, § 397.

> «Mich hat nämlich jene Regierung – so stark sie war – nicht vor Furcht außer mich gebracht, so dass ich etwas Unrechtes getan hätte» (ἐμὲ γὰρ ἐκείνη ἡ ἀρχὴ οὐκ ἐξέπληξεν, οὕτως ἰσχυρὰ οὖσα, ὥστε ἄδικόν τι ἐργάσασθαι).[60]

Dass hingegen ein Gottesfürchtiger dem Gott gehorcht, ist eine transzendent begründete Wahrheit, die sich nicht weiter hinterfragen lässt.

Damit – zum andern – entkräftet Sokrates den gegen ihn vorgebrachten Vorwurf der Gottlosigkeit (ἀσέβεια):

> «dass ich glaube, es gebe keinen Gott» (οὐδένα νομίζω θεὸν εἶναι).[61]

«Glauben» (νομίζειν) bedeutet nicht, etwas theoretisch für wahr zu halten, sondern es praktisch zu anerkennen. Das Wort zielt auf einen existenziellen Brauch, nicht auf eine epistemische Annahme. Der Vorwurf besagt, dass Sokrates so lebe, als gäbe es keinen Gott. Dagegen setzt er seine Überzeugung,

> dass, was er tut, ihm vom Gott aufgetragen ist zu tun,[62]
> dass ihm unabdingbar erscheint, was vom Gott kommt, über alles zu stellen,[63]
> dass er so lebt, wie er lebt, wegen seines Dienstes für den Gott.[64]

Sokrates versteht sein Leben als Antwort auf das ihn betreffende Orakel aus Delphi. Es ist sein Versuch, in dessen Wahrheit zu leben. Und es ist die Antwort darauf, dass eine innere Stimme immer wieder zu ihm spricht, dass – wie er es versteht – ihm etwas Göttliches zu widerfahren pflegt.[65] Diese Widerfahrnisse konstituieren seine Identität, das Verhältnis zu sich selbst. Seine philosophische Existenz bedeutet für Sokrates, mit sich selbst im Einklang zu leben.

> «Ich gab mir und dem Orakel die Antwort: Es steht mir wohl an, mich so zu verhalten, wie ich mich verhalte.» (ἀπεκρινάμην οὖν ἐμαυτῷ καὶ τῷ χρησμῷ ὅτι μοι λυσιτελοῖ ὥσπερ ἔχω ἔχειν.)[66]

Dagegen wirkt der Druck der Ankläger darauf hin, sich selbst zu vergessen.[67] Doch Sokrates ist nicht willens, sich sich selbst entfremden zu lassen. Auch wenn er freigesprochen würde mit der Auflage, nicht mehr zu philosophieren unter Androhung der Todesstrafe, müsste er antworten:

---

60 *Platon,* Aplogie 32d.
61 *Platon,* Apologie 26e; vgl. 18c, 24b, 26b, 35d (ἀσεβείας φεύγων).
62 *Platon,* Apologie 33c: ἐμοὶ δὲ τοῦτο [...] προστέτακται ὑπὸ τοῦ θεοῦ πράττειν.
63 *Platon,* Apologie 21e: ὅμως δὲ ἀναγκαῖον ἐδόκει εἶναι τὸ τοῦ θεοῦ περὶ πλείστου ποιεῖσθαι.
64 *Platon,* Apologie 23c: διὰ τὴν τοῦ θεοῦ λατρείαν. Vgl. Apologie 30a: τὴν ἐμὴν τῷ θεῷ ὑπηρεσίαν.
65 *Platon,* Apologie 31c–d: ὅτι μοι θεῖόν τι καὶ δαιμόνιον γίγνεται.
66 *Platon,* Apologie 22e.
67 *Platon,* Apologie 17a: ἐγὼ δ' οὖν καὶ αὐτὸς ὑπ' αὐτῶν ὀλίγου ἐμαυτοῦ ἐπελαθόμεν.

> «Ich schätze und liebe euch, ihr Männer von Athen, aber gehorchen werde ich vielmehr dem Gott als euch und, solange Atem in mir ist und ich im Stande bin, werde ich keineswegs aufhören, Philosoph zu sein ...» (πείσομαι δὲ μᾶλλον τῷ θεῷ ἢ ὑμῖν, καὶ ἕωσπερ ἂν ἐμπνέω καὶ οἷός τε ὦ, οὐ μὴ παύσωμαι φιλοσοφῶν ...)[68]

Die Apologie hat zwei Seiten, eine intersubjektive, die diskursiv – und vergeblich – auf die Überzeugung der Gerichtsversammlung zielt, und eine persönliche, in der es existenziell – und unabdingbar – um Sokrates' ureigenste Überzeugung geht. Letztere ist das Selbstverständnis, es sei ihm vom Gott bestimmt, als Philosoph zu leben und zu sterben. Das ist eine persönliche Wahrheit, die nur Sokrates angeht und auf die nur er sein Leben als Antwort geben kann.

4.3 Überpersönliche und persönliche Wahrheit

Überpersönliche und persönliche Wahrheit werden im Evangelium nach Markus in eigentümlichster Weise ineinander verwoben. Da ist zum einen der Wahrheitsanspruch dessen, was Jesus nach der *summa* des Erzählers verkündet:

> «[...] kam Jesus nach Galiläa, verkündete das Evangelium Gottes und sagte: ‹Es ist Zeit, das Reich Gottes ist nahe. Besinnt euch zur Umkehr und glaubt an das Evangelium.›»[69]

Die Wahrheit des Evangeliums ist nicht eine, die sich epistemisch prüfen und erkennen ließe: Das Reich Gottes kommt nicht so, dass man es beobachten könnte.[70] Es ist eine Wahrheit, die nur existenziell ergriffen werden kann, auf die nur ein Subjekt sein Leben als Antwort geben kann. Das Evangelium lädt ein, sich umzubesinnen und an es zu glauben (μετανοεῖτε καὶ πιστεύετε ἐν τῷ εὐαγγελίῳ).

Der Erzähler nennt das, was Jesus verkündet, das Evangelium Gottes (τὸ εὐαγγέλιον τοῦ θεοῦ). Und er nennt das, wovon er selbst erzählt, das Evangelium Jesu Christi (τὸ εὐαγγέλιον Ἰησοῦ Χριστοῦ).[71] In seiner Erzählung rückt der, der das Evangelium Gottes verkündet, selbst in den Fokus des Interesses. Sie ist bewegt von den Fragen, woher das Wirken und die Person Jesu zu verstehen sei:[72]

---

68 *Platon,* Apologie 29d.

69 Mk 1,15.

70 Lk 17,20: οὐκ ἔρχεται ἡ βασιλεία τοῦ θεοῦ μετὰ παρατηρήσεως.

71 Mk 1,1.

72 Fragen zumWirken (Mk 1,27; 6,2;11,28) und zur Person (Mk 4,41; 8,27.29; 14,61). Ich folge meiner Skizze zur Komposition des Markusevangeliums, *Rüegger,* Verstehen (s. Anm. 23), 17f. Die Frage «Wer ist dieser?» – ursprünglich abschließende Akklamation einer wundersamen Sturmstillung – hat in der markinischen Komposition «expositionelle Bedeutung gewonnen», *G. Theissen,* Urchristliche Wundergeschichten. Ein Beitrag zur formgeschichtlichen Erforschung der synopti-

«Was ist das? Eine neue Lehre voller Macht?»
«Woher hat er das? Was ist das für eine Weisheit, die dem gegeben ist? Solche wirksamen Taten geschehen durch seine Hände?»
«In welcher Vollmacht tust du das? Wer hat dir diese Vollmacht gegeben, das zu tun?»

«Wer ist denn der, dass ihm der Wind und das Meer gehorchen?»
«Was sagen die Leute, wer ich sei?» «Und ihr, was sagt ihr, wer ich sei?»
«Bist du der Christus, der Sohn des Gelobten?»

Die Fragen finden im Verlauf der Erzählung von verschiedenen Seiten verschiedene Resonanzen – von dämonischen Wesen, die Jesus fürchten, oder von Genesenen nach heilsamen Begegnungen oder von seinen Jüngern im vertraulichen Gespräch. Jesus ist dabei auffallend bemüht zu verhindern, dass solche Antworten bekannt werden. Er verbietet geradezu, über das, was mit ihm oder über ihn erfahren wurde, zu sprechen.[73]

Die Erzählung stellt an prominenter Position in drei szenisch herausragenden Geschichten eine Identifikation heraus, die durch die jeweilige Perspektive der Wahrnehmung ausgezeichnet wird.[74] Wie am *Anfang* seines Auftretens Jesus nach seiner Tauche im Jordan aus dem Wasser steigt, sieht *er* den Himmel sich aufreißen und den Geist wie eine Taube auf sich herabsteigen, und eine Stimme kommt aus dem Himmel:

«Du bist mein lieber Sohn, an dir habe ich Gefallen gefunden.»
(σὺ εἶ ὁ υἱός μου ὁ ἀγαπητός, ἐν σοὶ εὐδόκησα.)[75]

Es ist allein Jesus, der sieht und hört – und es gibt die, die lesen, was er sieht und hört. Aus dem Himmel tönt eine Du-Botschaft, die Jesus anspricht. Er allein kann ihre Wahrheit bezeugen, indem er sein Leben als Antwort gibt.

Wie dann in der *Mitte* der Erzählung Jesus auf einem hohen Berg vor seinen drei engsten Vertrauten verwandelt wird und im Gespräch mit Elija und Mose erscheint, kommt eine Wolke und eine Stimme kommt aus der Wolke:

---

schen Evangelien, Gütersloh 1974, 212. Vgl. *P. Müller,* «Wer ist dieser?» Jesus im Markusevangelium. Markus als Erzähler, Verkündiger und Lehrer, Neukirchen-Vluyn 1995.

73 Redeverbote gegenüber dämonischen Wesen (Mk 1,25; 1,34; 3,12), nach heilsamen Begegnungen (Mk 1,44; 5;43; 7;36) und gegenüber den Jüngern (Mk 8,30; 9,9). Grundlegend *W. Wrede,* Das Messiasgeheimnis in den Evangelien. Zugleich ein Beitrag zum Verständnis des Markusevangeliums, Göttingen (1901) [4]1969.

74 Selbst wenn man *Ph. Vielhauer* nicht so weit folgen wollte, das literarische Schema eines altägyptischen Inthronisationsrituals wiederzuerkennen, bleiben seine Beobachtungen zur Abfolge und Funktion der drei Szenen bedenkenswert: Erwägungen zur Christologie des Markusevangeliums, Zeit und Geschichte, 1964, 155–169; auch in ders., Aufsätze zum Neuen Testament, ThB 31, München 1965, 199–214.

75 Mk 1,11.

> «Der ist mein lieber Sohn, hört auf ihn.»
> (οὗτός ἐστιν ὁ υἱός μου ὁ ἀγαπητός, ἀκούετε αὐτοῦ.)[76]

Es ist wiederum die Stimme aus dem Himmel, die nun seinen Vertrauten sagt, wer Jesus ist. Insofern diese glauben, was die Stimme sagt, ist das eine Wahrheit, die sie nicht anders als existenziell ergreifen können. Sie können ihr Leben als Antwort geben, indem sie auf den Sohn Gottes, auf das von ihm verkündete Evangelium hören.

Als schließlich am *Ende* der Jesus-Erzählung nach der Hinrichtung – während im Tempel der Vorhang zerreißt – ein römischer Offizier aus der Nähe sieht, wie Jesus mit lautem Schrei sein Leben ausgehaucht hat, sagt er:

> «Wahrhaftig, dieser Mensch war Gottes Sohn.»
> (ἀληθῶς οὗτος ὁ ἄνθρωπος υἱὸς θεοῦ ἦν.)[77]

Nun ist es nicht mehr die Stimme aus dem Himmel, noch nicht einmal die Stimme von einem, der mit Jesus unterwegs war, sondern die eines unbekannten Soldaten, der sagt, wer dieser Mensch war. Wie bei Platons Formulierung von Sokrates' Begründung ist interessant, auf die Verdeutschungen zu achten. Mit dem Anliegen eines zeitgemäßen Sprachgebrauchs übersetzen nicht wenige Bibeln dasgriechische Adverb mit «wirklich».[78] Nun würden wir wohl sagen: Es hat *wirklich* ein Erdbeben stattgefunden. Und man hätte in Nazaret einst sagen können: Jesus ist *wirklich* der Sohn des Zimmermanns.[79] Aber der Hauptmann unter dem Kreuz sagt nicht, wer Jesus in Wirklichkeit war. Sondern er sagt, wer dieser Mensch für ihn wahrhaftig war. Auch diese Wahrheit kann nur existenziell ergriffen werden. Wer liest, was einer angesichts des Todes Jesu sagt, kann als Subjekt antworten, indem er sein Leben um des Gekreuzigten und des Evangeliums willen als Antwort gibt.[80] Wenn der Erzähler sich in eine Person seiner Erzählung selbst eingeschrieben hat, dann könnte sie jener römische Militär sein, der unter dem Kreuz sagt, wer dieser Mensch in Wahrheit für ihn war.

---

76 Mk 9,7.

77 Mk 15,39.

78 Gute Nachricht, Stuttgart (1968/70/82) 1997; Hoffnung für alle, Basel (1983) ²1999; Neue Genfer Übersetzung, Genf (1988) ²1989; Das Neue Testament, übers. v. K. Berger/Ch. Nord, Frankfurt a.M. 1999; Zürcher Bibel, Zürich 2007.

79 Als Antwort auf Mt 13,55: οὐχ οὗτός ἐστιν ὁ τοῦ τέκτονος υἱός;

80 In Anlehnung an Mk 8,34f.

5. Die Einsetzung des Subjekts

Das Subjekt oder das Ich ist nicht etwas, worüber ich für sich genommen, wie über einen autonomen Gegenstand, nachdenken könnte. Die Begriffe sind der Grammatik entlehnt und ihre Bedeutung kann recht verstanden nur in ihrer Beziehung bedacht werden. Nehmen wir einen Satz als Beispiel:

Ich liebe dich.

Gemeint ist nicht eine Liebe (φιλία) wie unter Geschwistern, deren Wahrheit überpersönlich begründet wäre und die sich als Gebot verstehen ließe. Gemeint ist eine Liebe (ἔρως), die sich ereignet zwischen Mann und Frau und deren Wahrheit sich nicht anders als persönlich verantworten lässt. Grammatisch bildet das Wort «Ich» das Subjekt dieses Satzes. In seinem Bedeutungszusammenhang ist dieses Subjekt aber keine erratische Größe, kein autonom handelndes Ich, das nur aus sich selbst zu sagen vermöchte: «Ich liebe dich.» Bevor eine Person zu dem Subjekt wird, das diesen Satz zu sprechen vermag, ist etwas mit ihr passiert, ist sie affiziert von dem, was sie zum Ausdruck bringen möchte. Da ist ein Gegenüber, durch das und in Beziehung zu dem etwas geschehen ist, ein Du, das das Ich, das sich in diesem Satz ausspricht, allererst zu dem macht, was es wird.

«Der Mensch wird am Du zum Ich.»[81]

Nun kann man mir zu Recht vorwerfen, dass es das Beispiel ist, das ich gewählt habe, das die Einsetzung dieses Subjekts illustriert. Wählen wir also einen einfachen alltäglichen Satz:

Ich frühstücke.

Sollte man in diesem Bedeutungszusammenhang nicht sagen können, das Subjekt stehe für sich allein, für ein autonom handelndes Ich? – Nein, das kann man nicht. Indem ich sagen kann: «Ich frühstücke», ist bereits vieles geschehen und vorausgesetzt, zum Beispiel, dass ich Hunger habe, dass es Brot gibt, dass da eine Person ist, mit der zu frühstücken ich mich freue, dass es eine Sprache gibt, in der ich denken und reden kann. Auch das Subjekt eines schlichten alltäglichen Satzes wird durch Verhältnisse und Beziehungen konstituiert, die der Aussage vorausgehen. Die Verbindung der Erlebnisse, Empfindungen und Erfahrungen, die mich in Gedanken und Reden «Ich» sagen lassen, macht das aus, was mir zu verstehen ermöglicht, dass ich es bin.

81 *M. Buber,* Ich und Du, (Frankfurt am Main 1923) Heidelberg [11]1983, 37; auch in ders., Werke I. Schriften zur Philosophie, München/Heidelberg 1962, 77–170: 97.

> «Gegenüber kommt und entschwindet, Beziehungsereignisse verdichten sich und zerstieben, und im Wechsel klärt sich, von Mal zu Mal wachsend, das Bewusstsein des gleichbleibenden Partners, das Ichbewusstsein.»[82]

Auch wenn also, wer ich bin, sich immer wieder als ein Subjekt in Ich-Sätzen ausspricht, wie etwa

> Ich habe Hunger.
> Ich habe Schmerzen.
> Ich habe geträumt.
> Ich lache.
> Ich bin traurig.
> Ich wünsche etwas.
> Ich denke etwas.
> Ich hoffe etwas.

und auch wenn ich, wer ich bin, dieser nur in der erinnernden Verbindung solcher Sätze und gleichwohl immer neu und mit jedem Satz wieder anders bin, so würden wir doch nicht sagen, dass jeder Satz gleichermaßen den konstituiert, der ich zu sein meine. Nicht alle Beziehungsereignisse sind für uns gleich wichtig. Man wird es einem Philologen nicht verdenken, dass er als Beispiel den Satz gewählt hat, den ich gewählt habe. Was wäre die Dichtung, was wären Dramen, Erzählungen, Gedichte, gäbe es die Liebe nicht? Sie ist ein Fundamentalereignis für das Ichbewusstsein des Menschen.

Damit ist nun auch *formaliter* die Bedingung genannt, die ein Subjekt allererst als solches konstituiert: Es ist ein Ereignis, das mir widerfährt. Wir können es ein *Widerfahrnis* nennen.[83] Das Subjekt, das sagen wird: «Ich liebe dich», existiert

---

82 *Buber,* ebd. Vgl. *R. Bultmann,* Geschichte und Eschatologie (engl. 1957), übers. v. E. Krafft, Tübingen (1958) ³1979, 174: «Das Leben des Ich ist immer ein zeitlich geschichtliches, dessen Erfülltheit immer vor ihm liegt in der Zukunft. Aber das Subjekt der immer neuen Entscheidungen ist das gleiche, eben das Ich als immer wachsendes, werdendes, zunehmendes, sich läuterndes oder verfallendes Ich.»

83 In Anlehnung an *Bultmann,* Geschichte und Eschatologie (s. Anm. 82), 162: «menschliches Leben vollzieht sich nicht nur in Handlungen, sondern auch in Widerfahrnissen, die dem Menschen begegnen, in dem, was ihm zustösst». Vgl. 167: «Widerfahrnis ist in gewissem Sinne – wie für jede Person – so auch für jede geschichtliche Gegenwart ihre Vergangenheit. Sie ist die Situation, durch die jeweils die Handlungen motiviert werden, von der aus gewollt und gedacht werden muss». Der deutsche Begriff wird bereits in der englischen Vorlesung referiert, *R. Bultmann,* History and Eschatology. The Gifford Lectures 1955, Edinburgh 1957, 140: «All these conditions and events within nature, so far as they are relevant for human life and history, may be called encounters (in German: ‹Widerfahrnisse›) in contrast to human actions. Indeed, not only human actions but also human sufferings belong to history». – Vgl. *W. Kamlah,* Philosophische Anthropologie. Sprachkritische Grundlegung und Ethik, § 3. Widerfahrnis und Handlung, Mann-

nicht vor dem Ereignis, zu dem es sich bekennt. Ich werde durch das, was mir widerfährt, erst in die Lage gesetzt, ein Subjekt zu werden.[84] – Damit verbunden ist, zweitens, dass ich mich zu einem Widerfahrnis in irgendeiner Weise verhalten muss. Es braucht eine *Entscheidung*, die mich selbst ins Spiel bringt. Ich werde Subjekt, indem ich auf etwas antworte, das mir widerfährt, indem ich eine Möglichkeit ergreife, die mir das Leben gewährt.[85] Die Wahrheit der Antwort ist am Subjekt orientiert. Die Antwort kann nur wahr sein, wenn sie ausdrücklich macht, wer spricht.[86] Wenn mir in einer Begegnung Liebe widerfährt, wenn ich Liebe erleide, muss ich mich entschließen, der geliebten Person diese Liebe zu bekennen oder nicht zu bekennen. Und wenn ich sie bekennen will, muss ich entscheiden, wie ich das tue, was ich sagen möchte. – Damit ist eine dritte Bedingung genannt, die mich als Subjekt konstituiert, die *Befähigung zu sprechen*.[87] Wir kennen in Zürich die Redensart:

> Der Franzose sagt: «Je t'aime.»
> Der Engländer sagt: «I love you.»
> Der Zürcher fragt: «Wotsch en Kafi (Möchtest du einen Kaffee)?»

Der Hintergrund ist nicht so harmlos, wie die Redensart den Eindruck macht. Ich bin, um Sätze zu formulieren, auf eine *Sprache* angewiesen, etwa auf einen Wortschatz, der systemisch Möglichkeiten eröffnet und Grenzen setzt, etwas zu sagen. Ich spreche weiter nach überkommenen *Gepflogenheiten*, die normativ

---

heim u. a. 1972, 34–40: 34f: «Menschen handeln aneinander, es widerfährt uns ‹Freud und Leid› *durch Menschen,* die uns helfen, lieben, verlassen, verletzen. [...]. Widerfährt uns aber eine Krankheit, strahlendes Wetter, Zahnschmerzen, der Tod eines geliebten Menschen [...], so machen wir, [...] ‹das Schicksal verantwortlich›. Es ‹geschieht uns etwas›, *als ob* es uns ‹geschickt› worden sei.»

84 Grundlegende Impulse zum Verhältnis von Wahrheit und Subjekt verdanke ich *A. Badiou*, Saint Paul. La fondation de l'universalisme, Paris 1997, 15: «Le sujet chrétien ne préexiste pas à l'événement qu'il déclare (La Résurrection du Christ).» Vgl. 52: «Pour Paul, il ne s'agit pas d'une question de connaissance, il s'agit de l'avènement d' un sujet.»

85 In Anlehnung an *Heidegger,* Sein und Zeit, § 4, (s. Anm. 34), 12. Die existenzielle Bedeutung von Widerfahrnis *und* Entscheidung betont *Bultmann,* Geschichte und Eschatologie (s. Anm. 82), 49f. (Hervorhebung von mir): «Die Geschichte des Menschen kommt zustande durch die *Begegnungen*, die ein Mensch erfährt, Begegnungen des Schicksals wie Begegnungen von Personen, und durch die *Entscheidungen*, die er ihnen gegenüber fällt. In diesen Entscheidungen wird der Mensch erst er selbst.»

86 In Anlehnung an *Badiou,* Saint Paul (s. Anm. 84), 15: «La vérité est entièrement subjective (elle est de l'ordre d'une déclaration qui atteste une conviction à l'événement).» Vgl. 18: «Aucun discours ne peut prétendre à la vérité s'il ne contient pas une response explicite à la question: qui parle?»

87 Ich versuche damit anzudeuten, was sich im Französischen als *langage* von *langue* und *parole* unterscheiden lässt – in Anlehnung an *F. de Saussure* (1916), Cours de linguistique générale, Édition critique prép. par T. de Mauro, Paris (1972) 1990, Introduction, Chapitres I–IV.

ermöglichen und begrenzen, wie ich etwas sage.[88] So kennt das Zürichdeutsche wohl das Wort «liebe». Aber wir haben nicht die Gepflogenheit zu sagen: «Ich lieb dich». Wir würden eher sagen: «Ich ha dich gärn.»[89] Ich spreche schließlich – und das ist die größte Herausforderung – in einer persönlichen *Rede*, die hier und jetzt zu mir und zu dem, was ich sagen möchte, und zu der Person, mit der ich sprechen möchte, passt.[90]

Als Student hatte ich einer Kollegin meinen Griechischordner ausgeliehen und einige Erläuterungen für sie beigefügt. Als ich den Ordner zurückerhielt, fand ich darin Herbstblätter und eine Notiz:

> «Die Blätter habe ich für dich gesammelt, weil du so lieb bist.»

Nur eines war mir klar: Die Sätze meinten etwas anderes, als der Wortlaut sagte (so lieb bin ich nicht). Da war mir etwas widerfahren, das, unerfahren, wie ich war, ich noch gar nicht verstand. Ich empfand das Erfordernis zu antworten und habe die Kollegin ins Kino eingeladen. – Seitdem werden wir uns je und je immer wieder und immer anders zum Ich und zum Du. Das ist alles andere als leicht. Es bedeutet für uns von Moment zu Moment Herausforderung und Beistand, Entfremden und Anziehung, Verletzung und Versöhnen, Enttäuschung und Gewinn.

6. Das fragliche Ich

> «Der Mensch kann nur deshalb sich selbst entfremdet
> werden und wird entfremdet, weil er etwas hat,
> was man ihm entfremden kann.»
> Václav Havel[91]

Wer ist «ich»? Zunächst, im gegebenen Moment schlicht ein Subjekt, das sich in einem Gedanken denkt oder in einer Aussage äußert. Mit solchem Denken und Sprechen ist ein Bewusstsein verbunden, das wesentlich ein geschichtliches ist. Das *Ichbewusstsein*, wie es Martin Buber nennt, reflektiert gleichsam die

---

88 Die philologische Unterscheidung von System, Norm und Rede begründet *E. Coseriu,* Sistema, norma y habla, Montevideo 1952; vgl. ders., Einführung in die Allgemeine Sprachwissenschaft, UTB 1377, Tübingen 1988, 293–301.

89 Vgl. Schweizerisches Idiotikon. Wörterbuch der schweizerdeutschen Sprache III, 989f., s. v. liebe^{n} (http://www.idiotikon.ch).

90 Zum philologischen Begriff der Angemessenheit s. *Rüegger,* Verstehen (s. Anm. 23), 8–12.

91 *Havel,* Versuch (s. Anm. l), 29.

Geschichte seiner Antworten auf das Leben.[92] Zugleich ist es mit jedem Ereignis, das ihm widerfährt, herausgefordert, eine passende Antwort zu finden. Da kann es sich ergeben, dass ich auf alte Antworten zurückkomme, auf bewährte oder vertraute. Gelegentlich auf solche, die jetzt nicht mehr passen. Wer das ist, der als Subjekt «ich» sagt, das herauszufinden, ist mir in jeder Begegnung neu aufgetragen.

Dabei mache ich die beunruhigende Erfahrung, dass ich manchmal selbst nicht weiß, wer ich bin:

> «Was ich da ausführe, begreife ich nicht: Denn nicht, was ich will, das mache ich, sondern, was ich verabscheue, das tue ich.»
>
> (ὃ γὰρ κατεργάζομαι οὐ γινώσκω· οὐ γὰρ ὃ θέλω τοῦτο πράσσω, ἀλλ' ὃ μισῶ τοῦτο ποιῶ.)[93]

Die Erschütterung unseres Ichbewusstseins verdichtet Paulus in wenigen Worten. Es ist die nüchterne Beschreibung einer Wahrnehmung seiner selbst. Es ist derselbe Mensch, der sagt: «ich führ' es aus» und «ich begreif' es nicht», der sagt: «ich will es» und «ich mach' es nicht», der sagt: «ich verabscheu' es» und «ich tu' es doch». Die Subjekte der Sätze widersprechen sich. Wer ist das, der «ich» sagt? – Um die Selbstwahrnehmung zu verstehen, brauche ich eine Auffassung vom Menschsein, einen anthropologischen Entwurf, der mir hilft, den Widerspruch meiner Ich-Sätze zu erkennen und mich im Widerspruch dieser Sätze zu verstehen. Wenn ich doch weiß, was ich will oder was ich verabscheue, dann kann ich nicht derselbe sein, der es nicht macht oder doch tut. Aber es passiert mir, dass ich es nicht mache oder doch tue. Es gibt etwas in mir, das ausführt, was ich nicht begreife. Paulus nennt, was da so eigenmächtig am Werk ist, «die Verfehlung, die in mir haust».[94] Es gibt demnach nicht nur äußere Mächte – Kräfte der Familie, der Gesellschaft oder des Staates –, die mich mir entfremden. Es gibt eine Macht in mir selbst, die mich mir entfremdet.[95] Und vielleicht gewinnen systemische Kräfte von außen nur in dem Maß Gewalt über mich, als eine Kraft in mir selbst sich ihnen dienstbar macht.

Um die Wende zum 20. Jahrhundert ringt Sigmund Freud mit einer ähnlichen Frage, wie sie Paulus beschäftigt: Wer spricht, wenn doch, wer «ich» sagt, sich widerspricht, sich gar sich selbst widersetzt? Das Paradigma der Selbstwidersetzlichkeit entdeckt Freud im Widerstand der Traumarbeit:

---

92 *Buber,* Ich und Du (s. Anm. 81f.), 38.

93 Röm 7,15.

94 Röm 7,20: εἰ δὲ ὃ οὐ θέλω [ἐγὼ] τοῦτο ποιῶ, οὐκέτι ἐγὼ κατεργάζομαι αὐτὸ ἀλλὰ ἡ οἰκοῦσα ἐν ἐμοὶ ἁμαρτία.

95 Vgl. *K. Niederwimmer,* EWNT I, 1055 s. v. ἐλεύθερος: Freiheit «konkretisiert sich zunächst als Freiheit von der *Sünde,* d. h. von der Sünde als Macht, die die menschliche Existenz in die moralische Selbstentfremdung führt».

> «Es muss eine Kraft da sein, die etwas ausdrücken will, und eine andere, die sich sträubt, diese Äußerung zuzulassen.»[96]

Freud entwirft ein Selbstverständnis des Menschen, das ihn im Konflikt dreier Hinsichten zu verstehen sucht. Da gibt es zum einen innere Beweggründe aus meinem Begehren oder meiner Angst, die mich antreiben oder hemmen und die sich aussprechen, wenngleich ich mir ihrer nicht bewusst bin.[97] Freud nennt diese innere Kraft – die meine psychische Energie ausmacht – das Es. Da gibt es zum andern innere Beweggründe aus meiner Auffassung von Werten und Normen, die ich gelernt habe und durch die ich mich leiten und überwachen lasse. Freud nennt diese innere Kraft – die meine normative Selbstbeobachtung installiert – das Über-Ich. Und da gibt es das allseits bedrängte, nur seiner selbst bewusste Ich, das im Kampf zwischen inneren Kräften und äußeren Einflüssen zu leben sucht.

> «So vom Es getrieben, vom Über-Ich eingeengt, von der Realität zurückgestoßen, ringt das Ich um die Bewältigung seiner ökonomischen Aufgabe, die Harmonie unter den Kräften und Einflüssen herzustellen, die in ihm und auf es wirken, und wir verstehen, warum wir so oft den Ausruf nicht unterdrücken können: Das Leben ist nicht leicht!»[98]

7. Vom Dilemma, in der Wahrheit zu leben

Ich komme zurück auf die Geschichte von Hans. Er ist seit zehn Jahren verheiratet und würde, bei allen Turbulenzen, die das Paar erlebt, von sich sagen, glücklich verheiratet zu sein. Eines Tages muss er feststellen, dass er in eine Arbeitskollegin verliebt ist. Irgendwie hat er sich das nicht zugestanden oder nicht zugestehen wollen. Aber als zur Diskussion steht, die Kollegin ins Ausland zu versetzen, da wird ihm mit einmal bewusst: Ich bin in diese Frau verliebt. Nun ist es nicht so, dass er sagen würde, er liebe seine Ehefrau nicht. Im Gegenteil. Aber sie haben eine andere Geschichte. Sie kennen sich seit ihrer

---

96 *S. Freud,* Neue Folge der Vorlesung zur Einführung in die Psychoanalyse (1932), Wien 1933, in: ders., Studienausgabe I, hg. von A. Mitscherlich u. a., Frankfurt a. M. (1969) [14]2003, 448–608: 458.

97 Die Einsicht in die psychoanalytische Unterscheidung von Ich und Subjekt in der diskurstheoretischen *Relecture* durch Jacques Lacan verdanke ich *H. Müller-Pozzi,* «Wenn jemand spricht, wird es hell». Strukturale Psychoanalyse und die Theorie der psychoanalytischen Technik, Zeitschrift für psychoanalytische Theorie und Praxis 25 (2010), 55–71: 70: «Das Subjekt ist keine präfigurierte Substanz, sondern Effekt des Sprechens». Vgl. 57: «Lacan unterscheidet entschieden die *Aussage* des Ichs vom *Aussagen* des Subjekts, das, von dessen Begehren geleitet, immer mehr sagt als die intendierte Aussage und diese ent-stellt.»

98 *Freud,* Neue Folge (s. Anm. 96), 515.

Kindheit und haben gemeinsam studiert. Sie kamen sich über die Jahre näher, waren einander von Herzen zugetan. In einem gemeinsamen Urlaub hatten sie ihre Liebe entdeckt und beschlossen zu heiraten.

Wie nun könnte Hans seiner Frau begegnen, ohne ihr zu sagen, was ihm widerfahren ist? Und wie könnte er der Arbeitskollegin begegnen, ohne ihr zu sagen, wie es um ihn steht? Es ist die Frage, wie er *wahr sein* kann gegenüber sich selbst, in der Beziehung zu seiner Frau und in der Beziehung zu seiner Kollegin. Es geht nicht darum, wie *Hans wahr* sein kann. Sondern es geht darum, wie sein *Sein wahr* sein kann.

«Wahr sein» können wir zunächst verstehen in der Bedeutung, *echt sein, authentisch sein.* Hans möchte sich selbst sein, er möchte in den Begegnungen so sein, wie er ist, wie er empfindet, wie er sich selbst nicht mehr versteht. «Wahr sein» können wir weiter verstehen in der Bedeutung, *wahrhaftig sein, ehrlich sein.* Hans möchte sich selbst nichts vormachen, schon gar nicht seiner Frau und auch nicht seiner Kollegin. Das ist mehr als ein Dilemma und es ist noch nicht die ganze Wahrheit, noch nicht einmal der springende Punkt. Die Frage, die das Leben Hans stellt, ist die Frage, wie er versucht, *in der Wahrheit zu leben* – wie er das, was ihm widerfährt, wie er das aufnimmt, sich darauf einstellt, mit seinem Leben darauf antwortet.

Autorinnen und Autoren

Knut Backhaus, Prof. Dr., Katholisch-Theologische Fakultät, Ludwig-Maximilians-Universität München, Geschwister-Scholl-Platz 1, D-80539 München

Pierre Bühler, Prof. Dr., Theologisches Seminar, Universität Zürich, Kirchgasse 9, CH-8001 Zürich

Claire Clivaz, Prof. Dr., Faculté de théologie et de science des religions, Université de Lausanne, Bâtiment Athropole, CH-1015 Lausanne

Eva Ebel, Prof. Dr., Institut Unterstrass an der Pädagogischen Hochschule Zürich, Seminarstrasse 29, CH-8057 Zürich

Konrad Haldimann, Dr., Theologisches Seminar, Universität Zürich, Kirchgasse 9, CH-8001 Zürich

Hans-Ulrich Rüegger, Dr., Theologisches Seminar, Universität Zürich, Kirchgasse 9, CH-8001 Zürich

Philipp Sarasin, Prof. Dr., Historisches Seminar, Forschungsstelle für Sozial- und Wirtschaftsgeschichte, Universität Zürich, Rämistrasse 64, CH-8001 Zürich

Jens Schröter, Prof. Dr., Theologische Fakultät, Humboldt-Universität Berlin, Burgstrasse 26, D-10178 Berlin

Samuel Vollenweider, Prof. Dr., Theologisches Seminar, Universität Zürich, Kirchgasse 9, CH-8001 Zürich

Hans Weder, Prof. Dr., Theologisches Seminar, Universität Zürich, Kirchgasse 9, CH-8001 Zürich

Jean Zumstein, Prof. em. Dr., Theologisches Seminar, Universität Zürich, Kirchgasse 9, CH-8001 Zürich

Bibelstellenregister

(nur neutestamentliche Stellen)

Weitere lieferbare Bände der Reihe

Abhandlungen zur Theologie des Alten und Neuen Testaments (AThANT)

Martin Leuenberger
Konzeptionen des Königtums Gottes im Psalter
Untersuchungen zu Komposition und Redaktion der theokratischen Bücher IV–V im Psalter
AThANT 83, 2004, X/470 Seiten, Hardcover
ISBN 978-3-290-17274-9

Jean Zumstein
Kreative Erinnerung
Relecture und Auslegung im Johannesevangelium
AThANT 84, 2004, 364 Seiten, Hardcover
ISBN 978-3-290-17294-7

Jörg Lanckau
Der Herr der Träume
Eine Studie zur Funktion des Traumes in der Josefsgeschichte der Hebräischen Bibel
AThANT 85, 2006, 427 Seiten, Hardcover
ISBN 978-3-290-17382-1

Andreas Schüle
Der Prolog der hebräischen Bibel
Der literar- und theologiegeschichtliche Diskurs der Urgeschichte (Gen 1–11)
AThANT 86, 2006, XIII/442 Seiten, Hardcover
ISBN 978-3-290-17359-3

Pascale Rondez
Alltägliche Weisheit?
Untersuchung zum Erfahrungsbezug von Weisheitslogien in der Q-Tradition
AThANT 87, 2006, 209 Seiten, Hardcover
ISBN 978-3-290-17413-2

Das Buch Hiob und seine Interpretationen
Beiträge zum Hiob-Symposium auf dem Monte Verità vom 14.–19. August 2005
hg. von Thomas Krüger, Manfred Oeming, Konrad Schmid, Christoph Uehlinger
AThANT 88, 2007, 522 Seiten, Hardcover
ISBN 978-3-290-17407-1

Jürg Hutzli
Die Erzählung von Hanna und Samuel
Textkritische und literarische Analyse von 1. Samuel 1–2 unter Berücksichtigung des Kontexts
AThANT 89, 2007, 296 Seiten, Hardcover
ISBN 978-3-290-17442-2

Martin Leuenberger
Segen und Segenstheologien im alten Israel
Untersuchungen zu ihren religions- und theologiegeschichtlichen Konstellationen und Transformationen
AThANT 90, 2008, X/562 Seiten, Hardcover
ISBN 978-3-290-17452-1

Volker Haarmann
JHWH-Verehrer der Völker
Die Hinwendung von Nichtisraeliten zum Gott Israels in alttestamentlichen Überlieferungen
AThANT 91, 2008, 342 Seiten, Paperback
ISBN 978-3-290-17492-7

Daniel Marguerat
Lukas, der erste christliche Historiker
Eine Studie zur Apostelgeschichte
AThANT 92, 2011, 422 Seiten, Paperback
ISBN 978-3-290-17472-9

Felipe Blanco Wißmann
«Er tat das Rechte ...»
Beurteilungskriterien und Deuteronomismus in 1Kön 12 – 2Kön 25
AThANT 93, 2008, 304 Seiten, Hardcover
ISBN 978-3-290-17491-0

Wolfgang Oswald
Nathan der Prophet
Eine Untersuchung zu 2. Samuel 7 und 12 und 1. Könige 1
AThANT 94, 2008, 318 Seiten, Paperback
ISBN 978-3-290-17490-3

The Strata of the Priestly Writings
Contemporary Debate and Future Directions
hg. von Sarah Shectman, Joel S. Baden
AThANT 95, 2009, 229 Seiten, Hardcover
ISBN 978-3-290-17536-8

Thomas Krüger
Das menschliche Herz und die Weisung Gottes
Studien zur alttestamentlichen Anthropologie und Ethik
AThANT 96, 2009, 212 Seiten, Hardcover
ISBN 978-3-290-17535-1

Studien zu Matthäus und Johannes / Études sur Matthieu et Jean
Festschrift für Jean Zumstein zu seinem 65. Geburtstag / Mélanges offerts à Jean Zumstein pour son 65e anniversaire
hg. von Andreas Dettwiler, Uta Poplutz
AThANT 97, 2009, 422 Seiten, Hardcover
ISBN 978-3-290-17539-9

Christian Metzenthin
Jesaja-Auslegung in Qumran
AThANT 98, 2010, 383 Seiten, Hardcover
ISBN 978-3-290-17545-0

Albert de Pury
Die Patriarchen und die Priesterschrift / Les Patriarches et le document sacerdotal
Gesammelte Studien zu seinem 70. Geburtstag / Recueil d'articles, à l'occasion de son 70e anniversaire
AThANT 99, 2010, 356 Seiten, Hardcover
ISBN 978-3-290-17561-0

Stefan Wenger
Der wesenhaft gute Kyrios
Eine exegetische Studie über das Gottesbild im Jakobusbrief
AThANT 100, 2011, 356 Seiten, Hardcover
ISBN 978-3-290-17583-2

Annette Schellenberg
Der Mensch, das Bild Gottes?
Zum Gedanken einer Sonderstellung des Menschen im Alten Testament und in weiteren altorientalischen Quellen
AThANT 101, 2011, 476 Seiten, Hardcover
ISBN 978-3-290-17606-8